抗戰紀聞

岳騫等——原著
蔡登山——主編

《抗戰紀聞》編輯前言

蔡登山

《抗戰紀聞》的編輯，亦如《晚清遺事》與《民初珍史》一般，它選擇的內容依然以親歷親聞為首選。而這次我的選文範圍甚至用到了《華文大阪每日》半月刊，這雜誌是大阪每日新聞社和東京日日新聞社創刊於一九三八年十一月，終刊於一九四五年五月，共一百四十一期，是以中文撰寫向中國發行的雜誌，是日本對中國政治宣傳的一環。我特別選刊了《華文大阪每日》一九四〇年四卷第一期新年加大號的汪精衛的〈共同前進〉一文及《華文大阪每日》一九四一年七月一日第七卷一期「汪主席訪日特輯」的日本內閣總理大臣公爵近衛文麿的〈歡迎汪主席〉及該特輯的社論〈汪主席訪日的意義〉和該刊記者報導的〈汪主席訪日記〉，這些文章比較珍貴而難見，另一方面也想呈現「汪精衛訪日」的日方觀點，做為文獻上這些文章有其特殊的意義。

他如，黃恆浩寫〈我所知道的東北義勇軍〉就強調「凡是我所知道的事情，都是由當時日記抄下來的，所以不僅事實是真的，即所書年月日亦是當時記載的，不過當年日記簡略，對於一件事的記載，惜未能詳盡耳。」而陳嘉驥所提供的〈馬占山部隊遭遇記〉是日人高山安吉所寫的，當時發表在日文版《滿洲建設秘話》一書中，陳嘉驥曾請人譯成中文，而譯文也保存了二十餘年才發表。

楊潔如寫〈抗日民族英雄馬占山〉說他和馬占山有多年的友誼，當他知道馬占山要和日本人合作這一消息的時候，曾深夜見馬占山，談到此事時，馬占山曾非常懇切的對他表示：「我是堅決主張抗日的，怎肯和日本人合作呢？」馬占山一開口就同他作了如上一個說明。莊翰青在寫〈一二八淞滬抗戰親歷記〉文中也說：「十九路軍駐滬辦事處，在范其務積極推進下，在滬西成立；當時筆者亦在處內主理機要公文電訊。全處上下，均勇於赴事，絕無遲到早退情事；其有未完事務，雖勞役至深宵，亦毫無倦容，為歷來軍政機關中，絕無僅有現象。」而徐義衡也是親歷的，他寫〈一二八淞滬抗日的回憶〉一文中說：「我本來是在十九路軍六十一師戴孝憫師長那方面做政治工作的。因為戴師長卸任六十一師長調任淞滬警備司令，我也隨同他到淞滬警備司令部做事。」而寫有《十九路軍興亡史》一書的丘國珍曾任第十九路軍第六十一師第七旅參謀主任、特務營營長，第十九路軍第七十八師第一五六旅參謀主任。而翁照垣時任第十九軍七十八師第一五六旅長，駐守吳淞要塞和寶山。由他來寫〈抗日英雄翁照垣將軍傳〉是最適合不過的人選！

岳騫本名何家驊，筆名有：越千、方劍雲、鐵嶺遺民等等。他是安徽渦陽人，一九四九年前後赴臺，在五〇年代回香港。曾任香港中國筆會會長、秘書長。岳騫創作文類以小說為主，兼及論述、報導文學及傳記。有《中蘇關係史話》、《水滸傳人物散論》、《八年抗戰是誰打的》、《瘟君夢》、《偽滿州國興亡秘史》、《紅潮外史》、《毛澤東出世》、《瘟君前夢》、《瘟君殘夢》、《妖姬恨》、《滿宮春夢》等等。

岳騫於一九七一年九月十日創辦的《掌故》月刊，至一九七七年六月十日終刊，出了七十期。岳騫在《掌故》發刊詞中說道為何要在香港創辦此月刊：「以今日環境而論，研究中國現代史最理想地區應是香港，寫作有絕對的自由，不受任何方面干預，而材料也可以到四面八方去搜集，不受時空的限制，如果不能在香港保留一些正確的現代中國史料，後來者要研究民國史就更難了。」他還提到重要的關鍵在於「違難香港人士中，不乏昔日在軍政界居重要地位的人士，許多真正的史實就是他們的親身經歷，而不曾為任何報章雜誌所刊載，若能將耆老們的口述或寫作的資料加以整理發表，他日可供修史者採擇，目前則可作為研究現代史的第一手資料。」他寫的〈張自忠將軍殉國三十年祭〉說一九七〇年五月十六日是故三十三集團軍總司令張自忠上將殉國三十周年紀念日，國運蜩螗，人事滄桑，此一代英豪殉國之事，到今天漸漸為人淡忘了。為了使青年的讀者知道我們中國在抗戰期間也曾出過如此偉大的英雄，也為了使中年以上的讀者回憶一下悲壯的史蹟，恢復對國家前途的信心，覺得有寫此文的必要。他在文前並加了一段按語：「本文於年前刊於《萬人》雜誌，是時亡友張海山（贛萍）先生尚在，文後由海山加按語，今海山逝世已將兩年，重刊此文不僅記述藎忱將軍之功勳，亦悼念亡友海山，二張雖事功不侔，但其立心處世大致則相同也。」

陳公博的〈八年來的回憶〉是他在南京獄中所寫的，當時各報固競相刊載，有些書店，還印成專書出售。但卻有遺漏，就是結論的最後幾段。一九七三年《大人》雜誌重刊全文，並補充結尾的闕漏，金雄白（朱子家）「認為是太有意義了。這一份遺書，可留作千秋萬世之後，讓治史者來把它作為評騭的依據吧。」

張叔儔寫〈風流放誕記陳群〉一文說：「陳群的一生歷史，向少人知。茲特就筆者與人鶴（陳群的字號）生前的交往共事之經過，錄而出之，事雖瑣碎，無不真實，或為本刊廣大讀者所樂聞。」而臧勺波（卓）的〈從陳群服毒說到汪墓被炸〉說道「筆者之陸軍小學同學陳健君（字祖彝，後曾留學法國研究哲學），時為軍事參議院軍事廳長，與陳群素相得，健君乃陪余晤陳群於內政部。實為余與陳群建交之始，同時亦為永訣之終。時距抗戰勝利不及一年。」又筆名「白松子」寫〈汪政權從一抹斜陽到黃昏〉一文，「說提起林汝珩、汪屺兩人的姓名，在廣東人聽來，當不十分陌生。因林汝珩是陳璧君的誼子；汪屺是汪精衛之堂姪也。林汝珩與汪屺皆已早作古人。林氏於十餘年前，患肝癌，死於美國；汪屺亦早卒於本港，墓木已拱。筆者與林、汪兩人皆屬老友，偶感舊情，特將林汪二人過去之略歷及趣事，敘述於左，或為《春秋》廣大讀者所樂聞。」筆名「踽翁」寫〈我的三個晚節不終的師友：諸青來、趙厚生、袁履登落水記〉也說：「青來與我原處於師友之間，厚生與我為相知甚早之人，履登則為我的業師，無奈他們三人，或則抱有成見，或為群小包圍，執迷不悟，粉墨登場，終致身敗名裂。舊事重提，不勝感慨繫之。」筆名「水一亭」寫〈我所認識的「日本通」李擇一〉提到翻閱台灣出版《傳記文學》，看到章君穀君執筆的《杜月笙傳》中，涉及李擇一的一大段，細閱一過，不禁為亡友大抱不平。「事實總是事實，立傳應力求存真，『諛墓』之作，未嘗不可，但加厚誣他人，烘抬死者，則其態度大可商榷。」這是一篇非常精彩的辨誣之作。劉泗英的〈吳佩孚汪精衛何以不能合作？——從孔祥熙派專人赴北平謁吳說起〉文中說：「民廿七年十二月上旬，重慶國府行政院長孔祥熙氏因知筆者為吳氏舊屬，適筆者從業於四川省銀行。孔氏乃再三要筆者潛赴北平，密謁吳氏，報告我國抗戰實況及計劃。」

由此可知這些文章的重要性和它的真實性，和一般外界隨手俯拾的文章相比，是有天壤之別的。而抗戰這議題，自然會有可歌可泣的英勇事蹟與人物，也不排除有降志投降的投機份子，甚至如汪精衛、陳公博、梁鴻志、黃秋岳者流，我們都一秉客觀之立場來論斷，是是非非歷史自有公斷，我們尊重歷史之事實，還原歷史之真相，無庸去避諱，也無庸去粉飾。一如其他幾本著作一般，書中之作者多用筆名，若能考證出來的我們會註明，若無法得知者，我們也一如其舊。

目次

我所知道的東北義勇軍

黃恆浩

九一八事變後，由二十年冬起至二十一年冬這一年中，義勇軍在東北發展的甚為快速。就我所知，救國會委有七十八路司令，後援會所援的，多為救國會所領導者，及救國會和後援會結束後，又由東北協會繼續改組。東北協會採正規軍軍、師、旅制，計委軍長九人，師長十一人，旅長二十人；還有未經委任而接受支援合作的，有苗可秀、趙同、于曉天、劉崇樸、齊占久、魯鳳來、盛梅五等十餘人，他們雖未經委任，但都加入光復東北同志會為會員。前後共計有一百餘單位，人數約在二十萬以上，義勇軍有這些力量，因為什麼甚少表現就煙消雲散了？這失敗的原因都是自己造成的。最初救國會號召義勇軍能率隊至長城附近的，都予補給，以為有十萬軍隊，而不須支餉，可以壯大聲勢，這一辦法實行後，義勇軍多到熱河來，乃為敵人安定了後方。自長城戰後，至民國二十四年尚有存在者，如果善為利用，仍可有為；乃由於不甚瞭解政治鬥爭的道理，對於義勇軍，不予支援而坐視其自生自滅。茲就當時我所知道的幾位義勇軍首領，他們在敵後游擊，給予敵人很大威脅，但亦都有重大的犧牲，我把他們的事蹟寫出來，可知這種犧牲，乃是中華民族的精神。必須具有此種精神，歷史才能延續，民族才能存在。因此對於義勇軍抗戰英勇事蹟，寫出來告訴下一代，乃是我們這一代的人應負的責任，乃是責無旁貸的。我附帶說明一點，凡是我所知道的事情，都是由當時日記抄下來的，並不是記憶不真的回憶。所以不僅事實是真的，即所書年月日亦是當時記載的，不過當年日記簡略，對於一件事的記載，惜未能詳盡耳。

李春潤

李春潤字濱浦，安東鳳城人。性沉默寡言，少有大志，畢業於鳳城師範學校後，懍於國難日亟，乃棄文就武，考入東三省講武堂。畢業後更求軍事學的深造，又考入陸軍大學，畢業後隸屬於東邊鎮守使于芷山部下。至九一八事變，任營長，駐紮新賓，深憤日軍閥侵略，與團長唐聚五舉義旗抗日。至二十一年遼寧省政府由錦州撤退關內，張副司令學良應救國會之請，派唐為代理遼寧省政府主席，組織省政府。為應付軍需，乃發行不兌現的紙幣，收購大豆，運銷安東，得款匯上海、天津。乃令李春潤率軍規復瀋陽，李以母老子幼，隨軍不便，乃派人送眷至平，以便游擊。以所屬之一營為基礎，更收編義民，擴充至三千餘人，時以國家民族勗勉部屬，每戰鬥則身先士卒，人樂為用。軍行至撫順境營盤一帶，去瀋陽僅有百里，不意唐聚五在後方棄軍逃走，部眾潰散。因後方突遭巨變，乃影響了李軍的人心士氣，不能再向前進，於是決定回兵鳳城，因鳳城縣境為長白山脈丘陵地帶，又為李之家鄉，地形熟悉，利於游擊。於一夜之間橫越安奉鐵路線，回到故里，乃將軍隊交其弟李春光率領，李單身回北平，以求明瞭當局決策。時以準備不夠充足，尚不能即起抗日，於是乃決定再出關殺敵。當九一八事變後，東北國民同志，組一光復東北同志會，以報國抗日為宗旨，會員不限於有國民黨黨籍者，乃走向大團結的方向，因壯李之志，邀其參加。這時齊世英、臧啟芳等在中央協助之下，在上海組織東北協會，宗旨為抗日，專在支援義勇軍。乃在北平設立分會，由筆者負責，與關外義軍聯繫。在會內另組設國民義勇軍軍事委員會，亦邀李參加任委員，並委李為東北國民義勇軍第一軍軍長，更向北平軍委分會請領械彈。於二十二年二月二十四日，先令其部屬劉崇樸率數十人乘火車出關，劉為本溪縣教育局長，不期因送行人在北平東車站說話不慎，被日諜偵知，乃跟蹤至山海關日軍勢力範圍，捕去十餘人。李本人至二十二年六月十七日攜軍需械彈同部屬去山東，由華北黨務辦事處函介威海市黨部代為洽僱民船，運軍火渡海至鳳城南境濱海黃土坎處登陸。該處為日俄戰爭日第四軍登陸大孤山的東方，由於以前劉崇樸出關因送行人多之失，所以春潤出關，則友好相約不去送行，以免敵人間諜注意。我為賦〈憶江南〉云：

教強敵，認識漢家雄。誓雪中華民族恥，相約痛飲在黃龍，破浪乘長風。

李與其弟事先派人聯繫，至黃土坎下船，由其弟李春光徵用民間大車七十輛，並帶隊往接。事為日方聞知，乃派隊至中途截擊，李乃向山區且戰且走，日軍則步步追擊，李家距黃土坎甚近，因地形熟悉，初戰甚為有利，斃敵百餘名，內有少將級軍官一名，葬於鳳城。李以殺敵心切，乃未急於脫離戰場，走向山區去。至八月二十日傳來捷報，並擄獲日軍士寫寄家信數件，其大意略云：「今遇強敵，恐不能生還。」又有云：「此戰不比往常，結果如何尚不可知。」我乃喜而作賦，調寄〈破陣子〉云：

遺誤千秋決策，從教強敵興戎。無肯抵抗，圖避戰。那有如君意氣雄，而今誰可同。萬里乘風破浪，誓將直搗黃龍。振起人心復漢業，擒得倭奴試劍鋒，揚威遼水東！

這時敵方又續增援兵，李乃親自為機槍射手，連戰十有餘日，以致身受重傷，始退入山區。在戰場上有遺棄的金陵兵工廠子彈箱，被日軍所得，時在塘沽協定之後，日人乃向北平軍分會提出交涉，何部長應欽，曾告徐箴說：今後東北協會再向關外運子彈時，要把金陵兵工廠的子彈箱掉換一下，以免發生問題。春潤於九月三日有信說：受傷後因在軍中醫藥缺乏，擬回山東醫療。時因日久，傷口已發炎。至九月十三日接其由山東炳台來電，云因傷重在偽滿醫療不便，乃由其弟送來烟台，並請接濟。當遣羅明遠送款五百元，並告不足再續寄。至九月十八日羅明遠由山東回北平云：春潤在股部受炮彈炸傷，至醫院施行手術，割開外皮，其腿骨已脫落，而腸即流出，於羅至前一日逝世，時二十二年九月十四日十一時三十分，即葬於山東。詩以哀之云：

滿腔熱血竟空流，遺恨未能報國仇。
是乃中華民族恥，誓翻江海浣奇羞。

李春潤是為國而犧牲者，中央依軍人殉國例，乃以少將撫恤之。

我和徐箴、卞宗孟，商定光復東北同志會，於二十二年十月八日在北平彰儀門裡法源寺開追悼會，公祭李春潤。時春潤胞弟李春光亦由山東來北平參加。我輓春潤云：

誓滅狂虜只君稱義勇
共揮痛淚為國哭英雄

李春潤之子名樹人，初入國立東北中山中學校就讀；至二十四年夏乃被學校開除。我於二十四年七月十六日函該校李校長錫恩為其說項云：

茲悉李春潤之子李樹人被學校開除，此子誠然不知用功，但念其父母為國犧牲，我們對其下一代，應該多負責任。兄對亡友負責尤重，敢請特開一例，准予留校至盼。如果恐有人出面援例，那就請他們出關去殺敵，為國犧牲，當前我們正希望能有人來援例呢。

李校長接到我的信，即收回後命，准予留校。其後乃考入空軍學校學轟炸，誓復不共戴天之仇。大陸淪陷，樹人乃奉其母來臺灣，仍繼續在空軍服務。

李春光於二十二年十二月決定再出關，繼續作抗日工作，經向北平軍分會請領械彈，運赴烟台，僱民船轉運鳳城，乃接其由烟台來電云，所運彈藥，被烟台公安局扣留，即同徐箴到東北黨務辦事處，請電烟台公安局證明李春光所運彈藥等係屬正用。該公安局得電，即予放行。春光回鳳城，率春潤之眾，繼續游擊，至抗戰軍興始回後方，在教育部任職。至三十年十二月二十七日又決定回華北作秘密工作，特以送之云：

烽火遍中原，更將賦北征。
留君盡此夜，把酒話殘更。
巴蜀一為別，關山萬里行。
未能清禹甸，先自趨歸程。

鄧鐵梅

鄧鐵梅遼寧本溪縣人，出身行伍，惟對於剿匪，頗有辦法。他能在山深林密之處，進剿或堵擊，乃算無遺策。匪如被他發現，則跟蹤躡跡，難於脫逃。因此匪則聞名遠避，高紀毅任遼寧省政府警務處長時，我介紹他任鳳城縣公安局長。因其善於剿匪，曾任鳳、岫、寬、安、莊，以及通化、桓仁七縣剿匪聯防總指揮。九一八事變後離開鳳城，於二十年十月二日來錦州，他希望在遼西各縣任公安局長。我對他說，你看現在局勢，公安局長還能作嗎？國家遭此大變，正是英雄建功立業之時，如能組織義勇軍，將來成功就是曾國藩，失敗了亦是民族英雄。他聽我的話，甚為感動。他說好，我就回鳳城去組織義勇軍。他雖是本溪人，但從來都是在鳳城警界服務，對於鳳城地方有深厚的關係，於翌日他即回鳳城去。乃集合愛國之士，開始組織義勇軍，其初僅有九人，只八支槍，以打游擊為號召，很快的就擴充到四、五千人。縱橫於鳳城、岫岩、海城三縣交界處的山區，以為根據地，即當時所謂三角地帶也。鄧把義勇軍建立起來後，一般愛國熱血青年多往投之。最著者如東北大學學生苗可秀、趙同、趙偉以及鳳城教育會長王兆麟、教員吳月泉等人。苗為本溪縣人，與鄧同縣，在鄧部初任教育長，負責訓練組織。趙同、趙偉為叔侄，岫岩人，勇於攻擊戰鬥。王兆麟、吳月泉，鳳城人，代表向各方聯絡。因此愛國精神，充滿軍中，乃造成一支抗日的勁旅。初次在鳳城二道洋河與日軍作戰，因槍枝缺乏，乃利用土槍、土砲，誘敵深入，而為伏擊，頗有斬獲，人心大振。其前後攻佔鳳城二次，攻佔岫岩一次。其第一次攻佔鳳城是在民國二十年冬，因日人佔據鳳城後，乃大捕教、農、商各界人士，以為是反滿抗日。如教育會長王兆麟、商務會長白寶山、及商人震豐源執事人赫顯臣，晉昌源執事人趙城宣等二十餘人，以為是抗日份子，都拘於監獄，原因是他們曾替錦州遼寧省政府轉遞公文。鄧與這些人是朋友，乃乘夜攻擊，由城東頭攻入街市，高喊鄧鐵梅攻城。人們都在睡眠中，聞槍聲驚起，因鄧在鳳城任公安局長，一般人多識之，則多閉戶不出。即警察和公安隊，以為是舊長官，亦不起抵抗。鄧乃攻殺日本駐鳳城的憲兵隊，同時把監獄打開，凡所拘囚皆縱之，其願作義勇軍者，皆編入隊伍，並用馬車載所謂反日份子退去。在此一勝利之後，又攻佔岫岩縣城，更與岫岩縣公安大隊長劉景文聯合，共同打游擊。從此勢力擴張，聲威大震。當國聯調查團到東北時，正是鄧攻城之後，所以該團乃有遼東義勇軍鄧鐵梅時出襲擊日軍之報導，載入國聯調查團報告書中。

這時鄧之行動，頗足以振奮人心，日人乃派偽軍剿除之，可是偽軍多與義軍有諒解，互不相犯。每次被派下鄉，即將子彈賣與義軍，乃名下鄉剿撫義軍為交易，回城即報說子彈打光了，如果有日軍跟隨監視，則預為探知經行路線，在要路設伏讓過偽軍，專打日軍。因屢次攻剿之後，日軍知道一時難於消滅，即不再攻剿，乃改變策略為招降。

有一次苗可秀的衛士，被駐屯鄉間偽軍捕去，經向偽軍交涉，要其放還。偽軍因已報告城中，未能照辦，但恐義軍劫奪，乃請由城派軍隊來接。鄧乃在距城四十里的卡巴嶺險要處設伏，準備襲擊而劫取之。見由城中派來三卡車，共載日偽軍百餘人，即放其過去，及回程，乃在路上設障礙物，並先擊破卡車輪胎，使不能行，而後大肆攻擊。這時被捕之衛士，乃從所乘之車上站起來，大喊我在這個車上，以免誤擊該車也。時日偽軍都下車伏地防禦，但義軍居高臨下，槍法又甚準確，頗為得勢，結果將日偽軍全體殲滅，僅一連長負傷逃回。從此之後，偽軍與義軍的聯絡及友誼，乃受到傷害，漸有敵意。

當李春潤逝世後，鄧鐵梅曾給我來信，要來關內一行。我於二十三年春遣吳月泉與其送覆信去云：

> 日前得手書，獲悉我弟擬來平一行，當現時情形，為義勇軍前途計，還望能暫留遼東，以振奮人心，鼓勵士氣，為國家保存此民族精神。深知此時甚為艱難，但是如能支持下去，還望繼續支持，即能支持一月，則支持一月，能支持一天，便支持一天。當前遼西義軍已經消散而無遺，全仗我弟能喚回國魂，以發揚國光了。

二十三年春，苗可秀乃利用日人招降義勇軍的策略，去瀋陽日特務機關接洽，說鄧鐵梅可以投降，希望能派人到現地商量條件。日方以為鄧鐵梅可以投降，則遼東即無問題，可以太平矣。當即由瀋陽派人協同駐鳳城日方人員到現地去商洽，鄧乃盡數捕殺之。自是之後，日人知鄧之不可降，亦就沒有人敢再冒險，向鄧輕於嘗試了。

當民國十八、九年，鄧任七縣聯防剿匪總指揮時，岫岩哨子河張舉人有二子，乃為紈絝子弟，蕩盡家產，流而為匪。一報號「通財」；一報號「合字」。「通財」為鄧所捕殺，「合字」乃攜眷逃安東日租界七道溝居住。「合字」有三女，皆由女師畢業，在鄧回鳳城組織義勇軍時，「合字」適染重病，全身潰爛以死。於臨終時，語其妻蕭氏云：鄧鐵梅之仇，不能報矣，惟有一法可行。其妻詢之，則云我有三女，皆由師範畢業，能任鄧選其一為妾，則此仇可報矣。張死後，蕭氏攜其女遷至鳳城距城二十里許張家堡子，令女去鄧部投軍，並向鄧表敬佩之意，謂愛鄧為忠義英雄，願充下陳。鄧聞頗自喜，時苗可秀為其參謀長，與趙同勸止之。鄧不聽，竟納焉。

二十三年春，鄧乃再度攻佔鳳城，仍是乘夜由東方攻入，其大刀隊由城西羊圈子攻入，至日憲兵隊部，先將其門衛殺死，而攻入隊部。日憲兵四十餘人，乃無孑遺，鳳城日指導官藏身廁中得免，城內所有日商店皆毀之。當其攻城之時，深慮駐安東的日軍來援，乃預計在去鳳城二十里許張家堡子處，先破壞鐵路，使火車不能通行。依此計劃，本可使來援火車出軌，把援兵殺個乾淨，只因他們把鐵路破壞之後，乃集合枕木，以火焚之，因而火焰高燒，使來援日軍，遠遠的即望見鐵路被破壞了。乃先行下車徒步向鳳城前進，得保安全。由於計劃疏忽，乃使日人佔了上風。因此鄧更恐西路駐遼山關日軍來援而被包圍，即行快速撤退。由於在夜間行動，日軍深恐義軍設伏，亦未敢追擊，得以安全撤退。自是之後，日人對於佔據山區的義軍，只防其攻城，而不能遠攻，甚至不敢出城。這樣義軍在鄉村往來甚為自由，日人知一時無法消滅義勇軍，乃改變政策，及改招降為懸賞，宣佈以五萬元賞金購鄧鐵梅。錢可通神，遂使偽軍為之效命。

這時鄧妾母蕭氏，經漢奸運籌，與日方合作，要女歸寧，而偽為被偽軍捕去者，以內線自任，以出賣鄧。初鄧患病至其妾母家休養，日人聞知，乃指派偽軍往捕之。偽軍一士兵先入，鄧以不能逃，乃云我是鄧鐵梅，汝可以立功矣。該偽士兵云：「說什麼話，何其糊塗，還不快走。」鄧赤足越後窗逃去，該偽士兵見鄧鞋尚在室內，乃投之灶中。及日人入，則云無有。自此之後，其妾與母蕭氏，乃甚忠實的為日人作眼線，以尋鄧，而鄧終不悟，仍時至妾母家，以探消息，尚冀珠還也。日人恐其妾虛偽，乃以之另配偽軍鄭營長部翻譯王某。時值其妾弟結婚，鄭暗通消息與鄧云：此時令其妾及王某回張家，可使其珠還。鄧信為真實，其部屬主張調兵設伏，繳鄭部械，殺王某，則妾自然可以歸還矣。鄧不以為然，乃深信偽軍，以為彼此曾有聯絡，不會害他。更過信鄭之不相欺，及時王某同其妾來，但未留下，乃以為餌也。

二十三年夏，鄧以為鳳城是自己天下，可以自由往來通行無阻，膽漸大，每不帶隊伍，僅同二、三隨從，向各處行走。並時常留住張家，以候妾之消息。令部下住左近村中，以防不虞，自信甚為安全。這時蕭氏乃買通其部屬沈廷輔，與鄭營長聯合，共同捕之，鄧亦過信沈而不疑。鄧被俘後，日人深恐義軍劫奪，乃急送鳳城，同時更調駐遼山關和安東日守備隊至鳳城防禦，即轉送瀋陽。日方想盡方法勸鄧降，鄧終不屈。當鄧被俘後，義軍乃調動隊伍，擬攻鳳城以劫之，行至距城二十里處，聞說鄧已被送瀋陽，乃停止進攻。當日方送鄧去瀋陽，經過遼山關，該處日鐵道守備隊長因聞鄧名，要其下車到隊部一見。鄧云，他要見，即上車來見我，我不能下車去見他。該守備隊長知不可強，乃上車見鄧，行禮甚恭。至瀋陽，因鄧不屈，最後送于芷山司令部，令于勸之，仍不屈。聞這時頗受優待，日人以為如鄧能降，則遼東義勇軍即可以解決而無問題矣。

二十三年六月十四日李春光由鳳城來信，謂鄧鐵梅被偽軍何劍鈚俘送瀋陽。同日楊孝同之弟由鳳城來云：商民聞鄧被俘，多為淚下。當時日報曾發號外，並於報的正面印紅字，報告鄧被俘消息。二十三年十月三十日張德厚來說，鄧因不降，被日人毒死，詩以哀之云：

亂世天難問，英雄可奈何。
鴨江嗚咽水，不及淚痕多。

鄧鐵梅死後，中央依軍官殉國例，以中將撫恤之。其部隊由苗可秀和鄧鐵梅之弟鄧鐵珊分別統率，但其勢已不可復振矣。其子由光復東北同志會送入國立東北中山中學讀書。該校遷南京後，即不知所之矣。勝利後接收東北時，鄧鐵珊來見我，求為介紹職業，當薦之於遼寧省政府徐主席箴，派為西安縣警察分局長。東北淪陷，即無消息矣。東北義勇軍與日軍戰，能攻佔城池，除鄧外，還未聞有他人。至被俘不屈，亦足堪敬佩矣。其能與日軍打硬仗，而有所斬獲者，可與李春潤並論，其死事之烈，大義懍然，可以永垂不朽，乃為中華民族增光。稱之為民族英雄而無愧，以馬占山、蘇炳文等人，浪得民族英雄之名，立於其前，應有愧怍。

苗可秀

苗可秀字而能，父名長青。以農為業，熱心公益，原籍遼寧本溪，和鄧鐵梅同縣，後遷居黑龍江省富錦縣。肄業於東北大學文科文學系，面白皙，恂恂然如好女子。乃渾身是膽，威懾強寇，誠大丈夫也。九一八事變之後，即棄學投鄧鐵梅部，任教育長，把烏合之眾訓練組織成為一支精銳的義勇軍，可稱奇才。二十二年鄧鐵梅派其入關，向後方聯絡，始得結識。決定再出關殺敵，乃為健者。於二十二年九月十二日特邀其加入光復東北同志會，他要求東北協會如果再運械彈出關，希望分給他一部，允之。至二十二年冬出關，調寄〈踏歌行〉以送之云：

不屈不撓，中華民族！男兒夜起聞鷄舞，三邊草木盡知名。一身堪作中流柱，保衛河山。氣吞驕虜，壯懷誓志復疆土。相期共飲在黃龍，此心自可垂千古！

時日人急欲招降義勇軍，於二十三年春，乃冒險至瀋陽，向日特務機關詐稱鄧鐵梅可以投降，請派人同往鄧部商洽條件。日人信之，即派人隨往，至鄧軍中皆捕殺之。從此日人絕招降之望，乃改為懸賞購求政策。鄧被俘後，苗乃領其眾，繼續游擊，時鄧妾張氏，又偕陳參事官至苗部誘降。苗拒之，但任其去，蓋欲使其往還通消息，能捕得日人而交換鄧鐵梅也。聞說張氏後被日人所殺，是無心肝者，死固不足惜也。

於二十四年六月三日得信，苗可秀在岫岩縣境與日軍戰，臀部受傷，即乘肩輿以行，一夜冒雨至距鳳城約六十里小莊子地方，詢謂該處無日軍，意為可以安全休息矣，不意入室未久，敵大隊騎兵向莊上來，苗以逃已不及，乃令隊員隱避。自己覆被臥炕上，偽裝為農家病人，以為可以騙過敵人矣。不幸乃為漢奸所識，苗知不免，即自言為苗可秀。時二十四年七月二十一日，將苗送至鳳城，日軍井上少將用種種方法勸苗降，苗拒之。祈云：「正氣千秋」。苗在獄中寄其弟書略云：「……思想要正確，精神要偉大。不要忘了我們作新中國主人，作事不可因為一次失敗便灰心；亦不可因為一次失敗便退縮，須知犧牲是兌換希望的一種東西。我們既有希望，便不能不有犧牲。不過我們希望須正大而已。」又云：「國有可慶之事，弟當為文告我；國有極可痛可恥之事，弟亦當為文告我。」

七月二十五日午後二時半，送苗至鳳城南公園，地在鳳城與鳳凰山之間，日人已預為佈置，在其面前置木柴一堆，先焚其使用之物，乃又向其勸說，謂不降即被焚，降則即任司令。苗答云：「但願一死。」並云：「中華民族千秋正氣」。隨將預備之中華民國之旗，披在身上，大呼：「中華民國萬歲」，即被亂槍擊死，其殉國時，年僅三十歲。據說日人把他的心肝剜出，以祭陣亡將士，可見日人恨苗之深也。義勇軍殉國犧牲最為壯烈的，苗乃第一人，實可哀也。像這樣人，才可以代表中華民族。

苗可秀死後，遺孤隨其妻在黑龍江富錦縣苦度生活，情況甚為艱難，後即無消息矣。苗以一書生，能從容就義，為國犧牲，乃前無古人，可謂捨生取義之烈丈夫也。哀之以詩云：

誓志復韓業，未能報國仇。
長留遺恨在，正氣自千秋。

吳月泉

吳月泉鳳城縣人，師範學校畢業，任高等小學教員，熱心教學，為一鄉所尊敬。九一八事變，慨於國家存亡之危，乃投向鄧鐵梅義勇軍，上山去打游擊。時往來於關內外，為鄧鐵梅代表向各方作聯絡工作。其出入關經過日本軍警卡哨，檢查與嚴格的盤詢，面對虎狼爪牙，甚為鎮定，乃視強寇如無物。於二十三年一月十七日回到北平，報告義勇軍在鳳城山區游擊情形，據稱甚為順利，子彈缺乏，偽軍可為補給，即偽軍每奉命下鄉掃蕩義軍，即把子彈轉給義軍，名為交易。與偽軍間，彼此都有諒解，惟鄧鐵梅每遇日軍則不肯放過，而要打硬仗，消耗較多。乃令其與鄧去信，要他打游擊，不可打硬仗，以避免損失；抗日是長期戰，應用時間換取勝利，打硬仗多受損失，無法補償。這時鄧鐵梅有意回關內一行，乃令吳月泉送信止之，於二十三年四月十三日再出關，乃為永別，即留在鄧鐵梅軍中，戰死於疆場。吳為書生，雖弱不禁風，乃心雄萬夫，如果不是死在戰場，應無人能相信其能有作義勇軍的膽量。而為民族之雄，乃調寄〈柳梢青〉以哀之云：

敬謹持躬，恂恂溫靜，弱不禁風，敵愾同仇。誓圖報國，投筆從戎。但期保衛遼東，艱難會。殺賊衝鋒，戰死疆場。贏人崇拜，民族之雄！

張濯域

張濯域一名作儒，字白山，遼北省人。當九一八事變後，即組織義勇軍，在遼北省境內游擊。二十二年一月二十七日，其代表王幹一開始與東北協會北平分會聯絡。至二十三年六月十九日王幹一由關外來，據說張濯域在梨樹一帶游擊，尚稱得手，惟需款孔亟，希望能有支援。這時正是本會有一部份人主張派人到關外作文化政治工作，如辦學校、演劇等，不肯支援義勇軍。至二十四年六月二十七日，我與齊世英去見陳立夫，專為研究這一問題。我以為如果能投資本，支持義勇軍，善於利用義勇軍，把時間拖長，必然可以拖垮日本，而得到勝利。蘇俄在西伯利亞對付各國出兵，那就是先例。但終未能說服陳立夫，會內經費支絀，就是由於這一暗流，這是不能向王說明的。我乃允許盡力籌款接濟。至二十三年十月十一日接總會齊世英函說英國經濟考查團到偽滿考查，是由日方拉攏，以壯聲勢，亦為英國承認偽滿之先聲，應令義軍加強活動，予英人以不安定的印象，即於十月十二日通知各義軍首領極力活動，時在鄧鐵梅被俘之後，義軍活動正在低潮，勢難為有力的行動，乃令王麟祥送炸藥和信管給張濯域，並教他定時爆炸的方法，以便破壞南滿路炸英調查團所乘列車，曾賦詩記其事。

強鄰侵略自興戎，不信國聯能至公。
殺盡賊奴除後患，莫教遺害到遼東。

王麟祥為東北大學學生，與張濯域有戚誼關係，自九一八事變後，即參加張濯域的義軍工作，乃一面讀書、一面抗日也，至抗戰軍興，他未到後方，勝利後曾介遼寧省政府徐主席，任為遼寧省銀行錦州分行經理，大陸淪陷，不知去向。不意王麟祥把炸藥運送到現地，則英國考查團已經過去，到日本了，張即將炸藥另存他處，把信管收藏家中，以備後用，這時日警對於張的行動有些懷疑，乃至其家檢查，張把信管裝入餅乾筒中，未被檢出，日警去後，張令其太太把餅乾筒埋在後院中，由於天寒地凍，掘之不深，張太太以為用石搾扁了，即可以埋之，乃石下即行爆炸，日警聞之又來，張由窗逃走，日警捕張太太去，受苦酷刑，不肯吐露張之一切關係，乃死於毒刑之下，當時如能說出一切關係，亦許可以得活，乃寧死不屈，語云：千古艱難惟一死，這種以身殉國的堅強精神，求之於讀書明理的君子，亦甚難能，而不多見，乃一個村婦，竟然能之，實堪敬佩，真值得在歷史上寫下一頁，可惜我對於張太太的姓名，乃不知道，聽說張濯域（白山）在臺灣做黨的工作，但沒有聯繫，無法探知。在東北女子作義勇軍，我所知道的，還有趙老太太和韓清綸太太張達平，張達平現任國大代表，住臺中。至張濯域太太是為義勇軍保密而犧牲的，像張太太這樣犧牲，我只好說她是無名英雄，張白山逃至北平到我家，乃一身之外無長物，為我述其經過，則賦詩記其事云：

啟人趨向義，自足振頹風。
有此女豪傑，應知民族雄。

趙景龍

趙景龍字在田，黑龍江省巴彥縣人，日本大阪高等工業學校肄業。回國後創設工廠，決心以工業救國。九一八事變後，當日本關東軍擬侵入黑龍江時，江省軍政當局，對於戰守之策，難於決定。經會議討論，主戰、主和爭論不休，當時軍人主戰最力者有軍署參謀長謝珂、軍署副官長唐鳳甲，以及衛隊團長徐某；文人之主戰者有吳煥章、趙景龍等人。趙將工廠警衛組織為義勇隊，以準備作為打游擊的基礎，並與韓春暄等結合，共同行動，最後與東北協會聯合，共同奮鬥。我知趙景龍其人，直至二十二年十月二十二日，趙由黑龍江回後方至北平到我家中，才相結識的。那時他已成為黑龍江抗日的領袖人物，趙意志堅強，乃為吾黨之健者。據說義勇軍在江省尚可活動，至塘沽協定之後，乃改為秘密工作，愈加奮厲。至二十六年抗戰軍興，首都西遷，則仍留華北、東北作敵後工作，指揮義軍實行種種破壞。趙本人住天津英租界，時遷地址，這亦許是惹人注意之處，乃被敵人偵知，於二十八年十二月十九日。日人偕英巡捕至其寓逮捕之，乃備受毒刑，未肯說出秘密工作與各方關係，後解赴東北，乃不知死所矣。其犧牲壯烈，可與日月爭光。茲將陳立夫先生為其請卹呈中央撫卹委員會文所述其指揮義勇軍以及作敵後工作的經歷，寫在後面，以代傳記。

為趙景龍同志壯烈殉難，謹陳事略，懇予優卹，以彰亮節而安遺族由；查東北黨務辦事處執行委員，兼東北協會天津辦事處主任趙景龍同志，前以被敵逮捕，壯烈殉軀，當經各黨部團體，分別呈報總裁暨中央組織部轉呈　鈞會議卹各在案。竊趙同志籍隸黑龍江省巴彥縣，係日本大阪高等工業學校畢業。曩於東北以六百萬元創設造紙廠，抵抗仇貨，早為倭方滿鐵株式會社所嫉恨。九一八事變後，慨於駐軍未嘗抵抗，而遼東淪陷，首將紙廠防匪之槍械，悉授招訓之員工，聯合各地武裝農民，屢挫敵鋒。旋又赴黑龍江，力排奸懦，促成江橋抗戰，不獨為我國抗日義勇軍之先導，抑且為實行長期游擊之前驅。當國聯調查團抵哈爾濱之際，敵軍廣佈，邏探四伏，而趙同志奮不顧身，立率吉、黑古析年、張鳴歧、武勳閣等部七千餘人，更聯合其他各部義軍，向哈進攻，彰我民氣，南逼哈埠近郊之香坊車站，北迫一水相望之松浦市區，猶復潛入濱江，經捷克領館館員之先容，得見李頓，面陳敵人侵略東北之野心，組織傀儡之用意，與我民眾誓死抵抗之堅強意志，並遞所收之各地民眾意見書多份。使該團深明敵偽真相，得知民氣激昂者，實以趙同志之力為多。長城戰後，敵繳東北民槍，義軍械彈漸感缺乏。適東北協會秉承中央意旨，策動關外抗敵工作，以趙同志忠勇堅貞，洞悉敵情，時畀以調度黑省工作之全責。及至抗戰軍興，復派其經常駐津辦事處，指揮東北秘密工作。嗣奉中央明令，任為黨務辦事處執行委員，工作尤力。敵以屢遭打擊，因而偵緝兼施，遂於二十八年十二月十九日拂曉，會同天津英工部局將其逮捕。當由該局轉解敵方之前，趙同志暗擬電稿，密遞關係方面分電　總裁暨立夫等，深以未竟全功，即陷敵手為憾，表示此去決心成仁，當蒙　總裁電示，東北黨務辦事處暨東北協會，以趙同志忠堅可嘉，飭與組織部接洽，繼續營救在案。後悉以堅不吐露工作線索及平津方面中央所派之各工作同志姓名住址，備受酷刑，暈厥多次，終以不受誘降，而以身殉。查趙同志器識恢宏，不競利祿，自九一八事變時起，至被捕時止，組織義勇軍及領導秘密工作，十年如一日，不因環境惡劣而稍懈。在東北從事秘密工作同志中，尤屬難能可貴。雖以遭際迍邅，無赫赫之譽，然對黨國確有非常之貢獻。本黨對於動烈，原有殊遇，允宜特予優卹，以慰忠魂。現趙同志遺族困居天津，生活異常艱苦，而近來物價高漲，其子女竟不得不因而輟學，為狀之慘，殊屬可嘆。若按一般議卹，實非所堪。立夫等既痛心於趙同志賚志殉黨，復憫孤寡無以為生。除俟抗戰勝利，再請明令褒揚，以免影響東北秘密工作外。　謹先縷陳事略，仰懇
鑒核俯賜從優議卹，實為德便。

中央撫卹委員會

在抗戰時期，作敵後工作。因而毀家殉國者大有人在，獨惜自趙景龍死後；義勇軍即從而絕跡，可知其足以代表中華民族精神。乃調寄〈浪淘沙〉以哀之云：

願為國分憂，不覓封侯，山河已失未能收。生日誓將奇恥雪，至死方休！虜馬遍神州，無地埋愁。雄心圖報國家仇，飲恨長江流不盡，民族增羞。

後記

我所寫東北義勇軍人物，如李春潤、鄧鐵梅、苗可秀、趙景龍等，曾載入中國文化學院東北研究所《東北論文集》第二輯。經閱稿先生對於文字有所剪裁，在此致謝。可是對於事實亦有所改造，乃為我所不同意的。我意為歷史是應依據事實寫出，不是杜撰的，對於事實必然不能有所變更，他們因為什麼要改變事實？目的何在，我不知道。因為這是我所寫義勇軍四年的一部，乃不得不有所說明。其改造重要之處，如原文為「不意唐聚五，在後方棄軍遁去，其部眾潰散，因受影響，不能前進」這是事實。亦是千真萬確的事實，乃被改為「不意唐聚五在後方作軍略上退卻，失去聯絡，不能前進。」實在說唐聚五不僅是棄軍逃走，而且是攜款逃走。他這一軍略上退卻，乃由安東省通化縣一帶一下就退卻到河北省涿縣城裡去作富家翁。在中國歷史上，還找不到像這樣離開軍隊一退就是幾千里戰略退卻的先例呢。不意閱稿人能把這樣一件不合理的事情，寫在我的名下，亦許知道那是謊言，所以自己不能出名寫一篇文章而要由我擔負這歷史責任。我們知道在前中日甲午事件（在那時軍隊一槍不放望不見敵人的影子就逃，所以我說是甲午事件，不說是甲午戰爭，因為陸軍並未戰），宋慶帶著軍隊由朝鮮馬不停蹄。一直逃到田莊台，當時地方有一個民謠說：「依瞎打，常坐坡，宋帥一敗八百多。」這是說依常兩將軍，依打是瞎打，坐坡是向後方使勁，宋慶一逃就是八百里，這並不是歌頌他們，似此因為什麼不能殺頭就全仗說謊吧？唐一逃就是幾千里，而且宋是帶隊逃，唐是隻身逃，這應該是後來居上了。事實上在當時，日本關東軍並沒有向東邊進攻的企圖，唐在代理遼寧省主席之後，即發行不兌現紙幣，說是為支付軍政費，可是他乃盡量的收買大豆運安東售款匯上海、天津乃乘李攻略瀋陽的機會，棄軍逃走。乃是有計劃而且安全的逃走，因為多數義勇軍司令，都住在北平，他是抬不起頭來，乃住到涿州城裡。至二十一年冬救國會曾計劃組織部隊出關，共分為六個軍團，任唐聚五為第三軍團總指揮。當時東邊地區的義勇軍司令多數表示反對。由劉純甫、張諾夫、張雅東、齊占久、姜中天、關向陽等人，據實向救國會指控，唐連聲辯都沒有。在這時唐由張學良副司令處，領得步槍五百支，放在家中。只是孤家寡人，沒有人替他抗起來，他亦許看見馮占海和鄭桂林有人有槍有馬（後經中央收編）甚為眼熱，又因李春潤計劃出關，亦有槍有人，乃打起歪主意，設計私擅逮捕監禁李春潤，迫其合作，以壯門面。李春潤不允，他就不放。李春潤太太來找我，乃求軍分會參謀長鮑文越向唐說項才放回來的。後來救國會取消出關計劃，唐一直是住在涿州。

二十二年二月十九日東邊地區義勇軍大聯合，召集開會，出席者有趙同、程萬里、李春潤、車向忱、王育文（是唐聚五組速寧省政府的民政廳長）、孫岫岩、夏福星、李大庸、夏雲五、孫樹森、陳壽山、陳咸一、孫同九、蔣月如、吳多如、梁司令、姜司令（此二人是東邊大刀隊司令），首先討論的問題，就是東邊義勇軍大聯合，不與唐聚五合作。這時我向救國會說，東邊地區義軍司令，既然大家都反對唐聚五，我們應該檢討一下，找出一個可以統一指揮而為大家所心服的人出來作總指揮，這對於義勇軍的前途，才能有發展。王化一和高崇民說，這是使日本方面知道，唐聚五尚存在，乃沒有其他理由。實在說，唐之棄軍逃走，日方特務機關早就知道，像這樣一個人，即使生存，能嚇倒日本軍閥嗎？我不知道因為什麼原因，而能這樣固執。實在說，我們就是因為有這樣的將軍，才使日木軍閥大膽的敢於動手。對於這樣人還能為之諱而得到寬宥，我們中華民族的精神，實在太寬大了。東邊地區義軍司令在二十二年二月二十及二十一日連開會兩天，又有參加的，為姜中天，關向陽、王選齋、張雅東、齊占久、張宗周、劉純甫、盛御風共計二十個人，他們的大聯合有誓言、有公約，乃把唐聚五踢出去關在門外，長城戰敵人的炮聲都未能把他震醒過來。直至民國二十四年宋哲元接受日人一切要求，日本特務機關在北平可以自由捕人，我離開華北，唐仍隱居在涿州。事後亦未聽說有什麼行動，我不相信他在冀東偽組織出現以後，能站起來抗日。說者亦許以為有抗日英雄，乃是光榮，甚至是東北的光榮，誰相信謊言他是光榮呢？況且對於義勇軍的情形，當時知道的人正多，人都還存在，絕不會但憑我們說誰是民族英雄，就相信而不疑，成為歷史。我在為《東北論文集》寫東北義勇軍時雖曾聲明，希望有人就所知，加以補苴，那是希望提出事實，今則乃把謊言寫在我的名下，真使人驚異。我實在不敢負這歷史責任，乃不得不提出異議。我把當時的事實經過都寫出來，請看唐聚五到底是棄軍逃走，還是戰略退卻，我無史才，不能寫史。我願就所知保存些史實，以待歷史專家自由判斷。保存這一代史實，我們這一代人是有責任的。

這是三十年以前的事情，為時不遠，當時之人還都存在，這幾人之外，亦許還有人知道壯烈殉國的人物，甚望能有所補苴，不要使為國家民族犧牲的英雄，一死了事，烟消雲散，而至於默默無聞。在這大時代中，多少要為他們留下些痕跡，流傳千古而不墜。

（原刊於台灣《春秋》第10卷第6期）

苗可秀生平事略

孫偉健

堪稱抗日英雄

東北民性，向以強悍著稱。日俄戰爭自一九〇四年至一九〇五年以後，日人對東北的侵略行徑，步步逼緊，加以自民國初年（一九一二年）以來愛國教育的不斷灌輸，在東北人的心目中，特別是東北青年的心目中，早已滋長著反日，仇日的根苗。一九三一年「九一八」瀋陽事變激起了東北人的抗日武裝組織，加強了東北人自衛，自救的決心，於是乎滋生已久的抗日根苗，便日益發榮茁壯，榮茂枝繁。苗可秀就是那些叢林密樹中的一顆巨幹。

苗可秀，他有著高高的個子，瘦瘦的身材；他有著沉默，寡言笑的性格；他有著一副表情嚴肅的面孔，有時嚴肅得令人可怕。他和初識的人接觸時，很少說話，只愛深深的鞠躬；那一派「禮貌週到」的樣兒，有點像日本人。他是吉林省人，開始抗日活動時，正就讀於遷校在北平的東北大學，大概還沒有卒業，就秘密往東北去了。

原是青年黨員

苗可秀是青年黨員。「九一八」前，中國青年黨的黨務，在東北發展得很快，幾年功夫就吸收了成千累萬的黨團份子，當年東北的軍政文教中心是瀋陽，所以青年黨在東北的黨務活動，也以瀋陽那一區域為主要基地。文校方面的馮庸大學，東北大學；武校方面的東北陸軍講武堂，東北陸軍軍士教導隊，就是青年黨秘密活動的四大堡壘。此所以東北軍的中下幹部，東北各大學，中學的學生，當「九一八」前後那個時期，在青年黨黨員數額中，竟佔有絕大多數的比例。可惜後來發生了所謂王（捷俠）霍（維周）事件（一九三三），因而佔比例數字很眾的東北籍黨員，逐漸與組織失卻聯絡，甚至脫離關係，這對於青年黨的損失可真不少。

青年黨信仰國家主義，其宗旨是「內除國賊，外抗強權」。對中國來說，當年的日本，可謂是強權中的強權了。以一個生長在東北的青年，從小就耳聞目睹一些日本人欺壓中國政府和人民的事端與意圖，接受了許多國恥教育之餘，又加上了青年黨的訓練；忽而霹靂一聲，竟遭受了國破家亡之痛，其毅然決然的奮不顧身，走上抗日救國之路，幾乎是勢有必至的命定歸趨。苗可秀是在「如此這般」的環境中孕育出來的。

青年黨黨史上說：「苗可秀於民國廿一年七月，奉黨部命令出關殺敵。」由此可見，苗可秀既遭遇到了一般東北青年所共有的感受，又接受了青年黨所賦予的使命，這就無怪乎他有「慷慨就死，從容赴義」的卓越表現了。

但求無愧於心

苗可秀於出關前，曾在北平從事東北學生軍的組訓工作。

當年活動於平津一帶的東北學生軍，是由「九一八」事變後逃入關內的東北各大學中學的一部份學生組織的。

通常所說的東北學生軍，差不多把大部分的東北學生都包括在內，為數相當龐大。它的構成分子，都是中等學校以上的學生，有的是自願；有的係出自校方規定，每日於一般課程之外，接受軍訓。當時平津地區的民心士氣，頗為激昂，尤甚是從關外逃來的東北人，特別是東北學生，更有「滅倭奴而朝食」的蓬勃氣概。東北民眾抗日救國會以及東北學生軍，就是在這樣的情勢之下組織起來的。青年血氣方剛，好逞一時之勇，過分壓抑，既為事實所不許；疏解無方，又每易滋生難以想像的流弊。讓學生們穿一穿軍服，拿一拿槍桿，一早一晚，跑跑步，操練操練，唱唱軍歌，喊喊口號，多少學習一點簡單的基本軍事常識，正所謂寓疏導作用於訓練之用，也不失為斟酌情況，因勢利導的權宜辦法。

可是真正的東北學生軍是要簽署志願書，通過宣誓手續而加入的，其數不逾百人。這個秘密的組織，預備以六個月的時間，予受訓者以作戰知識和技能的訓練，然後分別參加到東北各部義勇軍裡去，以謀各部的聯絡。他們的訓練比較嚴格，主要科目是關於敵後工作的軍事政治技術。他們的使命是整齊抗日步調，加強抗日力量，以求東北義勇軍各部的統一指揮，收敵後游擊的充分效果。當年孕育在這個組織的苗可秀，就是一個頗為活躍的引人注意的人物。

苗可秀於民國廿一年（一九三二）七月，自北平出關；於民國廿四年（一九三五）七月，在鳳凰城殉國，整整經過三年，其活動地區，大抵未出「三角地帶」範圍。所謂三角地帶，即指安瀋鐵路以南，南滿鐵路以東那一塊略似三角形的地區而言。

當苗可秀已立定決心，潛往東北之前，他們曾經研究過有關敵後工作的種種問題。最後分手時，他們一問一答的對話：

「東北義勇軍派別分歧，複雜萬端，以我們少數的人，便能夠支配他們嗎？」

「儘我們所能支配的程度去支配。」

「就拿義勇軍的力量，便可以戰勝日本鬼子嗎？」

「我們不求成功，但求失敗。」

「自尋失敗，於國何補？」

「我們不求有益於國，但求無愧於心。」

「怎麼不留有用之身，作更有效的報國於將來呢？」

「這是懦夫自解的遁詞。我們不願意說；怕旁人這樣說，所以我們不敢這樣作。」

「不求有益於國，但求無愧於心！」這句斬釘截鐵的話，簡直就等於是苗可秀的誓詞。

從此人事茫茫，歲月漫漫，竟得不到苗可秀的一點消息。

兩年後從報紙上所載的：「鄧鐵梅之壯烈供詞。」中，竟看到了苗可秀殺死日軍大尉的消息，於是確信苗可秀置身敵後的義勇軍中，而且已得到工作上的成果了。

可是，又幾曾想到，再過了一年，苗可秀竟已為國犧牲了呢？

讀者如追溯上述苗氏「不求有益於國，但求無愧於心」那一席話；他所說的壯烈誓言，對這位以「收復東北失地」為職志，而真正「打回老家去」的國家英雄，不禁悲感痛悼者久之。

慷慨犧牲壯烈成仁

關於苗可秀的家世，抗日殺敵情形，死難經過等，世人知者不多。其原因不外：

（一）東北義勇軍的活動地區，遠隔內地，聯絡困難。

（二）敵後工作，必須絕對保密，不輕易佈露消息。

（三）當年義勇軍在名義上，雖歸「東北民眾抗日救國會」統一指揮，但實際上國民黨，共產黨，青年黨等，都各派敵後工作人員，各立指揮系統，所以有時難免「各自為政」。

（四）苗可秀是青年黨人。當年的青年黨，是一個從事地下活動的革命團體。掌握在政府手中的宣傳機構，自來就缺少「揚人之善」的雅懷。所以，一直到苗可秀殉難以後，也沒有比較完整具體的消息流佈世間。

一九三五年到三六年那個時期，上海曾經出版一部《國難文選》，一開始就收集一些有關苗可秀的種種資料。可是當時編選工作並不容易，關於資料蒐集，題材選擇，以及編輯，註釋等等，真是千頭萬結，不勝其繁。結果，關於苗可秀的資料，能搜求到的卻極有限。

如果我們再看當年報紙上，關於苗可秀殉國的消息，記載頗為簡略，大意是說：「……自鄧鐵梅被捕後，其所部義勇軍即歸參謀長苗可秀統率，仍轉戰於岫巖，鳳城，蓋平，本溪一帶，圖謀截斷日本侵略我國東北的重要工具——南滿鐵路和安奉鐵路。最近在摩天嶺附近，被日本鬼子包圍，全部覆沒，苗本人亦被擊斃。」

比較詳盡一點的，還是青年黨黨史（一九四一年版）上的那一段記載；作者閱及此項記述，已是抗戰勝利後六年。

黨史所記苗可秀參加義勇軍經過及其奮鬥情形，與當年報端所載者互有出入，尤以死難情節，差異更多。作者不知黨史所記，源出何處，但就苗可秀對青年黨的關係論之其所記應該是可資信任的。

現依青年黨黨史的記載，將苗可秀的奮鬥經過，簡述如次：

（一）民國廿一年七月，奉青年黨黨部命令出關殺敵，活動於「三角地帶」各隊義勇軍中，旋加入鄧鐵梅部工作。

（二）十月，以詐降誘殺日本鬼子軍官六人。

（三）冬，陷鳳城，攻莊河，使敵偽軍疲於奔命。

（四）歲末，團結各部義勇軍，粉碎敵自稱之「第一次討伐」。

（五）民國廿二年春初，攻莊河。
（六）三月，克蓋平。
（七）四月，組義勇軍別動隊。
（八）民國廿三年一月，改組別動隊為中國少年鐵血軍。又組織「中國少年團」及「綠林大同盟」，以是「三角地帶」之抗日勢力日強。日軍駐連山部隊中有：「三角地帶五千義勇軍不足慮，苗部三百別動隊實可怕」之說，敵寇之喪膽者若是。
（九）民國廿四年六月十三日，與敵苦戰於岫巖，傷臀部；廿一日被日本鬼拘捕。
（十）七月廿五日，就義於鳳凰城，被寸磔。

苗可秀的生年月日，無從稽考。有謂其「卒時約二十四五歲」。據作者估斷，其卒年當在二十七八歲。

遺書字字是血

苗可秀的遺書有三封：一封是給「卓然」的；一封是給「雅軒」和「忱」的。這兩封信都寫得很長，成於被執後三數日間，意在託付後事。最後一封未寫明給誰，成於就義之日是寥寥數語的絕筆。

苗可秀的身世及其為人如何？我們可以從遺書中窺知一二。其間流露著念弟，念妻，念子的真情，確乎是斑斑血淚，令人不忍卒讀。

（一）遺書一——與卓然

卓然師：

生於六月十三日在岫巖與日軍作戰，當被砲彈中傷臀部，在養傷中，於二十一日又被日軍偵騎所得，此書係臥床伏枕，力疾為之者，一燭螢然，窗外蟲聲唧唧，似悲余之有志不遂者。而生則以為余之事業，於此已告大成矣。日軍守護士兵，求余數字以為紀念；余書「誓掃匈奴不顧身」詩一首贈之。日軍翻譯員前山，人甚和善，亦求余書；余書「正氣千秋」四字贈之。彼又頻頻囑余遺書友人，今夜其為余死期耶？余死固無所慮。所慮者二事：

一、父所遺之產業無多，為余讀書之故，耗費盪盡，致令余弟於今竟作流門戶，且負債五百餘元之多，日積月累，將來更不知何如，此皆生不事家事之故也。吾師能為生解決此一問題，生可以少慰吾弟；即生之私心，亦可以少慰於地下矣。

二、余妻至愚魯，生一子，今年約六歲，斯子幼失其父，長誰教之？其將與鹿豕同矣！此生之所最痛心者。生擬名此子為「苗抗生」，勉其繼余之志耳；但誰為教之者？生籌思至再，願以此事勞吾師，不識吾師以為何如耳。生意吾師可以義孫視抗生，即令抗生以祖父禮事吾師；余妻即令為吾師作僕婦，人雖愚魯，吾師而善用之，伊尚能任勞苦也。如此，則吾子可以不失教，吾妻可以不失吃飯之所，生自為謀者，至矣盡矣，不識吾師究以為何如耳。吾師待生之厚誼，生惟有圖報於來世。吾弟吾妻，現流落何處？生亦不詳，但令趙氏叔姪設法，總可以得其梗概也。自生入獄以來，心地坦然之至，此境殊不易做到，生不知由何修養得來也。古語謂「慷慨就死易，從容赴義難」，自生觀之，兩皆易耳，第視其真知義與否。吾師負整頓中華之責任，至為重大，望努力而珍重之！不多談。一，賚，衡，辰，醒，光諸公，同此不另，祝為國珍重！為國努力！

二十四年六月二十三日夜十一時，晚生苗可秀鞠躬

（二）遺書二——與雅軒及忱

雅軒，忱二位老弟：

不見面者二年矣，念念！兄今為日軍階下囚，伏床自思，尚堪自慰，可慰者死得其所耳。昨夜秉燭作書，寄與卓然師，其主要用意在於託孤，但能否到達卓然師左右，則未可知，今再與弟等詳陳一切。

一、被難經過：六月十三日在岫巖與日軍作戰，兄為砲彈中臀部，創甚劇潛伏後方養傷，廿一日為日本軍所搜獲，遂罹於難。

二、泣託弟等者：

(1)家屬：

甲、吾家至貧，弟之所知也，舍弟被吾所累，吾心實覺不安。吾弟當向卓師及與吾有關係諸公處，懇祈設法少為賑濟。

乙、吾妻至愚，吾子尚弱，教育撫養，無人負責，此兄最為關心之一事也。昨與卓然師書大意如下：「吾子擬名為『苗抗生』，令吾妻即在吾師家作僕婦，令抗生即以義祖父禮事吾師，吾師即以義孫視抗生，而善教之。」吾弟以為如何？我身後事，大家要看在我的身上，時時關照可也。

丙、我家屬事，找余七弟沛料理，亦係線索。

(2) 其他之一：

弟等可在西山購一臥牛之地，為余營一衣冠塚，豎一短碣，正面刻苗可秀之墓，背面略述余之行事，墓旁植梨樹四五株，建小亭一間。每有休假日，弟等千萬要到此一遊。每到此處，要三呼老苗；我之孤魂，庶可以不寂寞矣。山吟水嘯，鳥語蟲聲，皆視為余歌，余語，余泣，余訴，可也。（作者按：泣係為事而非為私人泣也，要注意此點。）

(3) 其他之二：

凡國有可慶之事，弟當為文告我；國有極可痛可恥之事，弟亦當為文告我。

(4) 其他之三：

少年團所印諸書，皆係余一手作成，在余被難前，亦曾刪定幾冊，弟等可與趙氏叔姪謀之，付之石印局，少印幾本，分贈我之友好，以作紀念。此外尚有幾篇信稿，亦可付印，文章大致可觀也。

(5) 其他之四：

弟等思想要正確，精神要偉大，不要忘了我們要作新中國的主人，要作重整山河的聖手。作事不可因為一次的失敗，便灰心；不可因為一次的危險，便退縮，須知犧牲是兌換希望的一種東西，我們既然有希望，便不能不有犧牲，不過我們的希望務須正大而已。

一手執筆，一手執紙，仰面而書。故筆跡至拙也。不多談了，再會吧。祝你們健康！快樂！希堯，風生……諸兄，同此不另。

兄苗可秀書，六月二十四日。

（三）遺書三——最後一封信

余妻等不知流落何處？請諸公分神照顧！以妻子累人，此大丈夫之恥也，然而奈何！奈何！肅此，敬祝釋，衡一，雅軒，忱，同偉……諸兄弟努力！卓然師不另。

苗可秀拜書，七月二十五日。

「張良椎蘇武節」

苗可秀的事跡，在東北抗日義勇軍史冊上，應該佔重要的一頁；苗可秀其人，說得上是一個轟轟烈烈的人，因而苗可秀之死難，不僅值得悲悼，而且也值得大書特書。可惜蔽於宣傳，苗可秀生前死後那些可歌可泣的事跡，在報章雜誌上並不多見，所以世人也很少知其本來。這無論就那一方面說，都是不應該有的錯誤與疏忽。

於今，苗可秀烈士已逝世三十六年，讓我們借用當年朱仲琴先生的悼詞，聊示追薦吧：

嗚呼志士！何可多得？
張良椎，蘇武節，縱屬異類亦心折。
睢陽齒，常山舌，能教鬼神泣壯烈。
遺囑諄諄不及私，手書字字都是血。
從容就義，浩氣四塞；
黑水為君而含悲，白山為君而無色。
臨風灑淚兮當酒漿，
異地招魂兮情惻惻。
嗚呼志士！何可多得？

（原刊於香港《掌故》月刊第1期）

馬占山部隊遭遇記

高山安吉作　陳嘉騏提供

民國二十年九月十八日，日軍施其一貫先發制人的手段，包圍奇襲瀋陽北大營，我東北國軍起而抵抗，然在包圍中無法施展，幾乎全部被其消滅，所謂「不抵抗」並非事實。當時駐防北大營突圍團長王鐵漢將軍可作證明，王將軍於勝利後曾任遼寧省政府主席，現居台北。東北國軍之有組織抵抗，首提馬占山將軍，嫩江橋一役聞名全國。筆者勝利後至東北，在日文《滿洲建設秘話》一書中，發現日人高山安吉所寫〈馬占山部隊遭遇記〉一文，筆者為瞭解日人對馬占山保衛國家觀點與看法，曾請人譯成中文。馬占山抗日之戰距今已四十年，而筆者保存此文亦已二十餘年，頗感世事滄桑與光陰之迅速。任人皆知，捍衛國家不能倚賴友邦，更不能幻想侵略者因失敗而會改變其侵略態度。筆者茲特將〈馬占山部隊遭遇記〉錄出，使我國軍民瞭解當年一段史實而生警惕之心

幾萬人的馬占山部隊，在海克線附近，極盡其騷擾之能事。

當齊齊哈爾克山間，頻遭襲擊，鐵路被破壞成幾十段，電線被切斷，站房被燒毀，克山遂陷入

孤立狀態，而北安縣屢遭敵襲，我的同僚中山、星原、利光三君均已殉職。這時候，也正是我們從事建設人員，由克山站台內隨同宿營車，從事建設北安至海倫間的工作之中。

克山城內雖然比較繁華，城外仍是一片荒涼，酷寒的北滿氣候，每天常在零下三十度以下，我們的作業，因遭受馬占山部隊的一再襲擊，無時無地不在危險之中。建設北安至海倫間的鐵路，是「滿洲鐵路株式會社」與「關東軍鐵路護路隊」兩方面共同作業，因此齊齊哈爾與克山間被破壞的鐵路，也是由兩方面共同負責。

馬占山部隊在克山附近有一個根據地，所以一到夜間，雙方面的威嚇射擊，和照明用的烽火，其淒慘情景，使人感覺無限的戰慄。

平松部隊長以下官兵開來此地，從事此一地區馬占山部隊肅清工作，白天出去掃蕩，晚上返回克山，幾乎夜夜頒佈夜襲警戒，從業員不但時時在戰慄中，且無絲毫熟睡機會，身心的疲倦，真是一言難盡。

我（高山安吉）一度離開多事的克山，嗣又奉命與負責搬運殉職社員遺骨至南滿的庄司君交換職務，作克山地區的總指揮，在酷寒的十月二十八日乘機飛赴克山。在途中，由飛機向下俯望，北安縣站台已為灰燼，附近部落亦在熾烈的燃燒中，火光沖天，濃煙濛濛，淒慘至極。

到克山後，當晚在昏沉沉的燈光射影下，召開了第一次的班長會議，討論今後的工作方針，並聽取他們的意見。他們一致認為，在如此危險的環境之下，對全體從業員的士氣，實有很大的影響，長此下去實際不可能。各班班長認為，為了安定全體從業員的心理狀態，每人身邊必需攜帶武器，以資自衛，這也是從事工作的先決條件。

翌日（十月二十九日），據說駐屯北安的建設掩護部隊準備撤防，因無軍隊掩護鐵路建設工作，因此在北安附近實施工事中的工事班長佐藤君帶領全班人員撤回克山。

同時恰巧在佐藤君的測量鐵路線時代，從事掩護工作的宇田川隊長戰死，定於今天舉行慰靈祭，所以我就同鈴木中佐和佐藤君，午後從克山站出發，到離克山四公里的慰靈祭場。

回來時，為了沿途訪問軍部和關係處所，時間不覺已到黃昏，每晚黃昏時候，正是馬占山部隊活躍時刻，於是我接受平松部隊官兵忠告，我與鈴木中佐和佐藤君三人就暫且投宿在叫作富士屋的旅館裡，未再回工作場所。

這時各家大門都是緊緊的關閉著，平松部隊官兵也把縱橫的鐵絲網拉到街道的當中，充份顯現出夜間不能通行而且十分危險的景況。

當夜十二時三十分，忽然槍聲四起，我們三人緊張了起來，旅館主人說，有七、八百馬占山部騎兵來襲擊克山及克山附近部落。槍聲愈來愈緊，不多時又聽到轟然的砲聲，震動得屋子也動搖起來，我們緊縮著身體，屏息靜聽，砲聲與槍聲夾雜在一起，流彈把房頂打得轟轟作響，我心裡想——這可完了——閉上眼睛待死吧！繼想這樣死去，名古屋家中父母作何感想，妻及子如何活下去。

想來想去，還是趕緊逃向離旅館十三米的皇軍部隊本部去避難，及從門縫一看外面，紅光閃閃，流彈縱橫，榴彈砲亂轟亂炸，看來軍本部也十分危險，又慌張的逃了回來。

繼又想，離此地不太遠的平松部隊內的城崎測量隊一定會救我們出去，這一線希望，又使我們忍耐下去，但卻總沒有人來；事後才知道，那時候城崎隊長也很擔心我們，因為暗夜的巷戰，不便來救。

最使我們膽寒的那一個時候，他們還以為我們已經被榴彈炸死了呢！

黎明前四時左右，敵人就開始襲擊離開旅館百餘步的日人民戶和商舖，殺死了十幾名日人後，天已大亮，槍聲漸稀，才知敵人已行撤退；假如天再晚亮一會，那末我們也脫不過同樣的命運，真是死裡逃生。城崎隊長又告訴我們，東亞土木事務所，也不幸犧牲了三名日人。在同仁醫院住院就診的一名日人，他的隔壁房間被馬占山部隊炸毀，他由其夫人的決死營救，才抬到部隊裡去，我們男子漢反不如一個女輩勇敢。

馬占山部隊完全退出這裡，已是早晨九點半鐘，看到其他各地來的營救部隊，才放下了心，我們打算暫且留宿在平松隊本部裡，等平定後再回到工作場所。（筆者按：北安為勝利後黑龍江省會所在地，克山在北安西約百里，為一新興城市，介於齊齊哈爾與北安之間。）

（原刊於香港《掌故》月刊第1期）

抗日民族英雄馬占山

楊潔如

民國十四年十一月，郭松齡將軍回奉之役，張老將在日本關東軍採取「支持東北舊政權，一動不如一靜」的方針下，做了拔刀相助的義士：先是對郭軍作外交上的阻撓，繼而是對張老將作實力的支持。就在這段期間以內，黑龍江吳俊陞的騎兵開到了。首先到達的是馬占山的騎兵團，由於夜襲白旗堡的成功，使馬一舉成名。由團長升為騎兵旅長，後來更兼任黑龍江省區的警備司令，因而才造成他九一八後代理黑龍江省主席，和江橋抗日之一役。

有人說，東北的九一八事變，日本固然是害了中國，但亦害了自己，假設沒有九一八事變，就不會使中國以後發生那麼多的不幸事件，以致使中共在抗戰中日益壯大，而卒至奄有了中國大陸！也不會使日本軍閥瘋狂的發動珍珠港事件？以致捲入了第二次世界大戰的漩渦，而卒至招了戰敗投降之悲劇！

顧維鈞獻計少帥

九一八事變之後，張學良將軍，也曾帶病在北平順承王府召集過他認為可與談大事的一些親信人員，和當時依附他的所謂「名流」，研究過這一件空前的外交事件，和檢討過和戰大計。但那些事務官，幕僚，清客們，是拿不出甚麼好對策來的。

當時依附張的外交家顧維鈞博士，人到了中年，心情已有所改變，早就沒有了當年出席凡爾賽和會，華盛頓會議時那股勇氣。他向張提出的建議是：「以外交折衝，對付武力侵略；經國際聯盟，避免直接交涉。」

在自顧實力不如人的情況之下，顧提出的辦法，未嘗不是一項「言之成理，」說來「冠冕堂皇」的政策，但不料因此卻造成了張學良一生洗刷不掉的「不抵抗將軍」惡名。

九一八事變後東北的情況，是除了地方部隊和留守的少數部隊外，（如王以哲旅的單守北大營）其餘的所有東北精銳部隊，均於民國十九年，由張學良自行率領入關。

彼時留在東北的地方性部隊，在黑龍江省的，有馬占山的騎兵旅，程志遠的省防軍。在吉林省的，有張作相散佈在中東路沿線的護路部隊，哈爾濱鎮守使丁超的步兵旅，駐防三江李杜的步兵旅，和駐防省城的馮占海衛隊團；在遼寧省的，有洮南鎮守使張海鵬的騎兵旅，及王以哲的步兵旅；在興安區的，有鄒作華將軍的屯墾軍，兵力三個步兵團，一個騎兵團，一個砲兵團。大砲是日本三八式野砲二營，一〇五米糎重砲一營。

在以上這些省防部隊當中，日本之對於遼寧省已親自動手；對於吉林方面，他們對於吉林省參謀長熙洽早已有連絡；對於洮南張海鵬部，也取得了默契。

他們最感頭痛的，是興安區的屯墾軍，那不但是一支實力較強的部隊，而且鄒的部下都是一班青年軍官，（中村大尉被殺事件，就是發生在興安區王衛廟第二團防區內，團長是關瑞璣號玉衡，此時已因中村被殺事件被囚瀋陽監獄）抗日情緒非常濃厚，也無法予以說服。他們只好把那個地區，留待以後再說。

林義秀訪馬占山

接著，關東軍的擴大方針之後，他們便積極圖謀經營江省。日本軍部對於情報工作，向來是極端重視。吸收情報的方法更是五花八門，無孔不入。

在九一八事變以前，關東軍少佐林義秀，早以西藥房作為掩護，住在齊齊哈爾（江省省城），做刺探江省軍政消息工作，並設法和黑省軍政有關人士「折節論交。」

事態明朗化以後，林義秀即出面訪問馬占山將軍，聽取他的意見。馬占山是「紅鬍子」出身，對於政治外交的識見，當然說不上「水準。」但他對日本軍的力量，也估計的非常清楚，最初也並無自不量力，以卵擊石的意思。林義秀一次兩次的接談之後，便對馬提出來所謂「皇軍」的希望。

他告訴馬占山說：「關東軍希望馬占山採取吉林熙洽，洮南張海鵬一致的辦法，與日軍合作。並改組黑龍江省軍政機構，且同意多門師團，進駐黑龍江省。」

老實講，熙洽和張海鵬的那套作風，未待日軍進攻，即向日本賣身投靠的辦法，馬占山站在民族大義立場，並不同意。如果也叫他追隨他們的路線，他是寧死不從。但他權衡了一下自己的實力，實在不夠與日本對抗的資格，於是他便想到了屯墾軍方面。

那時，屯墾督辦鄒作華，奉命出國考察，在歐洲尚未回國。留守的人只有會辦高仁紱，統帶苑榮轂，和參謀長金典戎等人。馬要想抗日，必須首先取得屯墾軍的支持，否則，專靠他所統率的一旅騎兵，（一旅兩團，每團四個騎兵連，一共不過一千多人）是沒有辦法和日本軍隊展開正面作戰的。

原來，在九月初旬，南滿附屬地一帶，空氣已異常緊張，參謀長榮臻曾打電報向張學良將軍請示，張的回電原文是：「沉著應付，毋使擴大，敵果挑釁，退避為上。」

此項電令早由東北邊防公署，電令屯墾軍遵照。

此後發生了九一八事變，王以哲旅果然遵照命令，全師而退。屯墾軍因為地處邊遠地區，敵人既未來犯，該軍亦未奉到命令遠征，後來，他們得到的情況，知道了和他們鄰防的張海鵬，已與日本實行合作，空氣突告緊張起來。此時恰好接到馬占山電商共同抗日的電報，同時，也接到了張學良將軍由北平拍來的電報，要他們全師撤往關內。

屯墾軍開到江省

經過該軍的一度會商，遂決定開赴江省，參加馬占山的抗日陣營，而置張的命令於不顧。該軍開赴富拉爾基以後，即奉命開赴江橋，對日軍部署防禦陣地。

馬占山將軍得到屯墾軍的支持，遂馬上在黑龍江省城舉起抗日大旗。同時，並發表了以下命令：一、為實行守土有責，及抗拒外患起見，黑龍江全體軍民，決本保境安民的天職，聯合屯墾軍全體袍澤，對來犯之日軍，實行抵抗。

二、為統一指揮，及克盡作戰職責，特區劃戰鬥序列如下：（一）黑龍江抗日總司令，由本主席自兼，參謀長為謝珂將軍，參謀處長為金奎璧將軍。（謝為陸大六期，金為陸大八期畢業）（二）特派程志遠為騎兵總指揮，指揮江省所有騎兵部隊；（三）特派范崇轂為步兵總指揮，指揮江省所有步、騎、砲兵部隊；（四）特派金典戎為前敵總指揮，指揮江橋前線戰事。

馬占山既決心舉起抗日大旗，除了軍事上的部署以外，最主要的就是經濟問題。那時，黑龍江的財政，仍由萬系人員掌握，（主席萬福麟）東北局勢緊張以後，黑龍江的省庫存款，均由主管者掃數調往哈爾濱，以備萬一。馬雖負代理省政責任，但關於軍政經費，仍須仰給於人。

馬決心抗日之後，便首先與萬系駐哈爾濱首腦人萬國賓協商，（萬福麟之子，時任洮昂鐵路局局長）及至萬子保證供應馬用兵作戰各項費用後，馬始決定樹起抗日大旗，不計後果，與來犯日軍一拚，因而有嫩江江橋之一戰。

在兵力部署方面，是把屯墾軍的步、砲兵部隊，及江省的衛團隊，分佈在江橋正面，以扼止來犯的日偽軍（張海鵬）部隊。把程志遠統率的騎兵分佈在我軍的左側方，以便對渡江之敵，隨時予以側擊。屯墾軍騎兵團控制在後方。

那次來犯的敵軍是關東軍的多門師團，及張海鵬部的騎兵，在兵力部署方面，是由多門師團擔任對江橋方面的攻擊；張海鵬部騎兵，擔任對富拉爾基的進攻，以襲江省的後背。

但不料行抵塔子城附近，即遭屯墾軍的騎兵團殲滅，張海鵬的騎兵司令鵬飛陣亡後，張部已潰不成軍。張乃撤回洮南。

馬占山這一場對日苦戰，可以說完全出自他的純潔「愛國心」，和直覺的「正義感」。至於屯墾軍對他的「拔刀相助」，也大半是基於同樣心理，絲毫沒含有半點「出風頭」想法。

他們唯一不合乎手續的地方，是並沒有在事前取得他們主帥——張學良的任何指示，而且屯墾軍的開赴江省，顯然的是違背了統帥的命令。

此外，他們並沒有直接或間接的得到中央政府的應變方略，和應戰的鼓勵。僅憑他們個人對國家，對民族的意識和熱情。以有限的兵力，有限的彈藥，有限的供應，對已佔有遼寧、吉林兩省，所向披靡與日本關東軍多門中將所指揮的龐大兵團，（包括空軍及裝甲部隊等）以正氣對抗飛機大砲，以精神週旋於槍林彈雨之中。以劣勢兵力對抗優勢敵人，於是，馬便於部署好軍事之後，便在三間房「前敵總指揮部」，召開了一次研討抗敵戰略的會議。參加的人，有馬占山、謝珂、程志遠、苑崇穀、金典戎、金奎璧、李允聲等。

敢死隊黑夜渡江

在會議席中，有人提議，為打擊敵人的士氣，派遣一部份敢死部隊，偷渡嫩江，襲擊敵軍後方司令部。馬聽畢之後，立即表示贊同，會商結果，是在屯墾軍的第二團，挑選了兩連敢死隊，乘黑夜渡江，襲取敵軍司令部。

這一突如其來的行動，大大的出乎了敵人意料之外，除了多門師團長，和重要指揮人員，均在嫩江「前進指揮所」，逃過此難外，其餘所有後方留守人員，全部被我偷襲人員所殲滅，而造成了輝煌的戰果。

這件事由於馬不懂得宣傳，並未對外發佈較詳的報導。國內的報紙，雖有一爪一麟的透露，亦均語焉不詳。事後事過境遷，人亦淡然忘之，豈非一大憾事！

又在江橋正面決戰之中，屯墾軍的砲兵曾大發神威，殲敵無數。其中一砲，曾射中敵軍的旅團司令部，多門旅團長當時中彈身亡（多門師團長之弟，日本陸大畢業）在內地報紙上，亦無詳細報導。

但日本關東軍參謀臼田寬三少佐，為了追悼這兩件事，卻寫有長曲〈嫩江吟〉，譜之於管絃，稱為一時絕唱。在臼田的意思，固然是為了表揚日軍遇難的壯烈，但馬部此兩戰的神威獨運，轉而因臼田的「傳奇」，在日本已成了家曉戶喻的事。

在中國的整個抗日聖戰中，江橋之一戰，不但可媲美三次長沙會戰，即淞滬之戰，亦無以逾此。然而，馬軍以孤軍獨當大敵，正面的兵力，不過是屯墾軍的步兵三個團，江省的衛隊一個團，和屯墾軍的砲兵一個團，再加上程志遠所統率的騎兵部隊，人數不過是一萬左右，獨擋多門師團三萬之眾，其勢自不能持久。所以，在多門師團增援以後，以五萬以上的生力軍，配備十二架飛機，及三十餘輛坦克，強行渡江向馬部實行總攻。多門師團將領等都赴前線，而以獅子搏兔的全力，向屯墾軍正面作泰山壓頂的進攻。激戰三晝夜之久，馬曾至三間房「前敵總指揮部」，親自擔任指揮戰事。後來終因寡不敵眾，在人數傷亡過半之後，馬下令全軍後退。屯墾軍奉命撤至拜泉，馬本人則撤往海倫，以徐圖後舉。

在馬占山江橋抗戰中，全國民眾，尤其是海外僑胞，激於義憤，均踴躍輸將，以實行勞軍。哈爾濱市的工、商、學各界人士，並紛紛派出代表，向三間房前敵指揮作戰的將士，表示慰問，和致送慰勞品。

國人捐輸的款項，均由哈爾濱江省萬系人員領收，在江橋戰事進入緊急狀態前，便攜款他去。因之，海內外的捐款，用於江橋抗戰者，為數極微。

馬氏入關後，回憶舊事，曾經對外發表談話說：「中央直接長官顧不了黑省，事屬實情。但使江省人員一心一德，各盡其責，江橋之戰，能支持一兩個月，尚非一無把握。誰想此輩只知飽個人私囊，不知急公好義。到了最後，與我患難相守的，只有自己的好友，像屯墾軍的袍澤。江省舊人，都相率遠颺，另覓安全地帶。對日抗戰，好似我馬某私事，真令人言之痛心！」

馬的這番話，是老實人說老實話，一切均有所指，事過境遷，我們也不必去翻舊賬。

江橋之戰，在中國抗戰歷史上，固然是有聲有色，無愧天人。但馬當時的處境，確像一個無助的孤兒，和失群的孤雁，處境十分可憐！當時的中央政府，及他的直屬將官，對他的執戈衛國，既沒有盡到應該盡到的一切責任，指導，支援，補給，和維護。而且對於精神的鼓舞，亦缺乏人間應有的溫暖。馬的部下將領謝、范、金、金等人，回到關內的時候，亦未得到政府應有的照顧。

退守海倫以後

馬退守海倫以後，因為戰時的傷亡，固然不輕，（主要的是屯墾軍和江省的衛隊團）但新收編的部隊，為數也不在少數。如蘇炳文部，和新加入的游擊軍總指揮張大同部。程志遠部雖稍有傷亡，但損失輕微，不傷元氣。這些部隊和在一起，聲勢依然甚為浩大。

至於中東路一帶的護路軍丁超部，及三江鎮守使李杜部，和吉林游擊軍馮占海部，為勢所迫，亦與馬部發生了緊密的聯繫，而且還有了進一部的對內對外行動一致的盟約。

東省特別區的行政長官張景惠，在東北老一輩的英雄中，他是僅次於張老將的人物，九一八事件後的第二日，由錦州弔完張作相父喪後北返，日軍司令官本莊繁，知道了這個消息，在瀋陽歡迎他，留作竟日之談。本莊繁見張時，對九一八事變，向張表示歉意，他希望事變能早日解決，渴望張予以協助。張當時在東北的地位，不但事實上是北滿的盟主，而且也可以進一步形成他在東北的領導地位。

本莊繁對張的使用「懷柔政策」，足見彼時的關東軍，雖冒險發動了九一八事件，但尚無將之擴大的決心，一切問題均作保留餘地的準備，不欲過為已甚。

然而，在中國政府方面，對於「東北問題」，固然喊的震天價般響亮，但在處理方針方面，依然脫離不了如左的範疇：

第一、張學良接受了好友顧維鈞的建議，已決定避免與日本的直接交涉，把問題推給中央政府去處理。

第二、中央政府則把這個問題，送到國際聯盟去處理。並不作直接交涉的打算。

第三、國聯的「洋大人」，多少有一些「抑強扶弱」的心理，也製訂了一些無補實際的步驟。我國政府那時處理這件事，最大的毛病就是「躲」，「推」，「拖」三個字的錯誤。譬如日內瓦會議的第一個回合，已經議決在錦州會談劃分「緩衝區案」，以避免事態的繼續擴大。

這項決議，是不是正確？對於中國現局有利無利？姑不具論。但中國已接受這一建議，而且還曾派顧維鈞代表出席。為甚麼這件事後來又石沉大海，一無音信。甚至顧維鈞博士，事後連一紙的聲明都沒有。

這一決議決定的時間，是在日本犬養內閣成立的前後，芳澤謙吉（犬養的女婿）跟著由法國回國，出任外相。他道經瀋陽，曾與本莊繁作過一度商談。本莊繁事後向人表示：「我自始即與張漢卿商量善後問題，對於錦州會談，我也不反對。但不明白，張漢卿為甚麼將此事一直置諸不理。」

張景惠的特別區，由於國際上的關係，（蘇聯和日本的利益衝突）在夾縫中比較有迴旋的餘地。但在江橋戰後，形勢也一天天發生變化，但張仍以義和團事變後之張之洞自居，在與本莊繁會談後，提出來「安定北滿」，與「維持東北舊政權體系」的原則，憑他個人的聲望，及本莊繁的同意，和駐哈二十一國領事的道義支持。更以他的私人關係，對遼寧的臧式毅，海倫的馬占山，承德的湯玉麟，洮南的張海鵬等，發出互助合作的要求。

張海鵬、湯玉麟是張景惠的把兄弟，當然沒有問題，就是吉林的熙洽，也未作任何異議。至於臧、馬二人，在勢單力孤的情勢之下，除了跟著他走以外，並無其他途徑可循。

馬占山退出齊齊哈爾（黑龍江省城）之後，張曾應齊齊哈爾各社團的請願，暫代黑省主席，並設法與馬取得了連絡。他彼時去過了一次黑龍江省城，以撫慰人民。他回到哈市，即在哈爾濱成立「黑龍江辦事處」，以維繫舊政權的體系，不使日軍和一班投機政客有「鑽空子」的機會。

被張景惠說服了

二十年的除夕，馬到了哈爾濱，張便將黑龍江的印信，送還給馬主席。至於馬的重返黑省，固然另有一番經過，例如經過若干投機政客的穿針引線等，但最主要的因素，還是由於張（景惠）對馬的勸告所致。如果沒有張的「帶頭作用」，馬是不會重作馮婦的。

記得，當筆者知道這一消息的時候，曾深夜見馬，談到此事時，馬曾非常懇切的對筆者表示：「我是堅決主張抗日的，怎肯和日本人合作呢？」馬一開口就同筆者作了如上一個說明。他接下去又說：「既然本莊繁表示希望事變就地解決，由張敘帥（張景惠）出面，維持東北舊政權，以徐觀後變。我們何不利用這個機會，暫作緩兵之計：一者可以安定地方；二者可以騙取日本人一些槍砲。」

馬對筆者一面作如上的表示，一面露出來得意的微笑。筆者和他有多年的友誼，自不便說言不由衷的話，於是也坦率的對他相問：「你同日本合作，雖然是假戲真做，但在表面上，必須裝著十分誠意了？」

馬答：「那當然啦！」

筆者說：「好了，問題來了：你一同日本合作，他們首先就要派一批顧問人員，來加入我們的機關和部隊裡面。我請問你接受不接受？」

馬說：「當然接受了。」

筆者說：「只要你接受了日本人派來的顧問人員，我們的行動自由，就受了限制。到了必要時期，你再想抗日，也做不到了。」

馬：「哦！哦！哦！」

筆者看有機可乘，又接下去說：「我們現在的士兵，待遇很薄，每個月每人只發三塊五角錢的伙食費，一旦投靠了日本，每個人每個月立刻可以增加到十五元的數字（以哈大洋計）。你雖然想把他們帶出來打日本，但他們肯跟著我們再來過艱苦的日子嗎？」

馬想了一想，雖覺得筆者說的甚為合理，但他認為這些事都是可以設法防止的，筆者看出來馬相信張敘帥很深，並非筆者可加以阻止，遂提前回了關內，不再過問東北抗日的事。

張、馬這一重大決定，筆者知道他們確以「維護東北大局」，及「保障東北三千萬人的安居樂業」，做為出發點，絲毫未替個人打算。

至於事變的外交問題，他們認為是中央的事，他們不但認為無權過問，而且也不願觸及這件事。對於東北的舊政權，張、馬二人願集合四省（遼、吉、黑、熱）一特別區（哈爾濱）的力量，予以支持。在外交未解決以前，務求舊有政權，不致喪失，宵小不致生心。在日本關東軍未作擴大打算以前，維持一天算一天。既沒有個人的野心，也不暇計及一己的利益。張、馬兩個人雖是大老粗，但對這些道理，卻看的非常清楚。

老段的一篇談語

張（景惠）的崛起，毅然決然的挑起來這一副擔子，據馬談起，是受了段（祺瑞）芝老一篇談話的影響。段於九一八事變後，對往訪的記者們發表談話稱：「在國聯未對東北問題得到結論以前，總得維持現狀，而不使之打破，將來東北問題才能有一個相當有利的解決。如果在政權上有了變化，一旦既成事實，外交上便無從下手。縱有回天之術，亦無法恢復現狀，那就非訴諸武力不可，但又未得國家現時武力所許。」

張維持東北舊政權的方案，是恢復昔日的「東北行政委員會」。在南，支持臧式毅。在北，支持馬占山。他不料臧恢復了自由，剛剛的接收了政權，馬即在江橋方面敗退下來。張遂親往黑龍江代馬維持省政，他當時的地位，甚為微妙，他雖代馬接長黑龍江省政，固由於本莊繁的請求，亦即是馬授意地方法團，向張提出呼籲。

板垣會見馬占山

這時，駐哈爾濱的關東軍武官百武晴吉中佐，也奉命謁張，請求他設法與海倫連絡；隨後，板垣征四郎亦偕同關東軍的政治顧問駒井德三到哈，（駒井德三於滿洲國成立時，曾出任國務院總務廳長職，是一位極具權威的人物）代表本莊繁與張進行和談，並請張介紹與馬會晤。經過張與馬的數度電談，板垣和駒井等，遂得親往海倫見馬。

張、馬二人都主張恢復「東北行政委員會」，是因該會係東北舊有的組織，因九一八事變而停止行使職權。張、馬認為，該會應即日恢復辦公，亦將會址移至哈爾濱，以免和關東軍同居一地，而免其干預。至北滿局面，應一律維持現狀，進駐黑省的日軍，亦應及早撤退，以示誠意。黑省主席則亦由張長官兼攝，俟馬主席回黑省後，再行移交。

板垣等對二人提出的意見，表示無條件接受，並使原在黑省擔任聯絡的林義秀少佐，親赴海倫向馬致意及謝罪。北滿的特務機關長，則調土肥原大佐充任，負東省特區及黑龍江的折衝全責，仍由林義秀少佐駐黑，擔任中間的聯絡任務。

馬對日本的承諾，表示滿意，遂於民國二十年農曆年前，由海倫到哈爾濱參加會議，會議完畢後，即遄返黑省。以上所述的經過，就是馬由抗日立場，轉變為與張景惠合作，出面維持東北現狀的簡單經過。

張那次在哈爾濱的召集會議，係根據各方面的意見，及關東軍的諒解，而開始舉行的。會議召開之目的，是為恢復「東北行政委員會」的舊日政權。參加會議的人，張、馬以外，臧式毅派秘書鵬飛參加。此外，如吉林熙洽，熱河湯玉麟，洮南張海鵬，亦均派有代表人員出席。會議中決定的事項，計有左列各端：

第一、決定於農曆元宵前，（民國二十一年）在瀋陽召開東北行政委員會第一次會議。

第二、政務委員的成員，由遼寧（臧式毅）、吉林（熙洽）、黑龍江（馬占山）、東省特區（張景惠）、熱河（湯玉麟），各行政首長出任。

第三、行政委員會主席，公推特區長官張敘帥擔任。

第四、以後會議地點，移至哈爾濱。

張、馬的「維持現狀」計劃，就當時情況來說，固然符合了日本一班比較持重軍人的理想。（如本莊繁，多門二郎）但在另外方面，卻遭受日本少壯派軍人的反對。

關東軍作戰課課長石原莞爾，即堅決主張「打破現狀」，重新建立東北新政權。此外，再加上缺乏民族思想我方人士，如熙洽（原吉林軍參謀長）、于冲漢（日人卵翼的滿洲自治指導部負責人）等人的推波助瀾，遂使張、馬恢復東北舊政權的計劃，經過瀋陽一度會議後，即胎死腹中。

英雄所見略同

馬雖是一個頭腦簡單的人，但他深明國家大義，他一看情勢不對，再戀棧下去，即有變成實際漢奸的危險，他便找了一個機會，以視察防務為名，脫離了黑省，在黑河防地，又舉起了抗日的大旗。

多門二郎師團長，雖在江橋之戰中，是馬的正面敵人，但他對馬卻非常敬重，他曾出任過日本陸大校長，在日本軍人中，負有相當聲望，一時有儒將之稱。他在特區有一次與馬晤了面，當酒酣耳熱的時候，放言無忌的談到事變，他曾對馬表示：「我若是關東軍司令官，我不會這樣的做法。中日兩國根本沒有敵對的理由，反之，日本的大患，是在彼而非在此。本應當愛惜國力，和中國聯合起來，來對付共同的敵人（這句話值得大圈大點）。可惜我是一個師團長，我只能服從命令，指揮作戰。」

多門和本莊支持張、馬的東北舊政權，就是為的不使事態繼續擴大，以等待合理的解決（即解決東北懸案）。但日本少壯派軍人，與他們的看法，卻不盡相同。而且那時日本軍部的實際權力，大都握在少壯軍人之手，所以當時有「佐官政策」之稱。如同前面所說的石原莞爾中佐，就以對俄作戰做為出發點，他認為日軍將來對俄作戰，必須絕對控制東北（多門是從政略上著眼，即聯中以制俄，石原是從戰略上著眼，即控制東北資源以對俄）。他覺得現在既然有了機會（即我方不抵抗），決不容採取牛步政策，使東北舊政權復活。假如使國聯藉口調停，橫加干涉，不但使關東軍數月來的成果，毀於一旦，而且亦可能召來舊日「三國干涉」的往事重演，殊非關東軍所能容忍。

東北的大局，由於日本少壯軍人的作梗，和中國漢奸的內應，由關東軍司令部直轄的「滿洲自治指導部」所擬定的出賣國家民族利益的「滿洲建國方案」便適時出了籠。

這個方案，不用說是和石原莞爾所擬定的指導方針，完全是一致的，不過是用于沖漢的名義，提了出來罷了。它的內容，是建立一個「日主滿從」，「滿洲人的滿洲國」。軍事、政治、經濟，戰略等，一切都與日本結成一體。

這一計劃的出現，使馬、張等人，都感到震驚，依照張的意思，還打算委曲求全，徐圖挽救（這是張後來下水的主要原因）。但在馬這一方面，則早已確定下出走的腹案。

據曾經參加這一事件的某君表示，石原莞爾計劃確定後，曾將情況報告板垣，請他向本莊繁司令官提出要求。本莊因已向東省省區當局表示贊同「維持現狀」，勢難反顏否認。當囑板垣轉告司令部少壯幹部：「不得輕率從事，除非中國方面，有人作此要求，日本方面可因利乘便，轉移方向。否則，信義所在，斷不能悍然不顧。」

從此可見，日本當時高級軍官的顢頇無能，居然可以允許自己的幹部，策定出來一種與自己意見相反的計劃，而不加以制止。不但有治下不嚴之過，而且有任意放縱之嫌。

在這種情勢之下，「滿洲國」便告正式粉墨登場，第一道命令，即任命鄭孝胥為國務總理，臧式毅為民政部總長，熙洽為財政部總長，馬占山為陸軍部總長。馬這時真是有苦說不出，張敘帥也和他一樣，悶居新京，一籌莫展。馬當時曾以省政待理為由，請准返黑，張則直至五月，國聯調查團到了東北，預定到哈爾濱訪晤，始得返哈。

和朋友表明心跡

馬返黑時經過哈爾濱，曾坦率的向接待他的朋友們表明心跡，說日本人的作風，難以長久相處。他說：「如果日本的方針，是內外一貫，無所改變時，他只有相機自處，免得公私交困，身敗名裂。」

馬在談話中，已透露出來他重舉抗日義旗的動念，與他以往的委曲求全作風，恰好成了一個強烈的對照。

馬在留哈三日中，也曾和北滿特務機關長土肥原大佐會過面，在談話中馬也很誠懇的說明這件事的經過，及表明他本人最近的心情（當然他不會露出出走的動念）。

土對馬除慰藉以外，也表示了他本人的意見。他認為新京的做法，並不是軍方的真意，並希望將來能有所修正。同時，他也允許馬返省之後，他將親自赴黑，協助馬安排黑省軍政事宜。最少限度，必使黑省達到與特區相彷彿的地位，不受新京改制的牽制。

馬回省以後，第二個星期，土肥原果然是尾隨而至，當時的黑省特務機關長，仍為林義秀少佐，在名義上是受北滿特務機關長的節制和指揮。

馬見到土肥原後，遇事即可直接和他商辦，不必再透過林義秀的電報轉達。那次土到黑之後，關於軍署的編制，軍區的劃分，人事的安排，土都儘量採納馬的意見。其中最感困難的，是黑省經費的困窘情事，土也面允予以支持，表示回哈之後，先墊借日金五十萬元（合哈大洋約一百萬元），以維持現狀。

林義秀等一班少壯軍人，對土肥原所推行的「懷柔政策」，並不十分了解，不時的露出來反對的意向，土臨行之時，曾召集軍方人員。有所指示，他說：「日軍在滿空前的勝利，並不是日本軍力的表現，北滿環境特殊，民心向背，所關至鉅。馬占山將軍此次來歸，軍方曾盡最大的努力，馬固然沒有多大力量，但軍部並不是就他力量評定他的價值。倘馬一旦脫幅，喊出抗日口號，對於滿洲的大局，和日軍的聲威，必有重大影響。即使出以軍事行動，消滅或亦不難，但軍方所受的打擊，其損失必十倍百倍於此。本人這次對黑省所採取的寬大政策，確係計出萬全，具有大乘的見地。請君在此服務，應為此神聖的使命，盡其努力，萬勿逞一時的意氣，動私人的感情。須知對中國人，凡事可以動以人情，不能施以壓力。」

土肥原是侵略中國的先鋒，東北事變的罪魁禍首。但他對林義秀所講的這番話，尚不失為了解中國人心理的人。馬於民國三十八、九年在北平閒住時，與筆者談起這段往事，他還稱道土肥原在黑省的表現，確實不錯。土肥原也的確言而有信，返哈之後，立刻給馬匯來日金五十萬元，使黑省的經費，得以維持。

決心脫出滿洲國

馬占山是一位帶兵出身的人，自然脫離不了軍人的窠臼，但最難得的地方，是他深明民族大義。從民國二十一年秋季，日軍擴大組織，由武藤信義大將出任關東軍司令官，小磯國昭中將由陸軍次官調任關東軍參謀長，駐滬武官岡村寧次少將為副參謀長後，本莊繁對他所承諾的「維持現狀，以待事變逐漸結束」的諾言，在日本人在政舉，人亡政息的現狀之下，已成過去，他遂決心退出「滿洲國」，重新走上抗日之路。

筆者為馬多年老友，後來在閒談中，馬曾向筆者說明他當年出走的理由，計有左列各端：

第一、他同日本軍人接近的結果，已看出日人銳意經營東北的決心，決不允許「滿洲獨立自主」。張敘帥的「維持現狀，徐圖解決」的做法，只是一種不切合實際，空洞的幻想。

第二、關東軍對恢復「東北行政委員會」的諾言，受少壯派軍人的影響，未能保持信用，貫徹始終。

第三、在新京方面，任用日系官吏一事，已「既成事實」，取得了合法地位。

第四、渠本人所兼任的軍政部，顧問部業已成立，大批的日軍將校，均調充顧問人員。軍政部各司人員，勢同虛設，大部份的權力，均集中於顧問人員之手。筆者以前對彼的預測，已不幸而言中。

第五、各省決定設置四個軍管區，內定軍管區的司令，遼寧為于芷山，吉林為吉興，濱江為于琛澂（外號于大頭），黑龍江為馬的參謀長張文鑄（原任參謀長謝珂，已間道入關）。馬感到日方這一措施，有對他釋去兵權的威脅，此時如不趁兵權在手的時候，採取行動，如兵權一旦被釋，則有力不從心之感！

第六、馬鑒於陸軍部的往例，軍區一旦宣告成立，日籍顧問也必跟踵而至。大權一落顧問之手，彼即不能再過問軍旅之事。

第七、土肥原已升任旅團長，調任他去。土以往與馬所做的協議，自然不能作數。

第八、國聯調查團，行將來到東北，預定日程，馬為必須訪問之人。馬覺得自己的抗戰得名，已有國際地位，殊不願以尷尬立場，犧牲以往的光榮歷史。

第九、林義秀交付馬五十萬日金補助費時，曾提出若干交換條件，與土肥原所談，大相逕庭。土離職以後，林更變本加勵的，與馬處處為難。

馬因為有了以上種種因素，他於接到日本補助的款項，對黑省事務作了一個安排後，便以視察部隊為由，去了海倫。他在海倫住了半個多月，彼時國聯已在東北調查竣事，返回了北平，馬遂到了黑河防地，正式對外發表通電，繼續抗日。

調查團在哈爾濱勾留最久，彼時的哈爾濱，根據協定，一切維持現狀，並未因新京的成立，而有所改變。這些不用說，日方是有意給國聯看的。

馬占山在海倫曾派有三次代表，與李頓會晤，並呈送報告書。及不少有關東北事變的資料，而受到調查團的重視。李頓在哈爾濱停留甚久，相信與此事有關。

馬每次派人去哈，均先電特區關照，特區在可能範圍內，也竭盡維護之力，而予馬以較大便利。

馬占山因九一八事變，固然成了中外皆知的抗日「民族英雄」，然而，馬也因為擁有了「民族英雄」的大名，而潦倒半生。最後終於由於對中共認識不清，於北平淪共前，未能及時逃亡在外，而在私寓飲恨以終。

馬那次在黑河重舉抗日義旗，既未與中央取得連繫，在地方上亦無充份準備，其無法在東北立腳之處，固已早在世人預料之中。果然為時無久，馬即在日軍掃蕩之下，率領抗日殘餘部隊，及家人男女老幼等共三萬五千餘人，由中俄邊境的滿洲里，進入了俄國國境，由西伯利亞逃亡到了新疆。

馬部到了新疆，受到新疆督辦盛世才的盛大歡迎，經過一番商討，該部便被盛收編為疆省防軍，在新疆留居下來。

馬個人來到內地，於晉謁當局後，中央即發表了一個「軍事委員會」委員的名義，閒住在天津，北平一段時間。

七七抗戰之時，他以「東北抗日挺進軍」的名義，被派在陝北榆林駐防。也就因為這種原因，使他與中共有了接近的機會。抗戰勝利之後，他滿以為白山黑水之間，必有他個人一席之地，使和他十四年相依為命的健兒，必有重返東北故土的機會。馬為此不辭跋陟之苦，跑了幾次南京、北平、瀋陽、向有關方面折衝，均未能得到應有的重視。整編後重返東北既不可能，結果，連原有的番號，都不能予以保存。以後他個人固然得到了「東北保安司令長官部」一個副長官的名義，（長官為杜聿明）但卻毫無用武之餘地。

等到後大陸變色，中共進駐北平，馬因過去在榆林與中共有一段比鄰駐防的關係，自以為可以平安無事，遂在北平留住下來，未作南下的打算。但後來事實的表現，一切不如他的理想。這位早年抗日名將，在不堪中共折磨——清算，鬥爭，坦白，交心——之下，不久便在北平私寓，與世長辭。

（原刊於香港《掌故》月刊第1期）

一二八淞滬抗戰親歷記

莊翰青

一二八淞滬抗日之戰，迄今已屆四十週年，當時日軍曾作四十八小時消滅十九路軍之狂言；幸我將士用命，予敵以意想不到之打擊，使其在短短三十餘日戰爭中，三易統帥，以巨大犧牲，勉強挽回些許顏面，始暗託人求和。卒因此延擱其全面侵略中國之日程至六年之久，使我國能稍稍進行各項國防準備；後來八年抗戰終獲勝利，此役實有其重大之關係。

忍無可忍、轟然還擊

當年能征慣戰、實力強悍的十九路軍，自民二十年冬東調戍京滬以後，即分佈京滬路沿線，以迄上海吳淞間，防務相當強固。同時中央更在蘇州至嘉興間，計劃橫築一條最現代化的弧形防線，採地底交通辦法，將全線重要堡壘連成一氣，保衛首都，以備不虞之患。

民廿一年一月中旬起，上海公共租界虹口的日本駐軍，屢向閘北駐防的十九路軍挑釁，且不時越界擄人。是時十九路軍，人人敵愾同仇，戰意盛旺，毫不退讓。只以中央迭有嚴令，遇事隱忍，始不致激成戰爭局面。但至一月廿五日，日方突藉口北四川路日本商民為華界流氓所殺害，以緝兇為辭，公然侵入華界閘北寶山路；十九路軍立即在防線內與之對抗，情勢非常緊張，戰爭大有一觸即發之勢。而公共租界英軍防地及法租界等處，亦紛紛在邊界及交通路口，設立鐵馬沙包佈防。一時人心惶惶，戰時景色，瀰漫全市。幸上海市長吳鐵城與外交部駐滬辦事處兼處長郭泰祺，迅即與日本駐上海總領事重光葵，及陸戰隊司令鹽澤，嚴行交涉，幾經折衝，局勢始轉緩和。迨廿七日傍晚，市府發出特別通告，宣佈交涉已告一段落，日本撤退侵入寶山路軍隊，一切未了事件，將依循外交途徑解決。此種通告，同時在租界重要路口，用大木板揭示，以安人心。各大報亦紛紛印發號外，廣為傳播。市民得此喜訊，人心大定，市面立即恢復繁榮；咸以為危險關頭，業已渡過，暫時可得苟安了。

不料日本軍人氣焰囂張，絕不受外交機構所控制，是夜又復在寶山路一帶蠢動，甚且有進佔上海北火車站的態勢，迫得十九路軍嚴陣以待。相持至廿八日凌晨（即廿七日半夜後），首由日軍先行開火，十九路軍在忍無可忍的情況之下，卒在一片「丟那媽」聲中，轟然予以還擊；近代有名的一二八淞滬戰爭，遂告爆發。

當日成立、滬辦事處

當時十九路軍的首要，最高負責人為總指揮蔣光鼐，此時方在虹橋醫院養病。軍長蔡廷鍇則留駐總部主持一切。由於廿一日傍晚，上海市府通告交涉告一段落，蔡氏甫鬆得一口氣；乃於是晚驅車前往滬西，在前廣東財政廳長范其務氏寓所，消夜小酌。不料方交子夜，突接總部電話，緊急報告，北火車站業已開火，請速回部。蔡氏聞耗，乃匆匆邀同范氏驅車馳往虹橋醫院，面謁總指揮蔣光鼐報告，並請示機宜。蔣以事急，立即披衣而起，攜帶日常藥物，匆匆離院，與蔡范二人趕返真茹總部（真茹距上海僅一站之遙），詢悉滬市北站各種情態後，深知此次中日衝突，必將擴大，甚至演成國際戰爭。乃立即任命范其務為該軍上海辦事處主任，負責軍需補給，暨策應後方一切事宜，並囑趁交通尚未受阻以前，立即趕返租界，剋日成立。蔣氏自己則扶病留駐總部，坐鎮指揮。進一步的作戰部署，亦即晚與各高級幕僚通宵商訂，趕急實施，準備殺敵致果。

十九路軍駐滬辦事處，在范其務積極推進下，一二八當日即在滬西宣告正式成立；辦事處之地址係借用滬西小沙渡路江海關監督公署，其地為一間宏偉的三層花園洋房，地方寬敞。監督唐海安，亦廣東人，與十九路將領，有深厚交誼。除留第三層供監督署職員辦公外，盡撥地下及第二層全部，供辦事處使用。唐氏本人，以熟悉上海地方情形，且與各界聞人，多所交往，乃志願擔任辦事處交通兼救護組組長，舉凡轉運前方軍需用品及救傷的大小車輛，悉由唐氏向各方征借，投效的人車，聞風雲集，均志願服務，絕不受酬，即需用之汽油，亦概行自備。

九世之仇、一朝伸雪

此外有情報組，由羅為雄氏（廣東省政府羅卓英時期的秘書長）主持。宣傳組由王志遠主持。財務組由十九路軍經理處長莊偉剛主持。主任秘書由前廣州市土地局長沈毅擔任。當時筆者亦在處內主理機要公文電訊。全處內外勤員工，不下兩百人之眾，一律為義務職，只中午一餐，由辦事處供應，另象徵式每人每月補助交通費二十元，略資點綴（稍高級的多不願支領），然全處上下，均勇於赴事，絕無遲到早退情事；其有未完事務，雖勞役至深宵，亦毫無倦容，為歷來軍政機關中，絕無僅有現象。

上海市民，鄰近戰區的，在睡夢中為槍砲聲所驚醒，倉惶逃命，自是狼狽不堪。但深居租界的，當清早起床後，獲悉十九路軍與日兵開仗的消息，都萬分振奮，彷彿九世之仇，一朝伸雪。蓋我國自清末甲午中日之戰敗績後，久受日寇侵凌，「廿一條」之國恥猶新，而「五、三」的濟南慘案，「九、一八」的東北淪亡，國難紛來，日甚一日；在稍具血性的國人，無不同深悲憤。今一旦有機會披堅執銳，與之週旋，則破釜沉舟，以求一快，自屬人同此心。及聞十九路軍在上海市內有後方辦事處之設立，自動前往捐資送物者，肩摩踵接，平日比較清靜的小沙渡路，乃忽然由朝至暮，人潮湧現，熱情洋溢，蔚成大觀，辦事處人員，應接不暇，自不持言；感奮之餘，且有喜極而流淚者。

各地捐款、如潮湧至

不數日間，辦事處內，所有騎樓走廊，及內外隙地，物資堆積，有若山丘，猶復源源而來。是時正值農曆殘冬，天氣嚴寒，有人在報上倡議縫製棉衣慰勞前方將士；不轉瞬間，捐贈布料棉花，及義借衣車的，紛至沓來，而熱心的小姐和少奶奶們，亦紛紛前來辦事處，搶任車縫工作；其後至不獲車位的，即席地縫紉，笑語歡然。一時珠光賓氣，鬢影衣香，又蔚成另一景象。而此輩「義務女工」，不少富室女眷，其中頗多駕駛自用汽車而來，竟至附近停車亦成問題；其後迫得以嬌貴身份，轉搭擠迫的電車，按時上工；中華兒女的偉大精神，和愛國的實際行動，於此已盡情表露了。

關於捐輸慰勞一舉，不獨上海一地為然，即全國各地，亦聞風響應，紛紛成立抗日後援會，主持其事，自動自發，踴躍捐輸。

最熱烈的，要推南洋各埠，豪商巨賈，慨捐巨款，固不待言。而職工之按月交捐，苦力之按日交捐，以及社團之演劇籌款，學校之遊藝籌款（節目皆以配合抗日，激勵人心為主），尤屬風起雲湧。計自滬戰掀起半個月後，辦事處所收的海外捐款，如潮湧而來，所有外匯銀行，均設有專戶，以利接收。以後雖經停戰，而捐款仍源源不絕；直至半年以後，始告結束。統計國內國外捐款，全部共達大洋一千九百餘萬元，打破從來一切捐款紀錄。其中菲律賓一地捐款總額，即達四百餘萬元，為捐款最多的一個地區。

陣前易帥、徒喚奈何

現在掉轉筆鋒，談談戰事情形。當時日軍在黃埔江中駐有戰艦數艘，其中最大的一艘是「出雲」號，作為旗艦，司令官為野村中將。一月廿八日最初啟釁的，是駐紮北四川路及虹口一帶的日軍陸戰隊。他們的防區，密邇華界，故極易引起衝突。戰爭初期，日方兵力不強，無法得逞。但每逢挫敗，便龜縮入租界庇護，我軍限於條約，未便越界追擊；坐是只有被攻，而無法攻敵。惟戰爭爆發時，日軍曾發四十八小時消滅十九路軍的狂言；不料轉瞬經旬，仍無絲毫進展，於是東瀛譁然；不得不陣前易帥，改派植田中將為統帥，率領他的整個師團，並增加艦隊，開到上海，從事猛攻，戰場逐漸擴展至大場江灣，戰況亦轉趨激烈。我軍方面，十九路軍只有步兵三個師，分佈京滬沿線，所能緊急集中的不過兩個師，實力殊嫌薄弱。中樞乃抽調第五軍張治中部兩個師增援，聲勢頓壯。吳淞要塞守將，為十九路軍悍將翁照垣旅長，每當日方戰艦或運輸輪隻入口，輒發砲轟擊，日方損失甚重，認為係一種極大威脅。於是乃調集戰艦數艘，及陸戰隊數千名，水陸夾擊，連攻十餘日，而吳淞要塞，有如銅牆鐵壁，始終屹立。使日軍徒喚奈何！至於總部方面，除總指揮蔣光鼐、軍長蔡廷鍇之外，尚有副軍長戴戟，運籌帷幄。蔣蔡戴三人之照片，每日可見於各報戰訊中，一時有鐵軍三傑之稱。

日方旗艦「出雲」號，排水量並不大，只約萬餘兩萬噸之間，但形狀猙獰，兀立黃埔江心，發號施令，我國人無不視之為眼中之釘。我空軍曾數度予以襲擊，皆未能命中。別動的蛙人，亦迭次潛攻，亦未能得手，大家都引為最大的憾事。

吳淞要塞、夷為平地

自開戰以來，雙方砲火，均避免擾及租界，故雖然接近戰場的區域頗為遼闊，但一界之隔，安危迥異。所以上海市民多有在租界邊緣的高樓大廈之上觀戰，有人引以為樂，但亦有人則觸目驚心，忍不卒睹。

自一月廿八日凌晨一時後戰爭爆發，轉瞬已屆兼旬，日軍除贏得一批批的將士骨灰，作無言凱旋外，實際上毫無所得。經日本民間及敵報喧囂一番之後，日本軍方迫得又作三次易帥之舉，改派白川大將為滬戰總司令，統率最精銳的久留米師團全部人馬，後增援戰艦多艘，殺奔前來。但至此日軍已不敢再視中國無人；所謂四十八小時消滅十九路軍的狂妄態度，已收斂得無影無蹤，憑藉雷霆萬鈞的火力，作獅子搏兔式的審慎攻擊，以求挽回若干顏面！

白川登壇後，詳察戰場形勢，知正面作戰，已難得逞，乃改變戰略，施行突襲。事先集中海陸空軍力，總攻吳淞要塞，火力之猛，用「彈如雨下」四字，差堪形容，一二日間，要塞地區，幾被夷為平地；守將顏照垣將軍，乃不能不予以放棄。本來吳淞砲台，所有建築及砲位，多係遜清時代的遺物；民國以來，內戰頻仍，無論中央及地方當局，均無暇注意此不急之務。此次戰爭，翁將軍及上下士卒，所憑者並非堅壘利砲，而為一腔熱血。事平之後，中外人士，前往憑弔，無不歎為曠代的奇蹟。而外國軍事學家，對我軍僅憑此十九世紀的廢物，竟能與現代一等強國的海陸空軍作戰達三、四週之久，尤為之驚奇不已。

一場大戰、三十三日

吳淞要塞既被攻破，沿海一帶的日本海陸軍，已可橫行無忌。於是白川乃密遣奇兵，迂迴至太倉縣的瀏河鎮登陸，直拊江灣大場之背；而窩藏租界的日軍陸戰隊，又復傾巢而出，再聯合海空兩軍，四面八方，展開攻勢；我軍明白形勢不利，不欲困守，徒作犧牲，乃於四月二日揮淚撤出大場，轉守崑山一帶防線，重新部署，再圖反攻。

當初日方存心挑釁，完全基於九一八東北僥倖成功所引起的野心。厥後遭遇堅強抵抗，欲罷不能，轉恐無法下台，於是三次易帥，不過欲挽回強國的面子而已。迨十九路軍退守崑山，自急於乘機收帆。於是暗中請託上海領事團出面調停，雙方停止軍事行動，改由外交途徑解決。隨之而來的是日本方面派出梅津為全權代表，我方則派出何應欽為全權代表，十九路軍亦派出總參議黃強參加，在天津舉行和談。計由四月中旬談判起，至五月間所謂「何梅協定」即告簽訂，我國並未損失任何主權，為自鴉片戰爭以來，我國對外交涉訂約，最有面子的一次。舉世矚目的淞滬戰爭，至此遂正式宣告結束。

一二八淞滬抗日的回憶

徐義衡

自從九一八事變，因我軍的不抵抗，使日軍很輕易就佔領了東北各省以後。國人對政府的政策，和軍隊的不能守土禦侮，都有很大的責難，同時也增加了國人懼外的心理。因此更引起日寇窺窬我國的野心。他認為我們的軍旅各處都一樣，都是懼怕外國，不敢抵抗。所以在上海就製造一點小小的事端，來作藉口，得寸進尺。認為當局對外的政策未定，守土的軍人，不盡責任，也不敢抵抗。所以在上海就大弄技巧，已經要求到了懲凶賠償的目的。還要再要求解散抗日團體。他真想不到，衛戍京滬的幾位軍事領袖，他們能深切了解，守土禦侮是軍人的天職，更把負有為國犧牲，為人民求保障的堅強意志。不管你是世界上第幾等強國，你欺負我的國家，我國的民，我就會眾志成城，上下一心的，和你週旋一下。這就是一二八淞滬抗日的真正起因。這一點守土禦侮，為國犧牲，堅強不屈的精神，正好喚醒國人懼外媚外的錯覺。也正好喚起國人自奮自強的信心，也堅定了當局猶豫未決的對外政策。這就是一二八抗日而表現出的真正價值。也替未來的軍人寫下了守疆土，禦外侮的新的歷史，新的生命，這是一二八值得永遠紀念的理由。

我本來是在十九路軍六十一師戴孝悃師長那方面做政治工作的。因為戴師長卸任六十一師長調任淞滬警備司令，我也隨同他到淞滬警備司令部做事。我的家本來就住在上海北四川路底，施高塔路內的安吉里，也正好回家。同時這一年，我在上海結婚，也是由戴司令證婚的。結婚才三個月，就遇著一二八的抗日戰，全家都淪陷在寇軍區內。所以對一二八這個紀念日，特別不能忘。我今年是結婚四十一年的紀念。算著一二八也是四十一年的紀念日了。我記得當日寇在上海提出各項無理要求時，正是十九路軍的三師人，衛戍京滬一帶的時候。那時是七十八師區壽年師長駐淞滬一帶，六十師沈光漢師長駐蘇常一帶，六十一師毛維壽師長拱衛首都。在龍華的淞滬警備司令部就負責指揮這些軍隊。最初中央的指示，是循外交途徑，由上海市吳市長鐵城主持一切。後來日寇的要求就愈來愈多，態度也愈來愈強硬，外交途徑已無法應付。但守土有責及淞滬司令，和十九路軍的將領們，都表示出憤恨不平的態度。也抱著守土有責的信心與決心，想和日寇拚死一戰。所以在日寇漸漸增援的時候，警備司令部就在一月廿三日的中午，召集本部處長以上，七十八師的團長以上，再加上十九路總部的幾位高級將領，開了一個緊急會議。當時推蔡軍長廷鍇為主席。本來這種緊急的軍事會議，應該是參謀處派人紀錄的。因為蔡軍長一開口就說廣東話，紀錄的顧科長高地聽不懂。戴司令對我說：這個會議很重要，你費事擔任一次紀錄吧，所以我當時就做了臨時紀錄。我也知道這會議的重要，所以把各位領袖的說話，全部記入。而且都照他們的口語，不易一字，力求其真。對決議案方面就力求簡單明白。使人注意，處處都側重到大家的信心與決心。除了軍事的部署，本司令部參謀長張襄親自擬定，秘密傳達外，均不列入紀錄。在會議快要完成的時候，蔣總指揮光鼐也扶病帶了一個參謀同來，在看了這幾個決議案後，他也大為興奮，當時也發表了一篇訓話，和幾點指示。我都一一照他的口語。紀錄下來。想不到這個驚天地，泣鬼神的三十三天抗日血戰，就是這一個會議、決策和計劃執行的。

在一二八戰後的一年，淞滬警備司令部曾舉行了一個盛大熱烈的紀念會。當時上海市長和許多聞人與名人，都來參加。警備部把大禮堂改建裝飾為「一二八紀念堂」；把後面的一個花園，改造成「一二八園」；在園中建了一坐六角亭，定名為「一二八亭」。紀念堂的壁上畫了一大幅油畫，長七十英呎，高二十英呎。用閘北寶山路商務印書館門前的一個沙包堆成的戰壕做背景。上空是飛機，面對著日寇的鐵甲車。但戰壕中的戰士，沉著堅定，從容應敵。這也是一個苦戰三十三天，未能被人攻破的戰壕。這幅是上海一位青年畫家，張雲喬先生費了三個月的功夫畫成的。我本來把這張大油畫照了下來，並放大成二十四吋的一張著了顏色的照片，一直保留了十幾年。在重慶時，也是一次紀念一二八，我把它送給王雲五先生了。因為畫的背景是商務印書館，還在焚燒中。送給商務印書館的主持人，就更有價值了。當時這一幅畫，在滬頗受人推重，可惜現在找不出他的相片了。同時在一二八紀念堂內，用玻璃鏡框懸掛著，這個緊急會議的原稿，和當時軍事配備的原令。這兩件史料，以後都送給了上海市政府保管。紀念會中，警備司令部還印了一本紀念冊，題名為「一二八的一些紀念品」，由戴司令親署。紀念冊的內容，只是這個會議紀錄原稿，軍事配備原令，和「艷子」日的通電原稿，加上一道保僑命令，和告全國國民書等等。不著一字，也不撰一文，只把這點史料，供大家參閱，印刷用的是一百磅的鋼版紙，印刷者是上海商務印書館。可見當時很是鄭重。在本刊的序文中，我記得有幾句話是：「坊間諸作。捉影捕風」。所以把當時的真實史料印出來「以待後之良史」。這種用意，也很使人感動。這本小冊子。連我自己也未能保存，還是前幾年，由台灣師大的一位教授王偉俠老友寄還給我。那是我在民國廿六年時在南京送洽他的，他認為我保留著更有紀念價值。這次很偶然的在一個詩會上，遇著《掌故》的編者岳騫先生，在談話中談及一二八的戰事，我說到我有這樣一本紀念冊。何先生熱心掌故，更珍惜史料，要我送給他看看。我就把原書找出，交與岳騫先生。他看後認為這是最珍貴的史實，也是最有價值的史料。他想把它全部製版，公諸海內外同胞，「以待後之良史」。還教隨便寫點記憶所及的回憶，順便介紹一下這本小冊子。我在上面所說所引的，都可以拿他製出的版來印證了。

但我還有不能已於言者。當時的軍事配備已詳原令。三十三日的苦戰戰績，亦昭昭在人耳目，不須我再嘵舌。我只再補充一點當時的一些事實。

（一）最初是翁照垣旅守閘北與吳淞。當一二八的夜間，守天通庵路的陣線的，是翁旅的第六團張君嵩團長。在半夜十二時二十分左右，張團長電告戴司令說，日本人向我們開槍了。戴司令就問他說，是怎樣的日本人？他說是浪人，戴司令說不必理他。稍後，他又打電話來說，是正式的陸戰隊，後面還有裝甲車，戴司令就叫他開槍還擊。張團長也很小心，還再問了一次，說是不是馬上就全線開槍還擊？戴司令說，馬上開火，我負全責。於是這喚醒黃瑰的，守土禦侮戰事，就在廿九晨零時在閘北天通庵路展開攻擊了。當時各將領就發出了驚震全國的「艷子」通電。

開火以後，我軍的六十師即由蘇常調駐閘北，六十一師調駐江灣大場之線。七十八師隊黃旅仍留守南市外，其餘全部駐守吳淞之線。後來八十七師八十八師一部份參加，均調駐江灣增防六十一師之線，以後的戰事重心，全部移在江灣、廟行、大場之線。毛師的張炎旅打得最好，不只陣線屹立三十餘日不動，而且累破強敵。其中猶以蘊藻濱一戰，殲滅了敵軍一個聯隊，俘獲了一枝聯隊旗。這旗是日本天皇親授，旗亡，聯隊長即須切腹殉職。這是我軍最榮耀的戰利品。

（二）在廿七日的晚間。我們也曾奉到命令，要我們把閘北的防線，交與憲兵第六團齊團長接防。戴司令接閱此電後，即作長嘆。當夜就派我從龍華把此電送與蔡軍長，並請蔡軍長決定。蔡軍長看後，馬上把電報抛在地上，大叫大罵，說一切心機都白費了。後來告訴我說，你去回復戴司令說，我們也不能違抗命令，就請戴司令下命令，明天叫他們接防吧。想不到齊團長在廿八下午六時才到達北站，當天未能接防。更想不到日本的軍閥們，好大貪功，沒有用一點腦筋，等不及就在廿八晚在天通庵路先動手了。結果齊團長也留在閘北之線，幫同我們抗敵。

（三）在廿五日的下午。上海市各校的學生約有三四百人，到龍華警備司令部請願，請戴司令發兵抗敵。當時我們早已決議：「決心死守上海」。但這種機密。我連自己家裡都不敢說，怎能向學生表明真正的態度。我也曾大膽的流露說「軍人守土有責，抗敵是我們的天職。但事關軍事密機，怎能對你們宣佈。只等事實去證明了」但是他們一點都不認為我是講的實話，把我罵得狗血淋頭，我當時才離開學校不久，真是用了最大的忍耐，才把這些學生送走。後來我們一開火後，上海的學生和市民，真是給我們無限的安慰和協助。這證明了大家愛國的心，都是一樣的熱烈的。

（四）瀏河與楊林口都在長江邊上，正在我們陣線的後方。最初我們有一團人守瀏河，後來改成一營，再後來只留一連人放哨。但日軍以一個師團的兵力，先把烟幕彈放幾里路寬的海岸，然而強力登岸，我們有何法可守。這一著棋不是他們的本事高，而是他們有足夠的兵力，而我們別無後援。同時在京滬線上，已經沒有一兵一卒可為後援。上官雲相遠在揚州，不能趨救。假若我軍不退守青陽港陣線，敵軍可以長趨直入南京。那時這個責任應該誰負。所以才有三月二日，忍痛銜著眼淚，撤出江灣閘北退守青陽港。這一點是當時作戰的各將領最痛心，最傷心，引為千古遺恨的事。

後來郭泰祺先生來滬開和談會議時，曾以此問戴司令。說國聯已決定三月三日開會，討論中日停戰事，何以不能多守一日？戴司令的答覆是：我們的沙包戰壕，都能在三十三天血戰中在守穩著陣線，難道不願意多守幾日嗎。只是京滬路上已無一兵一卒，敵人從瀏河直撲南京，何人去救？二者相權。只能忍痛撤守了。

（五）上面三條已經說到上海的民意，真是無限無量的鼓舞著我們。除了香烟水果食品無限的供應我們前線的戰士外。在後方只要我們說需要什麼，各方面的東西，就無窮無盡的送來，真使人有無限的感動。當時我們司令部在一品春有一個聯絡處，十九路總部在靜安寺也有一個辦事處，由范其務先生負責。我的責任是與巡捕房政治部聯絡。每日亦均去這兩個辦事處。在前方後方成天的跑。我有兩輛汽車，隨時都在換牌照。捕房給我特別通行證，無論何時均可通行，但對我申明，決不能過橋到北四川路一帶，其餘地方他們都會保護我。可證捕房也是我們的同情者。最初他們不准我們衝進租界，後來他們希望我們衝入租界，但我們沒有兵力了，真令人長嘆。

還有海外的僑胞。他們的熱情，更無法估計。電、信、拍影，源源而來。我們作戰月餘並未向中央要錢，而能毫無匱乏，皆拜海外僑胞之賜。這種熱情，這種鼓舞，這種後援，不只使我們的士氣視死如歸，更是沒齒不忘。

（六）在我們舉行一二八週年紀念時，已經在市面上有失實的記載，和誇耀過份的渲染，所以我們在小冊子上，不著一字，不撰一文，只在序文中提到坊間諸作，捉影捕風。但我們要保全這一點「史實」和「史料」來完成今後的「信史」，以免欺騙到十年後的讀者。所以我很感謝《掌故》的總編輯岳騫先生，他不怕費事，把這一本小冊子全部製版刊出，來供應海內外的讀者。也就是把原來編這小冊子的真意，發揚而光大之。重刊、重印、來「以待後之良史」。實際這就是「良史」的工作，本人謹向《掌故》同人致最大的敬意。

「淞滬戰役」十九路軍與日軍之概況

《掌故》資料室

十九路軍全體官佐題名

十九路軍

淞滬抗日軍總指揮……蔣光鼐

淞滬警備司令……戴　戟

▲十九路軍司令部軍官姓名

軍長兼右冀指揮官……蔡廷楷

參謀長……黃　強

參謀處長……趙一肩

副官處長……吳　典

經理處長……葉少泉

副處長……黃和春

▲六十師軍官姓名

師長……沈光漢

副師長兼參謀長……李盛宗

參謀處長……陳心棻

副官處長……梁維綱

軍械處長……吳揚善

軍需處長……沈鎮源

軍醫處長……馬覺凡

軍法處長……陳　權

工兵營營長……袁汝剛

特務營營長……梁得標

一百十九旅旅長……劉占雄

參謀主任……劉應時

第一團團長……黃茂權
第一營營長……陳正倫
第二營營長……譚　忠
第三營營長……張展鸞
第二團團長……劉漢忠
第一營營長……陳　生
第二營營長……谷香圃
第三營營長……陳次彬
第三團團長……黃　廷
第一營營長……李　畀
第二營營長……劉幹廷
第三營營長……周剛如
一百二十旅旅長……鄧志才
參謀主任……黃紹淹
第四團團長……楊昌璝
第一營營長……梁　宏
第二營營長……關國安
第三營營長……鄒　融

第五團團長……梁佐勳
第一營營長……廖水雲
第二營營長……湯毅生
第三營營長……梁鏡泉
第六團團長……華兆東
第一營營長……李友尚
第二營營長……
第三營營長……劉　光

▲六十一師軍官姓名

師長……毛維壽
副師長……張　炎
參謀長……趙錦雯
參謀處長……王　衡
副官處長……馮策全
軍械處長……馬良驥
軍需處長……余蔭蓀

軍醫處長……李懋振
軍法處長……王貽鍔
砲兵營營長……馮紹甫
特務營營長……丘清英
一二一旅旅長……張　勵
參謀主任……溫少渠
第一團團長……梁世驥
第一營營長……朱炎暉
第二營營長……王寶書
第三營營長……古　煌
第二團團長……田興璋
第一營營長……周　克
第二營營長……吳永山
第三營營長……施堯章
第三團團長……廖起榮
第一營營長……劉樹福
第二營營長……劉松生
第三營營長……戴尉文

一二二旅旅長……張　炎
參謀主任……鄧　鄂
第四團團長……謝鼎新
第一營營長……丘世芳
第二營營長……邱昌朝
第三營營長……吳康楠
第五團團長……黃　鎮
第一營營長……羅立夫
第二營營長……陳茂光
第三營營長……吳國焜
第六團團長……鄭為楫
第一營營長……黃鎮中
第二營營長……孫蘭泉
第三營營長……李榮熙
教導團團長……鄒敏夫
第一營營長……彭孟濟
第二營營長……唐　愷
第三營營長……李洪鈞

▲七十八師軍官姓名

師長……區壽年
副師長兼吳淞要塞司令……譚啟秀
參謀長……李　擴
參謀處長……王有德
副官處長……朱朝亨
軍械處長……王大文
軍需處長……黃裳元
軍醫處長……郭建民
軍法處長……劉宏道
特務營營長……鄭星槎
一五五旅旅長……黃　固
參謀主任……林少裳
一五六旅旅長……翁照垣
參謀主任……丘國珍
第一團團長……雲應霖
第一營營長……雲昌材
第二營營長……羅　鋈
第三營營長……蘇守峯
第二團團長……謝琼生
第一營營長……林卓艘
第二營營長……李金波
第三營營長……黎冠雄
第三團團長……楊富強
第一營營長……蘇營河
第二營營長……李炎燊
第三營營長……馮　岳
第四團團長……鍾經瑞
第一營營長……邱啟炘
第二營營長……龔耀新
第三營營長……梁　文
第五團團長……丁榮嵩
第一營營長……熊　彪
第二營營長……黃　康
第三營營長……陳德才
第六團團長……張君光

第一營營長……利長江
第二營營長……吳康鎰
第三營營長……吳履遜
淞滬警備司令部參謀長……張　襄
獨立旅旅長（稅警團改編）……莫　雄

第五軍全體官佐題名

軍長兼左翼指揮官……張治中
參謀長……祝紹周

▲第八十七師

兼師長……張治中
副師長……王敬久
參謀長……徐培根
參謀處長　兼軍部……張　鐸
副官處長　兼軍部……楊文琭
軍需處長　兼軍部……陳　良
軍械處長　兼軍部……羅盛元
軍法處長　兼軍部……杜庭修
軍醫處長　兼軍部……徐　雲
特務營營長……張在平
工兵營營長……王鳳鳴
通訊營營長……李名熙
一五九旅旅長……孫元良
副旅長……李　果
參謀主任……鍾　彬
五一七團團長……張世希
第一營營長……朱耀章
第二營營長……蔣公敏
第三營營長……顏　健
五一八團團長……石祖德
第一營營長……謝家珣
第二營營長……李志鵬
第三營營長……羅折東
二六一旅旅長……宋希濂
副旅長……劉保定
參謀主任……劉漫天
五二一團團長……劉安琪
第一營營長……唐　德
第二營營長……郟國選
第三營營長……王　化
五二二團團長……沈發藻
第一營營長……王作霖
第二營營長……張紹勛
第三營營長……胡家驥
獨立旅旅長……任誠仁
第一團團長……莫我若
第一營營長……張沼吳
第二營營長……胡　超
第三營營長……幸華鉄
第二團團長……傅正模

第一營營長……伍光宗
第二營營長……張士智
第三營營長……劉　英

▲第八十八師

師　長……俞濟時
副師長……李延年
參謀長……宣鐵吾
參謀處長……馬君彥
副官處長……趙世榮
軍需處長……駱企青
軍醫處長……徐靜波
軍械處長……干　城
軍法處長……
工兵營營長……唐　循
特務營營長……樓　月
師衛生隊隊長……吳　梅
師通信連連長……周　良
二六二旅旅長……楊步飛
副旅長……陳普民
參謀主任……蕭冀勉
五二三團團長……馮聖法
團附……劉揚明
第一營營長……楊英介
第二營營長……林道貫
第三營營長……鄧學斅
五二四團團長……何凌霄
第一營營長……張子鴻
第二營營長……鄧圖南
第三營營長……周大翔
二六四旅旅長……錢倫體
副旅長兼五二八團團長……黃梅興
參謀主任……高致嵩
五二七團團長……施覺民
第一營營長……周嘉彬
第二營營長……廖齡奇
第三營營長……陳振新
五二八團團長……黃梅興
第一營營長……方引之
第二營營長……朱　赤
第三營營長……闞　淵

日本侵滬陸海空軍實力統計

陸軍金澤第九師團：

主管者：植田謙吉，人數約一萬六千二百名。

兵器：重機關槍一百六十挺，輕機關槍一千六百五十挺，曲射砲八百五十二門，步兵砲三千二百門，重砲二十三門，野砲山砲未詳，高射砲二十三門，坦克車十八架，爆擊機六十五架，偵察機十八架，裝甲自動機十四輛，通信鴿八十隻，催淚彈二千發，煙幕彈藥二千五百加倫，毒瓦斯五千發分，照明彈七百四十發。

編製：步兵第六旅（旅長前原宏行）轄步兵第七第三五兩聯隊，步兵第十六旅（旅長小野年二四）轄步兵第十九聯隊第二十聯隊，騎兵第九聯隊，工兵第九聯隊，金澤野砲聯隊，金澤輜重大兵隊，立川飛行聯隊之一部，熊本重砲混成聯隊之一部，衛生隊。

擔任戰區：二月十二日至十八日之間，以一部（計三千名）增援閘北，主力在虹鎮引翔鎮一帶；二月二十一日至二十八日之間，擔任跑馬場江灣上海之線；二月二十九日以後，擔任南翔方面。

備考：該師團於二月十二日到上海：自經與我作戰，傷亡甚巨。

陸軍久留米混成旅團：（十二師團之一部）

主管者：下元熊彌，人數約三千五百九十名。

兵器：重機關槍二百二十挺，輕機關槍五百八十挺，曲射砲一百五十門，步兵砲七百八十門，野砲三十八門，山砲六十門，飛機四十五架。

編制：步兵第四十六聯隊及四十八聯隊，騎兵第十二聯隊之一部，戰車隊第一隊，輜重兵第十八大隊，獨立山砲兵第三聯隊，廣島工兵第五大隊，各務原飛行第一聯隊一部，久留米憲兵隊，千葉鐵路第一聯隊一部，久留米衛生隊。

擔任戰區：二月七日至十八日之間任吳淞方面；二月二十日至三月二十七日之間任吳淞廟行之線；三月二十八日以後擔任真茹方面。

備考：該旅團於二月七日集中上海。

陸軍普通寺第十一師團：

主管者：松井石根，（據報敵調任前旅順要塞司令中將厚篤大郎為十一師團長）人數約一萬三千名。

兵器：重機關槍一百九十二挺，輕機關槍七百六十八挺，步兵砲一百九十二門，曲射砲一百九十二門，山砲一百二十門。

編制：步兵第十旅轄第十二第二十二兩聯隊，騎兵第十一聯隊，工兵第十一大隊，輜重第十一大隊，山砲兵第十一聯隊，經理部，衛生隊。

擔任戰區：二月三十日該師團主力由楊林口西涇七丫口等處登陸擔任嘉定太倉之線；第四十四聯隊（附陸戰隊一部）擔任吳淞寶山之線。

備考：該師團於二月二十四日全部到滬。

陸軍宇都宮第十四師團：

主管者：未詳，人數約二萬名。

兵器：重機關槍一百九十二挺，輕機關槍七百六十八挺，步兵砲一百九十二門，曲射砲一百九十二門，野砲一百門。

編制：步兵第二十七旅轄第二、第五十九兩聯隊，步兵第二十八旅轄步兵第十五、第五十兩聯隊，騎兵第十八聯隊，騎機槍一中隊，野砲兵第二十聯隊，工兵第十四大隊，輜重兵第十四大隊。經理部，衛生隊。

擔任戰區：到滬時未及登陸，以便策應各方，並有待機向江陰鎮江間登陸之企圖；三月十日以後，因十一師團士兵在戰區水土不服，多患病，調該師團接換十一師團防務。

備考：該師團之先頭部隊，於二月二十九日到滬。

陸軍弘前第八師團：

人數約一萬餘名。據三月十一日下午六時軍部消息，該師團之一部已到滬，其確實到滬期待考。該師團係由東北調來，主力多為步砲兵，其他各部似未來滬。

陸軍第一師團之一部：

人數約二千名。於二月二十七日到滬，為日軍精銳。

陸軍第十師團：

到上海人數約三百餘人。

陸戰隊：

主管者：先鹽澤後植田。人數約五千。一說一月二十八日以後，該隊陸續增加至一萬二千人。自開戰迄二月六日之間，擔任閘北方面，以一部協助四十四聯隊擔任吳淞寶山之線。

海軍：

主管者：野村。戰艦三十餘艘，航空母艦三艘，共載重戰鬥機一百二十三架，偵察機三十架。
後又增加戰鬥機五架，輕爆機數架。

空軍：

附屬於陸軍海軍內，據各方報告，統計約有陸機二百餘架。
以上統計，根據第五軍第八十七師二百五十九旅戰鬥報告。

淞滬戰役我軍官佐士兵傷亡失蹤統計

十九路軍

第六十師：官佐傷九二人、亡二九人；士兵傷二七五人、亡三五〇人。
第六十一師：官佐傷一九五人、亡四四人；士兵傷二八〇二人、亡七六四人、失蹤一三一人。

第七十八師：官佐傷一一四人、亡四六人；士兵傷一九六五人、亡二一七〇人。補充第一團：官佐傷（未詳）、亡一人；士兵傷（未詳）、亡一八人。

第五軍

第八十七師：官佐傷九九人、亡二三人、失蹤一四人；士兵傷一二五八人，亡四五二人、失蹤二三五人。第八十八師：官佐傷一四一人、亡五七人、失蹤一二人；士兵傷一五五七人、亡一〇三四人、失蹤三一八人。

軍校教導總隊：官佐傷二人、亡一人；士兵傷八二人、亡四七人、失蹤四六人。

憲兵一旅一團：士兵亡八人。

電雷大隊：亡二六人。

義勇軍第三隊：傷二人、亡一六人。

上列統計，參照十九路軍及第五軍報告及報紙記載編製，數額頗確切。

淞滬戰役我方戰區民眾傷亡失蹤統計

根據七月三十一日止，上海調查損失聯合辦事處之登記數額，計收到登記表共二萬五千餘份；

全區戶數約一六〇四六九戶，約七成受災。至於民眾之死傷失蹤數之約計，略如下述：

死者：一一四七五人

傷者：四三一八人

失蹤：五四三二人

淞滬戰役敵軍官佐士兵傷亡統計

據日本政府公佈：自一月二十八日至三月五日，上海戰役，日海陸軍官計死三百八十五人，傷二千〇二十八人，死傷合計二千四百十三人。內軍官死傷一百〇六人。陸軍較海軍死傷為多；陸軍軍官佔死傷軍官全部六成，士兵佔全部之八成。另日僑死十七人，傷四十四人，失蹤四人。但外人認為此數不確，因即就該國之《日日新聞》所載，死傷數亦遠較此數為多的。

淞滬戰役始末大事日誌

一月二十日：上海日本浪人焚燒引翔鄉三友實業社工廠。日本居留民在上海北四川路大暴動。

一月二十一日：日領事村井倉松訪吳鐵城市長，提出四項要求。

一月二十二日：日軍艦駛進黃浦江，形勢嚴重。
一月二十三日：日政府訓令上海領事向我方要求取消抗日運動。日艦續有到滬。
一月二十四日：中央各委員會商外交問題；外長陳友仁提出辭職，赴上海。
一月二十五日：顏惠慶在國聯行政會發表宣言。孫科辭職。
一月二十六日：上海空氣極緊張。
一月二十七日：上海民國日報被迫停刊。市政府下令取消抗日會。日陸戰隊在浦東登岸。
一月二十八日：滬市府承認日本要求。日海軍陸戰隊啟釁，中日戰事爆發。中政會決議任羅文幹外長。
一月二十九日：日軍轟炸閘北，商務印書館全部被燬。十九路軍通電誓死抗日。外交部發表自衛宣言。國聯公開會議。
一月三十日：國府宣言遷都洛陽。蔣中正通電抗日。
一月三十一日：十九軍通電報告連日大勝。顏惠慶報告國聯今後當採有效自衛手段。
二月一日：南京下關日艦發砲示威。國府通電決自衛。
二月二日：京滬衛戍司令陳銘樞到滬視察防線。國聯行政會討論中日爭端。
二月三日：吳淞閘北同時劇戰。
二月四日：我軍大破日軍，吳淞閘北兩地敵人，狼狽奔竄，不能成軍。
二月五日：日新任第三艦隊司令野村由佐世保出發來滬指揮。
二月六日：日援軍四、五千名開到上海。

二月七日：日海陸空軍總攻吳淞。

二月八日：吳淞日軍潰退，閘北激戰。國聯發表上海領事調查團滬案報告書。

二月九日：日軍偷渡蘊藻濱失敗。英公使訪羅文榦討論滬變事。

二月十日：日艦砲轟吳淞要塞敗退；閘北我軍大敗日軍，陣線前進。

二月十一日：戰事比較靜寂，日機到處猛投炸彈。日援軍萬餘抵滬。英、法、美三國公使由京馳滬調停戰事。

二月十二日：停戰半日，救護難民。下午戰事又起，我軍大勝。國聯發表上海領事調查團第二次滬案報告書。

二月十三日：日軍又圖偷襲蘊藻濱，大戰終日，敵主力在曹家橋慘遭大敗。我軍各路大勝。

二月十四日：英、美、法、意四國公使進行和平運動。外交部照會英美公使抗議日軍藉租界作戰爭根據地。日軍新司令植田攜大批援軍到滬。

二月十五日：日艦砲攻吳淞無效。

二月十六日：江灣大戰，吳淞續有戰事。

二月十七日：汪兆銘蔣中正聯名電請中央於三月一日召集二中全會。

二月十八日：日軍司令植田向十九路軍提出哀的美敦書，滬、日領事同時向市府提出同樣要求。

二月十九日：十九路軍及市府駁斥日方要求。外交部發表拒絕無理要求宣言。國聯定三月三日召集特別會議。

二月二十日：日軍以海陸空全力總攻擊。

二月二十二日：日軍總攻吳淞閘北無效，變更戰略，重心移至廟行江灣八字橋一帶，結果潰退，遭受巨大損失，狼狽不堪。
二月二十三日：江灣日軍被圍，傷亡無數。
二月二十四日：日軍反攻，又告失敗。
二月二十五日：日軍調集大砲，猛攻江灣、廟行全線陣地。
二月二十六日：繼續劇戰，日飛機大肆活動。
二月二十七日：日援軍到滬。
二月二十八日：日軍繼續砲攻，吳淞江灣戰事劇烈。
二月二十九日：日軍新司令白川到滬。又攜來大批生力軍。國聯調查團抵東京。
三月一日：日軍以萬餘兵力襲瀏河、楊林口。
三月二日：我軍因援軍不繼，陣線搖動，自動撤退至第二防線。
三月三日：吳淞守軍安全撤退。十九路軍通電全國報告撤兵原因。
三月四日：國聯特會通過中、日實行停戰案。
三月五日：日援軍續到。
三月六日：我軍接受國聯議案停戰；日方仍進擊。
三月七日：南翔日軍積極佈防。日機轟炸京滬鐵路。
三月八日：日軍窺太倉，被擊退。
三月九日：日對國聯發表不撤兵聲明。

三月十日：日軍積極佈置戰事，太倉時有接觸。
三月十一日：國聯通過和平解決遠東爭端決議案。
三月十二日：前線日軍繼續增加。
三月十三日：日軍繼續增援。
三月十四日：國聯調查團抵滬。
三月十五日：汪兆銘赴前線慰勞防軍。國聯調查團訪吳鐵城市長暨顧維鈞。
三月十六日：調查團留滬預備進行和議。
三月十七日：滬人歡宴調查團。
三月十八日：日政府訓令日使重光葵提出停戰條件。國聯調查團調查滬案。
三月十九日：中、日代表討論停戰撤兵。
三月二十日：日軍增兵前線，無議和誠意。
三月二十一日：調查團視察戰區。
三月二十二日：停戰會議因我方訓令未到暫停。楊林口日軍挑釁。
三月二十三日：日軍在安亭黃渡間縱火屠殺。
三月二十四日：上海舉行停戰會議。
三月二十五日：日軍攻太倉，雙方接觸。停戰會議繼續召開。
三月二十六日：停戰會議續開。前線仍有小接觸。
三月二十七日：停戰會議暫停，調查團到京。

三月二十八日：日增兵瀏河。停戰會議繼續中。
三月二十九日：停戰會議通過停戰。
三月三十日：停戰會議續開。
三月三十一日：停戰會議續開，日對撤兵無誠意。
四月一日：國聯調查團赴漢口。
四月二日：日軍犯太倉，被擊退。
四月三日：前線步哨時有接觸。
四月四日：停戰會議仍無結果，楊林口到日艦十二艘。
四月五日：南翔日軍大增。滬市政府下通緝漢奸令。
四月六日：前線仍有小接觸，停戰會議中，日方堅持召集圓桌會議。
四月七日：停戰會議續開中。
四月八日：國難會議第一次大會。
四月九日：停戰會議討論日本撤兵問題。日機飛嘉興偵察。
四月十日：敵機數十架分飛南翔淞滬示威。
四月十一日：停戰會議停頓。
四月十二日：停戰會議停頓。國難會議閉幕。
四月十三日：郭泰祺正式通告日方，停戰會議暫延。
四月十四日：停戰會議小組會議亦展延。

四月二十八日：上海停戰會議重開。
四月廿九日：朝鮮志士尹奉吉在虹口公園炸斃日酋白川等人。
五月一日：外交部訓令郭泰祺簽停戰協定。
五月三日：郭泰祺因而被毆。
五月五日：滬停戰協定簽字。
五月六日：前線日軍開始撤退。
五月七日：中日雙方暨中立國組織共同委員會，辦理日軍撤退善後事宜。
五月九日：我方開始接收瀏河南翔嘉定。
五月十六日：我方接收閘北。停戰協定副本簽字。
五月十九日：我方接收江灣廟行。
五月二十日：監察院公開彈劾行政院長汪兆銘違法批准停戰協定案。
五月二十三日：我方接收真茹暨閘北鐵路北區。
五月二十四日：我方接收楊行獅子林，京滬鐵路恢復通車。
五月二十五日：我方接收吳淞寶山。
五月二十八日：蘇州舉行抗日殉難將士追悼大會。
五月三十日：我方接收吳淞機場。
六月十七日：我方接收淞滬鐵路以東區域。
六月十七日：我方接收日軍最後撤退之D區。

抗日英雄翁照垣將軍傳

丘國珍

將軍姓翁，原名輝騰，字照垣（近以字行）。前清光緒十八年（公元一八九二）農曆壬辰年十月廿八日，生於廣東省、潮州府、惠來縣、葵潭鄉之一貧苦家庭。父打石，母耕耘，無兄弟，只一姊。家常饔飧不繼，每致流浪街頭；鶉衣百結，囚首垢面；故自幼失學。惟體格壯健，儀表魁梧；天資聰穎，意志軒昂；尤其秉性豪邁，行為義俠；年甫十六，曾以抱不平力挫土霸，遠走他鄉。

時值中日戰爭，損兵折將，辱國喪權之後，列強迫處，風鶴頻驚；清政腐敗，國家阽危。有志之士，群起革命，風聲所播，全國景從；慷慨悲歌，傳遍南北。將軍聞風鼓舞，決意參加；遂即奮起救國，入伍從軍。旋以勇敢善戰，機智多謀，無論剿匪擒兇，衝鋒殺賊，均能身先士卒，屢建奇功。因此，遂由兵丁而升班長、排長。

民國六年（一九一七），護法之役，國父孫中山先生在廣州成立革命政府，委陳炯明為粵軍總司令，率師援閩。時將軍所屬部隊，編入第一支隊，第三十八營；沿途作戰，迭出奇謀，以寡勝眾，直前勇往，疊克名城。司令官今總統蔣公，對將軍特為賞識，獎勉時加，策勵極厚。尤其是營長馬作良中校，另眼相看，加意栽培；除授以統兵馭將，指揮作戰諸學術外，每天仍督飭其讀書寫字。將軍後來能赴日本留學者，馬營長培植之力實不尠也。嗣該部改編為警備隊，師次閩南漳州，即以功升連長。

民國九年冬（一九二〇），粵軍回粵，部隊整編，將軍所部，擴編為粵軍第二路（司令陳炯光），第二統（統領嚴勝）第四營而升任營長。

次（十）年夏（一九二一），粵軍奉命西征援桂，將軍以一營之眾，縱橫於龍州百色之間，所向無敵；尤其是民十一年春，武鳴高峯坳均一役，迎擊桂軍悍將韓彩鳳數萬壓境之眾，而卒將其擊潰，斬獲無數。其智勇、其戰功有如此者。

同年夏，粵省內鬨，變起蕭牆，禍生肘腋；援桂之師，奉命返粵，北江楓樹嶺之戰，將軍又以寡敵眾，挽回危局。

民十二年春（一九二三），粵軍撤出廣州，退守東江，將軍所部改編為第一支隊，遂升任支隊司令。至民十四年春（一九二五），國軍東征，粵軍瓦解，將軍隨於次（十五）年秋（一九二六），東渡日本，進陸軍士官學校深造。在日本前後三年，學成歸國，本應重執師干，為國効力；然鑑於空軍重要，乃於民十八年秋（一九二九）轉赴法國，進慕漢尼航空學校，研究航空，準備將來建立國防空軍。

某日，自駕練習機，在巴黎郊區上空飛行，練習駕駛術中，忽然機件失靈，撞斷電流粗線三條，墮落麥田，人皆以為不能倖免；然而，結果，機毀而人竟無傷！

當時法京巴黎各報，均稱為神跡。迨民二十年春（一九三一），畢業回國，正擬向政府獻策，組織國防空軍；乃因道經港粵，廣東省政府主席陳銘樞將軍，知將軍之英勇，力挽其任所屬保安第四團團長，集訓黃埔。

同年夏，粵省發生政變，陳主席突被國軍第八路總指揮陳濟棠驅逐離省，避居香港；將軍即在黃埔為陳氏抱不平而奮起抵抗；激戰一晝夜，卒以兵寡勢孤，被圍失敗，將軍幾及於難，幸仗其機智而脫險逃生。

於是，即同陳氏赴京，晉謁最高統帥蔣總司令。荷蒙拔擢，派往杭州，接任警衛軍第八十八師之旅長。未幾，陳氏亦奉中央命，任為江西剿共軍右翼軍總司令。適所部十九路軍擴編第七十八師（師長區壽年），將軍又奉調江西，任該師第一五六旅旅長，從事剿共工作。

是年九月十八日，日本寇軍，侵佔我東北瀋陽；當時守軍，全無抵抗，不數日而東北三省竟告淪陷。於是，全國民眾，泛起反日狂潮。時將軍正在江西吉安防次，聞報義憤填膺，誓死抗戰！遂向陳總司令、蔣總指揮、蔡軍長等建議，向中央請纓，懇調十九路軍北上抗日！果承陳、蔣、蔡諸首長同意，即去電請纓，並承中央嘉許賜准，著先調京滬路警衛，以固京畿。同年冬，該軍各師到達京滬路沿線，而將軍之旅，則奉命防守上海閘北。

次（二十一）年（一九三二）、一月廿八晚，日本海軍陸戰隊司令鹽澤，果向我閘北進攻！將軍以守土有責，遂下令還擊抵抗，而轟動世界之淞滬戰爭遂告爆發矣！激戰六晝夜，敵不得逞，其增援部隊，據報有在我吳淞登陸之企圖；將軍又奉命率所部由閘北調往吳淞作戰矣。

吳淞為敵軍兵艦進入上海必經之路，敵為策安全計，曾以其海陸空三軍之全力分途進攻；蘊藻濱、紀家橋、寶山城諸役，來勢兇猛，戰鬥慘烈；然均被我軍擊退，終不能越我雷池一步。堅守至三月一日晚，因長江方面之敵，在瀏河登陸，我軍左側背遭受嚴重之威脅，始奉命全軍自動撤出，轉移陣地至嘉定，太倉之線防守。①

是年夏，上海停戰協定簽訂，日軍撤退回國，十九路軍亦調閩剿共，將軍認為抗日戰爭已告結束，任務勉算完成，繼續為官，實無意義。遂於同年秋辭職，轉赴南洋群島，組織航空協會，號召僑胞，協助政府，捐資建設空軍。不幸，該會竟被人破壞，宣告解體。於是，即於同年冬回香港。

時適東北日軍入關，侵我華北，將軍遂赴北平，投效張學良將軍，請纓抗戰。張嘉許之餘，即委為東北軍第一一七師師長，在長城古北口及灤東一帶與日軍激戰匝月，斬獲無數。然卒以形勢所限，對外則孤軍奮鬥，眾寡懸殊，勢難全勝；對內則環境複雜，士氣低沉，事難久支；於是，除奉命回守平郊外，未幾，塘沽協定成立，戰爭停止，將軍又掛印封金，離職回港，另作救國良圖。

民二十二年夏（一九三三），正擬出國考察之始，特先赴福州向十九路軍蔣蔡等帥辭行。誰知江西共軍已攻陷閩北重鎮——建甌，有乘勢南下，進擾福州之陰謀；一時謠言鼎沸，人心浮動，紛紛遷徙，秩序大亂，殆有風聲鶴唳，草木皆兵之概。將軍適於此時抵步，即臨危受命，奉委為福州城防司令，欲憑其勇敢善戰之威名，仗其固守吳淞之勇氣，以拒止共軍而保衛福州。果然，旌旗既豎，小醜聞風而遠遁；佈告乍出，妖氛潛息於無形；錦繡河山，安若磐石。

經此一役，遂延擱至同年冬，十九路軍發動所謂民主革命，竟又被拖下水，奉派為閩南民軍司令，維持地方治安，擔任沿海警戒。結果，閩變潰敗，全軍盡墨，大局已變，愛莫能助，遂又回港，準備放洋。

民二十三年春（一九三四），揚帆出國，重上旅途，在歐洲之法、德、英、俄、意諸邦考察。

民二十五年夏（一九三六），承粵省陳濟棠，桂省李宗仁、白崇禧諸將軍電邀返國，參加兩廣六一運動，從事抗日救國壯舉；即受任為抗日救國軍新編第一師師長，防守欽廉地區一帶海岸；又在北海與日本艦隊相持月餘。罔料抗日救國，又成泡影；所部奉命回桂，將軍又以任務結束，自請解散復員，返港潛修。其高瞻遠矚，淡泊為懷，亦有如斯者矣。②

民二十六年（一九三七）、七月七日，日軍攻我北平宛城之盧溝橋，引起全國焦土抗戰。將軍聞鼙興起，北上參戰。初則在第一戰區奉司令長官程潛將軍委為前敵總指揮，進駐保定，指揮東北軍作戰；不意被敵機炸傷，勢頗危殆，迫得返港治療。次（廿七）年夏（一九三八）傷愈，又奉第七戰區司令長官余漢謀將軍，委為東江游擊司令，在沿海一帶地區與日軍作游擊戰，斬獲無數。直至民三十四年秋（一九四五），日寇投降，抗戰勝利，始解甲歸田，在家鄉經營農礦，決計以經濟實業，救國濟民。

將軍雖為職業軍人，赳赳武夫，長於統兵作戰，殺賊致果；然而，對於國家政治，社會福利，尤有超卓之主張。余常聞將軍曰：「吾國欲致長治久安，富強康樂，惟有三途：第一、政治民主化；第二、軍隊國家化；第三、經濟社會化。蓋自民國改元以來，軍閥割據，內戰頻仍，國家多難，人民痛苦，其原因即由於軍閥官僚，互相勾結，竊據神器，私蓄軍隊，爭權奪利，據地稱雄，置人民生活、社會福利於不顧所致耳！」其思想及見解如斯，亦極可敬佩矣！

將軍之家庭背景，原屬貧農，並非資產階級；特以從軍救國，剿匪綏靖，公忠體國，出人頭地，致遭人忌。民十六年（一九二七）、八月一日，共黨賀龍、葉挺等在江西南昌暴動，宣佈成立紅軍，公然叛國；嗣經國軍追剿，遂南竄廣東潮梅，與海陸豐之彭湃等會合，殺人放火，糜爛地方。惠來縣城及四鄉市鎮，悉被焚掠，幾夷平地。將軍家鄉之葵潭，亦難倖免。致其老母及妻兒等，全家被迫，逃難汕頭，依戚友圖存。時將軍正在日本求學中，聞訊雖悲痛欲絕，無奈赤手空拳，有心救援，亦苦無能為力，深宵憤激，徒呼荷荷而已。

民三十八秋（一九四九），大陸變色，國府播遷，家鄉人民，失去安全之保障，將軍亦不得不挈眷走避海外，徐圖後計。誰知家鄉財物既被沒收淨盡，而八旬老母，仍遭鄉中共幹清算，數次吊打，九死一生，迫得露宿簷下，托砵沿門，尤其慘痛者，親戚不敢收容照顧，朋友未便協助維持；陌路相逢，溫言慰藉，固所不敢；甚至於見面相覷，亦恐引禍纏身，而低首側目，拂袖而過。零丁孤苦，淒絕無依，饑寒交迫，而竟至於死！[3]嗚呼！慘酷之狀，罄竹難書。長子被迫成餓殍，媳婦懸樑以身亡。孫輩則被勞改失散，一去無蹤；女婿之家，老少亦被苦鬥，流離失所，迄今生死不明。其餘宗族戚友，凡與將軍有一線關係者，皆難逃劫運。將軍對此，能不悽愴悲憤，恨不得手刃暴徒，親除妖孽？故常聞將軍慨嘆曰：「余年雖老，余力尚強，而余心猶未死；苟皇天假我以機會，自當振臂高呼，與彼殘暴惡魔，拚個死活，以洗此血海深仇！昔漢將軍馬援曰：『大丈夫老當益壯，窮且益堅。』又曰：『男兒當死於沙場，以馬革裹屍還葬，焉能死於兒女子手中耶？』夫馬援八十，尚慷慨激昂如此；然則，余年尚未八十，[4]焉能以老自餒，株守待斃，而不思賈其餘勇，奮起圖強，為國家除暴亂之災，替同胞解倒懸之苦耶？惜乎！惜乎！天不我與，時不我許，其奈之何！」

壯哉將軍！勇哉將軍！爾志爾懷，庶民望之；爾壽爾康，上蒼佑之！中華民國五十六年（一九六七），十一月廿九日，即農曆丁未年十月廿八日，乃將軍七六生朝之辰，余以金蘭之誼，謹書此以表之，並獻而為之壽。時在香港九龍城宋王台畔。

①　詳情請參看拙著《十九路軍興亡史》。

②　經過情形亦參看該《興亡史》第十章餘波。

③　當時已決奉母同出香港，但老人家因生活習慣，堅不允離家同行；致遭此變，痛哉！

④　本文作於一九六七年冬，今始交《掌故》雜誌發表。

張自忠將軍殉國三十年祭

岳騫

岳騫按：本文主年前刊於《萬人》雜誌，是時亡友張海山（贛萍）先生尚在，文後由海山加按語，今海山逝世已將兩年，重刊此文不僅記述蓋忱將軍之功勛，亦悼念亡友海山，二張雖事功不侔，但其立心處世大致則相同也。

民國五十九年五月十六日是故三十三集團軍總司令張自忠上將殉國三十周年紀念日，張將軍殉國時剛剛五十，今年恰好八十歲。國運蜩螗，人事滄桑，此一代英豪殉國之事，到今天漸漸為人淡忘了。

為了使青年的讀者知道我們中國在抗戰期間也曾出過如此偉大的英雄，也為了使中年以上的讀者回憶一下悲壯的史蹟，恢復對國家前途的信心，覺得有寫此文的必要。

張自忠將軍號藎忱，山東省臨清縣人，生於光緒十七年（一八九一）辛卯，七月七日生，中學畢業後，考入天津法政專門學校，因外侮侵凌，憂心國事，於是棄學從軍，最初投身車震部的奉天新民屯軍，後入馮玉祥部。

民國五年，以功累升排、連、營、團長等職，參加國民軍起義及北伐諸戰役。北伐軍會師北平，張將軍正任廿五師師長，後來又歷任國民軍事兵團團長、國民革命軍第二集團軍軍官學校校長等職。民國十九（一九三〇）年為了編遣會議引起中原大戰，馮、閻聯合一起對蔣總司令作戰，張自忠當時在馮部下，以後馮、閻相繼戰敗，閻部戰敗仍退回山西，馮部卻土崩瓦解，當時馮部將領先期投降南京國民政府的有韓復榘、石友三，及至中原大戰結束，馮部皆向政府投誠，如梁冠英受編為二十五路總指揮，孫連仲受編為二十六路總指揮，就連後來因通共被殺的吉鴻昌，公認為是馮手下最忠實的將領，此時也投降中央，受編為二十二路總指揮。其中未降的將領，只有宋哲元、張自忠、劉汝明、過之綱等幾人，中央當時任命張自忠為二十三路總指揮，宋哲元為二十四路總指揮，兩人均未接受。

宋哲元等未降率軍進入山西，暫時受到山西當局接濟，中間過了幾個月。中原戰事全部結束，中央對馮、閻也寬大為懷，不咎既往，雙方敵對氣氛完全消失，在馮玉祥勸說下，受到中央改編為二十九軍，以宋哲元為軍長，劉汝明任副軍長。下轄三十七師，由馮治安任師長；三十八師就是張自忠將軍任師長；以後又增編一四一師，由劉汝明任師長，副軍長由佟麟閣接充。這就是名揚世界二十九軍的由來。

二十九軍組成不久，即奉命調駐平津，當時中央在北方尚駐有其他部隊，由於日本人的抗議，中央軍全部撤退，河北省防務就交由二十九軍接充。

二十九軍初到河北，就遇上日軍侵犯長城，在喜峰口發生遭遇，張將軍三十八師旅長趙登禹將軍，親掄大刀率領健兒夜襲敵營，砍死日兵數百人，趙將軍自己就劈死了十幾個日本鬼子，二十九軍能戰之名，聞於全國。不久，中央又在二十九軍下面增設了一個一三二師，就由趙登禹將軍升任師長，至此，二十九軍共有四師，在當時來說，一軍轄有四個師的並不多，足見中央對二十九軍倚畀之深。

民國二十二年五月簽訂塘沽協定後，日本人對華北野心更熾，極力要推動華北特殊化，目標是晉、冀、察、魯、豫五省自治。國民政府自不答應，但也不能完全拒絕日本要求，經過兩年交涉，到了民國二十四年十月，在北平成立一個冀察政務委員會，實現冀察特殊化，以宋哲元將軍為冀察政務委員會的委員長，起用大批親日分子擔任工作，以謀取日本諒解，延遲侵略時間表，使中國方面能得到更充分準備。到了此時，宋哲元將軍以抗日名將又變為親日領袖，其間還鬧了許多不必要的誤會。

冀察政務委員會共轄兩省（柯北、察哈爾）兩市（北平、天津），省市長人選，也就由二十九軍高級幹部輪流擔任，張自忠將軍先後擔任過察哈爾省主席，天津市長。

其間有一個很微妙的演變，到了民國二十五年之後，日本人突然看上了張將軍，想把他變成一個親日派領袖，邀他率領一個代表團去日本訪問。張將軍也表現得非常友好，一時華北盛傳張自忠親日，到今天對於這一段內幕還未見報導。張將軍親日當然是作戲，但幕後導演是誰，是國民政府最高當局呢？還是冀察政務委員會委員長宋哲元？則不得而知了。

也就因為張將軍有這一段親日傾向，到了盧溝橋事變發生後，宋哲元已經同日本人撕破了臉，再想虛與委蛇也不成了。但是我政府當時仍希望再拖延幾天，能拖下去最好，不能拖下去，也要拖到中央軍增援來到（當盧溝橋事件發生後，蔣委員長在廬山已下令調五個甲種師北上，但未到保定平津已失）。這時宋哲元就派張將軍出面與日本人敷衍，自己撤退到保定，行前下令委派張將軍代理冀察政務委員會委員長，北平綏靖公署主任（上二職原由宋哲元擔任），北平市長（原由秦德純擔任），張將軍接受命令時，曾垂淚向秦氏說道：「你同宋先生成了民族英雄，我怕成了漢奸了。」可是張將軍對於他這個任務的艱巨，為自己著想決不應當擔這付擔子，實在看得清清楚楚。但是，他並未推辭，毅然負起與日本人周旋的任務，為了有利於國家，個人的成敗榮辱，根本就不放在心上，此種襟懷，求之歷代名將，亙古所無。在張將軍成仁後，蔣委員長手令全國各軍，特別提到此點，譽為有古大臣之風。實在說就求之於古大臣，清代只有一個李鴻章，民國也只能找到一個黃郛，並不多見的。

當然日本人也不傻，不會再上張將軍的當，他們此時需要的是完全脫離中國的傀儡組織，不再是表面親日的冀察政務委員會了。張將軍眼見大事已去，繼續留在北平已無必要，乃設計脫險，騎自行車（單車）出走到天津，再乘英國輪船去青島。日本人雖然對他監視，但也只想到火車、汽車，萬不料張將軍會乘自行車走掉。

張將軍到了青島，再改乘火車去濟南。他因為身陷圍中，看不到報紙，不曉得當時全國對他的批評，從北平淪陷起，全國輿論集中火力攻擊他，認為是華北特號漢奸，報紙上一律稱為張逆自忠。他到了濟南，逕去省政府見省主席韓復榘，名刺投進去，把韓復榘嚇了一跳，韓復榘萬不料張將軍竟敢來到濟南，當時只得見面，問起張將軍意見，打算去何處？張將軍說明要去南京向政府報告，韓復榘聽了更加為難，若是自己把張將軍綑綁送去南京，念及二十幾年袍澤（兩人均是馮玉祥西北軍出身），究竟不忍；若秘密放走他，又恐蒙上漢奸嫌疑，最後決定去電報通知宋哲元，請問他怎樣處理。

宋哲元此時正同秦德純在泊頭鎮督師，收到電報就告訴秦德純說：「你去濟南辦這件事，但是告訴蓋忱千萬不要到這裡來。」

今天來說這件事，宋哲元似乎對不住張將軍，因為在當時真正有資格，勉強也有能力替張將軍辯白的只有宋哲元一人。可是，宋哲元自從平津失守，二十九軍損兵折將（副軍長佟麟閣，一三二師師長趙登禹均於七月八日在南苑陣亡），本身也成為眾矢之的，不敢再過問張將軍的事，當然也因為當時輿論對張將軍太不利，使宋哲元膽寒。

秦德純到了濟南見到張將軍，兩人抱頭痛哭一場，張將軍決定去南京見蔣委員長請罪，秦德純也願陪他去。當即電呈軍政部長何應欽，大意說奉宋將軍令，偕同張自忠市長赴中央報告請罪，惟各方謠諑紛傳，對張似有不利，可否前往，請電示等語。旋得覆電：「即同張市長來京，弟可一切負責。」秦德純即與張將軍會同赴京。韓復榘派其省府委員張樾負監視任務，共同前往。

三人乘火車由濟南動身時，不料京滬各報駐濟南記者得到消息，在濟南拍出電訊：「張逆自忠今日解京訊辦」，連坐的火車班次都報出去，京滬報紙一致刊出，三人還蒙在鼓裡，結果火車到徐州出了麻煩。火車到徐州剛進站，秦德純看見車站上圍了許多學生，打著白旗，上面寫的好似有張自忠的字樣，當時就勸張將軍到廁所裡躲一躲。開始時，張將軍自仗於心無愧，不肯趨避，經秦德純苦勸，把他推進廁所，將門扣住。不久一群學生湧上來，聲稱搜查漢奸張自忠，經秦德純費了一番唇舌，算是把學生們勸下車。這件事對張將軍刺激至深。到了南京，秦德純原準備兩人同住二十九軍駐京辦事處，張樾執意不肯，一定要押去第三路軍（韓復榘部隊番號）駐京辦事處住宿，秦德純也只好由他。

第二天蔣委員長就在四方城召見，由秦德純陪往。張將軍首先起立請罪說：「自忠在北方失地喪師辱國，罪有應得，請委員長嚴予懲辦。」

委員長訓示：「你在北方一切情形，我均明瞭，我是全國軍事委員會委員長，一切統由我負責，你要安心保養身體，避免與外人往來，稍遲再約你詳談。」

第一次召見至此，回到第三路軍辦事處，張樾聽到這種情形，不敢再扣押張將軍，又趕著向他道喜，張將軍當天就搬去二十九軍駐京辦事處住下。

到第三天，秦德純接侍從室錢大鈞主任電話云，委員長要再接見張自忠將軍，要秦德純陪同在明早九時到四方城晉見。晉謁時適逢日機轟炸，委員長鎮靜如常，對張慰勉有加，詢問健康情形及所讀書籍，張答以閱讀郭沫若的日記，委員長說：「應閱讀有益身心的書籍，郭的日記不要閱讀。」最後對他說：「等你身體恢復，我決令你重回部隊，讓你再有機會報効國家，並且到前方看看你的長官、同僚及部下。」態度誠懇溫和，儼如家人骨肉的親切。張將軍深受感動。由四方城回寓時，他在車上流淚對秦德純說：「如果委員長令我回部隊，我一定誓死以報領袖，誓死以報國家。」

後來他所以決心殉國，大概志向就決定此時。

二十七年春，隨戰事的進展，中央擬將第二十九軍擴編為七十七軍及五十九軍兩軍，五十九軍軍長一職，何應欽一再徵求秦德純同意，令其擔任。秦德純認為該軍幹部多係張將軍所訓練的學兵營出身，張將軍對他們也知之甚深，為發揮作戰威力，似應由張將軍出任。不久中央任命張將軍為五十九軍軍長，返部隊那天，他對部眾痛哭失聲的說：「今天回軍，除共同殺敵報國外，是和大家一同尋找死的地方。」全體官兵誓死効命，泣不成聲。

五十九軍組成不久，敵人已由濟南沿津浦路南下，滕縣血戰失守，川軍一二二師師長王銘章將軍血戰殉國。戰事延至徐州外圍，日軍由側面進攻臨沂，駐守臨沂的是四十軍龐炳勛部，血戰數日，漸感不支。第五戰區司令長官李宗仁飛調五十九軍增援臨沂，張將軍率部正攻兗州，得到命令即兼程前進，一日一夜行一百八十華里，與敵軍精銳板垣師團遭遇，一鼓殲其兩聯隊。板垣師團為日軍有數精銳部隊，經此重創，倉惶後撤。將軍啣尾急追，一日又追一百二十里，造成抗戰史上有名的臨沂大捷。經此一役，張將軍名震中外，再也無人說他是漢奸了，當時中央明令嘉獎，擢升為二十七軍團長。是年十月就升三十三集團軍總司令。

張將軍擔任三十三集團軍總司令之後，即駐防襄樊一帶，成為第五戰區機動部隊。民國二十八年（一九三九）三月，敵人進攻鄂西，以第三、第十三、第十六三個師團及騎兵旅團，進犯隨縣、棗陽，正是張將軍防區。不待敵人來攻，自率兩團健兒渡河迎戰，在鍾祥境田家集與敵人遭遇，大破敵軍，擊斃日寇聯隊長三；傷旅團長一；傷敵在一萬三千人以上。殘敵狼狽遺退，是為抗戰史上有名的「鄂北大捷」。張將軍以一對十，竟奏大功。

到了二十九年（一九四〇）五月，敵人又集結重兵再犯襄樊。張將軍指揮部隊扼守襄河與敵對峙，在方家集已打了一次勝仗。假若換了一個普通人，不求有功，但求無過，原可以敷衍過去。但張將軍不是那種人，決心要渡河找敵人打，當時他能控制的部隊祇有三個團，其餘部隊均分散各隘口，不能抽調，本來不應當冒險出擊，但是張將軍卻不顧一切，五月六日晚致書副總司令兼七十七軍軍長馮治安一函：「仰之吾弟如晤：因為戰區全面戰爭之關係，及本身之責任，均須過河與敵一拚，現已決定於今晚往襄河東岸進發，到河東後，如能與三十八師、一七九師取得聯絡，即率兩部與馬師不顧一切，向北進之敵死拚。若與一七九師、三十八師取不上連絡，即帶馬師之三個團，奔著我們最終之目標（死）往北邁進。無論作好作壞，一定求良心得到安慰，以後公私均得請我弟負責。由現在起，以後或暫別、或永離，不得而知，專此佈達。」

信發後即揮軍渡河，在南瓜店與敵人遭遇，雙方兵力既懸殊，武器更不如，但張將軍毫不畏縮，指揮部隊奮勇進攻。鏖戰達九晝夜，敵人傷亡慘重，不曉得這支中國部隊何以這樣能打。後來聽說其中有張將軍在，增援反撲，務期要消滅張將軍所部，以絕後患。最後被圍於南瓜店之十里長山，敵人以飛機大炮配合轟擊，彈如雨下。五月十六日一天之內，從早戰到晚上，張將軍所部傷亡殆盡，將軍身中六彈，屢次倒地，屢次爬起衝殺，左右請遷移指揮所暫避，堅持不許，到了最後彌留時，告左右說：「我力戰而死，自問對國家民族對領袖可告無愧，你們應當努力殺敵，不能辜負我的志向。」

這一仗，張將軍雖不幸戰死，我軍損失了三個團，但敵人所付出的代價就更大了。從五月一日至十六日之戰果，計傷斃敵四萬五千人以上，繳獲大炮六十餘門，馬二千餘匹，戰車七十餘輛，汽車四百餘輛。

張將軍平日衣著十分隨便，但此次出戰卻穿上黃呢軍服，帶上中將領章，一反平日所為。事後知道他出發時已未打算回來，身為國家高級將領，死也不能隨便，所以衣著整齊。及至戰死後，日本人發現張將軍屍體，審認無訛，一齊膜拜，用上好棺木盛殮，並樹木牌。

及至消息傳至重慶，蔣委員長大為震悼，同時也懷疑何以總司令戰死，副總司令、軍長、師長均未陣亡？下令徹查，並嚴令找還張將軍忠骸，否則重辦高級將領。繼張將軍任五十九軍軍長的黃維綱，奉令後親率部隊再渡襄河搜尋，終於發現張將軍墳墓，乃將靈櫬運回重慶。先由陸路運至宜昌，停靈東山寺，事先並未公佈。但消息一經傳出，宜昌民眾不期而集吊祭者逾數萬人，有的掩面流涕，有的悲傷嗟嘆，尚有一位老太太得到消息，連夜煮了麵前來弔祭。靈櫬由航運到重慶時，在儲奇門下設奠，蔣委員長親臨致祭，撫棺甚哀，政府大員一律臂纏黑紗登靈船弔祭。市民前往弔祭的更絡繹不絕。十一月十六日，葬於北碚梅花山麓。有人為之銘曰：

倭患始來，有明末造。底定功成，咸俞征討。
死灰復燃，踰三百年。極於今日，烈焰蔽天，
桓桓張君，志在平倭。喜峰臨沂，殊勛迭奏。
江漢之原，實惟荊襄。沃野千里，自古戰場。
悍寇乘之，狼奔豕突。君陣堂堂，當者辟易。
受命專征，五月鏖兵。靡晝靡夜，大星忽傾。
其人雖逝，名已不朽。來者式憑，咨嗟萬口。
英烈孰繼，烽烟未消。我銘其墓，以勗同袍。

靈櫬運抵重慶之當日，蔣委員長通電全軍稱：

張總司令藎忱殉國之噩耗傳來，舉國震悼。今其靈柩於本日運抵重慶，中正於全軍舉哀悲痛之餘，謹述其英偉事蹟，為我全體將士告。追維藎忱與敵作戰，始於二十二年喜峰口之役，迄於今茲豫鄂之役，無役不身先士卒。當喜峰之役，殲敵步兵兩聯隊、騎兵一大隊，是為藎忱與敵戰之始。抗戰以來一戰於淝水，再戰於臨沂，三戰於徐州，四戰於隨棗，而臨沂之役，藎忱率所部疾趨戰地一日夜達百八十里，與敵板垣師團，號稱鐵軍者鏖戰七晝夜，卒殲敵師。是為我抗戰以來克敵制勝之始。今茲隨棗之役，敵悉其全力三路來攻，藎忱在棗陽之方家集，獨當正面，斷其歸路，斃敵無算，我軍大捷。假藎忱不死，則此役收效當不止此。今強敵未夷，大將先隕，摧我心膂，喪我股肱，豈惟中正一人之私痛，亦將三百萬將士同胞之所同聲痛哭者也。抑中正私心尤有所痛惜者，藎忱之勇敢善戰，舉世皆知。其智深勇沉，則猶有世人未及知者，自喜峰口戰事之後，盧溝橋戰事之前，敵人密佈平、津之間，乘間抵隙，多方以謀我，其時應敵之難，蓋有千百倍於今日之抗戰者。蓋藎忱前主察政，後長津市，皆以身當樽俎折衝之交，忍痛含垢與敵周旋，眾謗群疑無所搖奪，而未嘗以一語自明，惟中正自知其苦衷與枉曲，乃特加愛護矜全，而猶為全國人士所不諒也。迨抗戰既起，義奮超群，所向無前，然後知其忠義之性，卓越尋常，而其忍辱負重殺敵致果之概，乃大白於世。見危授命烈士之行，古今猶多有之，至於當艱難之會，內斷諸心，苟利國家曾不以當世之是非毀譽亂其慮，此古大臣謀國之用心，非尋常之人所及，亦非尋常之人所能任也。中正於藎忱信之尤篤，而知之特深，藎忱亦堅貞自矢，不負平生付託之重，方期安危共仗，克竟全功，而乃中道摧折，未竟其志，此中正所謂於藎忱之死重為國家前途痛悼而深惜者也。雖然國於天地必有與立，而三民主義之精神，即中華民國之所由建立於不敝者也。今藎忱雖殉國，而三民主義之精神實由藎忱而發揮之；中華民國歷史之光榮，實由藎忱而光大之，其功雖未竟，吾輩後死之將士，皆當志其所志，效忠黨國，增其敵愾，翦此寇仇，以完成藎忱未竟之志，是藎忱雖死猶不死也。願我全體將士其共勉之。

蔣中正手啟。中華民國二十九年五月二十八日。

此電情文並茂，恩義周至，非此文不足表張將軍，非張將軍亦當不起此文，舊二十九軍將士閱後一致感泣！

國民政府不久下令張自忠將軍國葬，追贈陸軍上將。湖北省宜城縣（張將軍殉國之南瓜店屬宜城）改為自忠縣；宜城縣人又將南瓜店所隸之柴口埡鄉改為藎忱鄉，縣內長渠，改為藎忱渠，以誌不忘。民國三十二年國民政府主席林森明令將三十六名殉國將領入祀忠烈祠，張將軍帶隊，謝晉元（死守上海四行倉庫團長）煞尾。

張將軍夫人李敏慧女士因病留駐上海，張將軍殉國後三個月期間大家皆未告知。以後聽到噩耗，即拒絕進食；絕食七日，泣血而卒。消息傳出，國人大為震動，在重慶開追悼會，蔣委員長題額「相成忠傑」，政府明令褒揚，將生平事蹟宣付國史館單獨立傳。為民國史上第一位女子立傳的人。

張將軍殉國後，在重慶開追悼會，各方所贈輓聯，美不勝收，據記憶所及，其中最佳者應推「中國國民黨重慶市黨部」所輓：

驅十萬眾，快九世仇，數中華男兒，盍讓將軍獨步；
捹七尺軀，爭方寸土，是復興鐵券，豈惟吾黨殊榮。

勝利後在上海開張將軍追悼會，孔祥熙輓聯：

隨棗之役，勝利之基，日月儷丹忱，聯捷雄風青史在；
長城而後，轉戰而死，河山縈碧血，從來名將白頭稀。

不知出何人手，亦復清麗典雅。
詩詞最佳者當推近代名詩人楊雲史（圻）所填〈賀新郎〉詞：

捹卻全軍墨，渡長河追奔逐北，胡兒褫魄；十萬豺狼齊瓦解，漢幟平明皆赤。鬥困獸一身陷敵，眾寡懸殊都不計，猛無前誓掃荊襄賊。
南瓜店，堪歌泣；喜峰急難英名立，嘆盧溝求全毀譽，看赤成碧。三載沙場千日戰，血洗英雄心迹。好頭顱今番非昔，雪涕良心安慰語，知將軍決死非今日，真勇將，謚忠烈。

現在再談幾件張將軍的軼事。張將軍一生帶兵最嚴，兵士如果犯了軍風紀，一定重懲不貸；

即在當師長時，全軍皆畏之如虎，背後稱為「張剝皮」。但將軍立身公正廉明，真正是不愛錢不怕死，視官兵如子弟。所以部下畏其威復懷其德；部隊凝結成一個整體，故能攻克防固，無戰不捷。到了將軍殉國時，所率特務營全部戰死，無一人肯退走。此種捨死忘生之情，決非命令所能維持，完全靠平日德行所感。

其次，將軍持躬清廉，亦非一般人所及，平生未妄取一文。當五月六日即將動身赴前敵時，軍中有公款五千元，存在幕僚處，此人也怕將軍一去不回，夫人在上海無以為生，建議將這五千元寄去上海。但為張將軍一口拒絕，慨然曰：「前線將士，如此困苦，正需錢以激勵其精神，吾何忍以國家之財力，濟吾私人之急耶！」終不允，而以此五千元分贈前線立功官兵，將軍清廉操守，真可說是貫徹始終了。

再其次，將軍一生生活如苦行僧，本來馮玉祥所訓練的西北軍將領，除去極少數之外，大抵皆立身謹飭，驕奢淫佚者絕少。但生活刻苦如張將軍者，亦不多見。抗戰期間，參政會組織了幾個慰勞團，分赴全國各地慰勞將士。據梁實秋教授記憶，他當時也是一位參政員，跟著慰勞團一路去各地慰勞，每到一處，駐軍首長一定設宴盛大招待，海參、魚翅、砲台、茄力克紙烟，應有盡有。有良心的參政員覺得不是到前方慰勞，而是到前方受慰勞，內心也至感不安。可是到了快活舖三十三集團軍總部，情況為之一變，張將軍熱情迎接參政員，敬以土裝紙烟，款以白開水；中午正式設宴款待嘉賓，有四個火鍋，菜色一樣，完全是青菜、粉絲、豆腐大雜膾，加一些肉片、肉丸子。張將軍殷勤讓客，態度誠懇，參政員久饜膏粱，突然對著青菜豆腐，倒也吃得津津有味，霎時吃得七零八落。張將軍眼見菜不夠吃，連呼勤務兵加菜，但是，廚房實在無菜可加，臨時只賣了十幾個鷄蛋，張將軍命將鷄蛋打在大鍋裡，每客敬兩隻荷包蛋，賓主盡歡而散。晚間一群貴賓被招待睡草舖，既軟且暖。睡到半夜聽到炮聲，以為敵來襲，問起衛兵，才知道此地距離敵人只有十幾里路，雙方隔襄河對峙，互相炮轟無日無之。大家不料張將軍總司令部竟在前線，比起其他總司令部距離敵人數百里者，真不可同日而語。不過也都覺得這才真真是在抗戰。

張將軍一生生而為英，死而為靈，以英雄而兼烈士，民國軍人中殆無其匹。張族在歷史上最多英雄豪傑，但是可與張將軍媲美者，只有張飛、張巡與張世傑，四人皆千載人物，中華民族不亡，中國歷史不絕，四人將永不磨滅。

不過，張將軍一死，卻創造了幾個第一，不但在當代史未見，就歷史上也是空前，茲縷述於後：

一、張將軍是抗戰八年中第一個陣亡的總司令。抗戰中，我軍陣亡兩位總司令，即三十三集團軍總司令張自忠；三十六集團軍總司令李家鈺，但張將軍殉國較李將軍早了四年。

二、張將軍是入祀忠烈祠的第一人。雖然林主席令入忠烈祠的高級將領三十六人，但張將軍名列第一，自然是他先進去。

三、張將軍是二次大戰中，唯一被步槍擊死的總司令，整個二次大戰期間，不論同盟國、軸心國均陣亡過上將級的高級將領，但是身臨第一線指揮作戰，為敵人步槍子彈射死的，當代沒有第二人。已故監察院秘書長王陸一氏輓詩云：「死為軍神生上將，幾見都戎中步槍。」蓋記實也。

四、抗戰八年中，陣亡的將級軍官超過百人，但由最高統帥通電全軍告哀的也沒有兩人。

五、張夫人李敏慧絕粒殉夫，在民國史上也不多見。更難得的是政府明令褒揚，准予個別立傳。在中國歷史上，父子夫妻合傳的甚多，除去帝王后妃外，夫婦分別立傳的，不必說民國史上未曾有，即翻遍二十五史，似乎也找不出第二對夫婦。這是張將軍夫婦所創下紀錄不僅是第一，而且是唯一的了。

由張將軍身上，不由得想起與他同姓也算同名（同音不同字）而且同庚的張治中來。張治中比張將軍多活了二十幾年，壽數是高了，但是，在歷史上一個留芳萬古（不止千古），一個遺臭百年（決無萬年）。為張治中著想，多活這二十幾年幹麼？每想到張將軍，更覺得一個人對生死不必介意，但是，每人只能死一次，卻要好好地死。

（雜誌編者按：讀此文而不肅然者是不忠；讀此文而不懍然者是不義；讀此文而不惻然者是不仁；讀此文而不奮然者是不勇。將軍浩氣長存，作者字字血淚，中華好男兒，均當如是！）

共同前進

汪兆銘

在這建設和平東亞的新春裡，我們深幸能讀到汪先生的這一篇論文。汪先生的這篇論文是十二月十日到達本社的。並函囑於元旦後發表。這已足資光榮本刊新年號的篇幅了。

我們甚希望讀者能深刻地認識共同前進的意義。

編者

和平運動所要求的，不是一時的和平，是永久的和平。如何才能得永久的和平呢？中日兩國不但要把兩年有餘以來的戰爭現象，從根本上消滅了，並且把幾十年以來的糾紛原因，從根本上消滅了，所以中日兩國有把過去嫌猜疑忌的心理，完全肅清，從頭幹起，向著一個共同目標而共同前進的必要。

所謂共同目德是什麼呢？我在〈中國與東亞〉文中，已經說過，一是要廓清百年以來流毒於東亞的殖民地主義，一是要杜絕二十年以來在世界猖獗著，尤其在東亞猖獗著的共產主義，這不是指那一個國家，而是指那一種主義。這兩種主義，向思想上組織上比較弱點的民族國家進攻。中國因為積弱，所以被進攻的最厲害。日本雖然能自強，但是東亞有一塊地方被進攻，無異日本被進攻。所謂共同防共，即是對於共產主義的杜絕，所謂經濟提攜，即是對於殖民地主義的廓清，這是中日兩國的共同目標，為中國，為日本，也為東亞。

中日兩國有了共同目標便有了共存共榮的基礎了。可是如何才可以向著這共同目標而共同前進呢？

中國現在所需要的，是國家民族之獨立生存自由平等，才能和日本分擔東亞安定與和平的責任，這也是毫無疑義的。然而中國必須注意到一個根本問題，即是中國必須時時刻刻自覺為東亞之一員，中國的安定與和平必。須於東亞的安定與和平求之。因此中國必須在外交上，與日本採取同一方針，在經濟上，與日本根據著平等互惠的原則，實行在無相通短長相補，這樣，東亞的安定與和平才可獲得，而中國的安定與和平也隨之獲得。所以中國的建國事業與東亞復興事業，是要一致的，如果分離，中國的建國事業不會成功，如果背道而馳，更只有自投於失敗之途。

以上是中國所必須注意的。同時日本所必須注意的，也想略略的說幾句。

日本既然屬望中國分擔東亞安定與和平的責任，則不可不使中國能充分自由發揮其能力，以期能夠分擔此責任。日本是東亞的先進國，對於後進國的援助，是日本應有的責任。可是援助與干涉是有極大分別的。援助是培養其能力之發達，干涉則是摧殘其能力之發達。日本如果採取干涉主義，不但不能啟發中國，自動的願與日本一致分擔東亞安定與和平的責任，並且會驅使中國與日本分離，甚至背道而馳；日本如屬望中國分擔東亞安定與和平的責任，則關於這一點必須注意。

中國的建國事業與能東亞復興事業相一致，日本能援助中國，俾之能完成其建國事業，並俾之能分擔東亞復興的責任，這樣，中日兩國便可以向於共同目標而共同前進了。共產主義雖然猖獗，但是這種絕對的功利思想，與東方的道德精神，終是格格不入的。只要中國能根據三民主義，以完成中華民國之建設，則民生主義實現之日，亦即共產主義在中國完全消滅之日。因為共產主義以階級鬥爭為主旨，民生主義以社會合作為主旨，這是在根本上的不同；共產主義以絕對的排斥私有財產為目的，民生主義則以根據實業計劃發展國家資本保護私人資本為目的，這是在辦法上的不同；所以中國如能得到時間，以實行民生主義，則共產主義必然絕跡。至於殖民地主義，侵入中國，已及百年，根深蒂固，似非一朝一夕所能廓清。然而最近數十年來，尤其二十餘年來，中國的民族資本已經萌芽，這種民族資本，固然還是很幼稚的，卻是培養起來，必然的成為中國經濟社會的基幹。日本如能與中國的民族資本互相提攜，以先進國的資格，隨時加以援助，則從此廓清殖民主義的勢力，亦並非不可能的事。三民主義中的民族主義和民生主義都是著眼於此的。於此有附帶說明的，所謂廓清殖民地主義的勢力，並沒有排斥第三國正常權益的意味，含在裡頭。中國實業計劃的完成，有待以外國資本及技術，這是極顯然的事。這與中日經濟提攜並沒有矛盾。因為中日經濟提攜的結果，中日之間，並無衝突，在這種關係上，歡迎第三國的資本與技術，自然沒有矛盾，而且第三國的正當權益必然因此而得到合理的保障與發達。東亞的安定與和平，是世界的安定與和平之一部分，由東亞的安定與和平，進而為世界的安定與和平，更是世界人類所渴望的事。

（原刊於《華文大阪每日》一九四〇年4卷第1期新年加大號）

歡迎汪主席

內閣總理大臣公爵 近衛文麿

這次國民政府主席汪精衛氏的訪日，使我不禁感慨的，就是在大前年的秋天，聽到脫出重慶後的汪精衛氏響應所謂「近衛三原則」的聲明強有力的和平建國運動第一聲的情景。當時，那運動的前途，不僅還屬於很大的未知數的世界裡；並且還要達於像喪失那有力的一員似的，危及到汪氏以次諸和平同志們的生命的狀態裡。經歷了那些在二年後的今日，汪氏為國民政府主席，遂公式地訪問日本了。

其間，汪氏的和平建國運動，在內，與重慶政權的不斷的迫害相鬥爭，在外，則對敵性第三國的重壓加以反抗——這運動就是那樣地實質地在繼續著奮鬥的。雖然和平運動的努力所得的報酬還難說；但，在去年三月，國民政府斷然地還都了；其次，與帝國之間，締結了日華基本條約，在日華新關係上，打下了不動的礎石；同時，發出了日滿華共同宣言，在東亞新秩序建設上設立了日滿華三國的互助協力的關係；這些都不能不說是向著終極目的的達成上，已踏出了一大巨步。在內政方面，其實績，在和平建國軍之創建，財政經濟政策的確立，以及其他諸多的民眾施策上亦都可以看得出來的。

這些明輝的業績，雖當然亦是由於帝國的緊密的協力與支持所收穫的；但是，在同時亦是由於汪氏與重慶政權違反了民意仍高喊著抗戰建國的口號相反，而以熱烈的意氣果敢地推進了和平建國運動的力量所致成的，這是誰都不能否認的。

日華兩國的不幸的戰爭，由於重慶政權的不敏，和世界戰爭下的諸影響，雖還沒有見到有收拾之途徑，但，汪主席及其同志們所推進的和平反共建國的運動，那就是救中國的唯一的道路。帝國的事變處理的方途，亦不外乎此，那可以說是極其明白的事情。亦就是，帝國已經以新國民政府為中華民國的正統中央政府，予以正式承認。與新國民政府協力以期事變之完遂的根本國策已屬於不動的國是。在國民政府，亦就只向於所謂全面和平之達成，不焦急，只堅實地進行那自強之方策。

當迎著汪主席的時候，略述感懷，並代作歡迎之辭。

（原刊於《華文大阪每日》一九四一年七月一日第7卷1期〈汪主席訪日特輯〉）

汪主席訪日的意義

社論

國民政府主席汪精衛氏的訪問日本的夙願，終見諸實現了。汪主席於六月十三日隨帶多數的隨行人員，自首都南京啟程，十四日由滬搭乘日本汽船八幡丸就訪日的壯途，海上一路平安，於十六日安抵神戶港，十七日午前八時半，以中華民國元首的資格，初次蒞臨於友邦日本的國都東京。時正值初熏風的良辰，最合宜於恭迎友邦元首的佳節，日本朝野舉國盡化為充滿著歡迎的誠意歡呼感激的坩堝。

汪主席的訪日，為去年十一月中日簽訂國交基本條約以來的一個懸案，在汪氏心中是懷抱著欲答禮日本對於該條約的成立以及還都以來的舉國之支援，並進而與日本交換關於強化國民政府的坦白之意見。在日本方面為表示育成新政府的真意起見，正是希望汪氏之來訪。然而現下的複雜怪奇的國際情勢，正是在阻止著這兩面的希望，致而遲至今日了。

上次歸國的本多駐華大使，已向政府當局作重大的進言，由此，強化育成國民政府的具體的重大國策，才見諸被決定為最後的不動之方針，今後日本的支援國民政府，可更趨於一層的集中了。汪主席的訪日得告實現，是由於本多大使的努力所促成，是循沿於國策決定後的既定之方針者自不待說了。

日本政府對於汪主席的訪日，特以友邦元首的資格之國賓待遇，安抵東京之日，將日本皇室的霞關離宮供汪主席的宿舍，又十八日恭蒙訪日本天皇皇后兩陛下賜謁，汪氏的光榮與感激可想而知了。再自十九日起，以行政院長的資格，仍留住於東京，與近衛首相以下政府的要人們交驩，對於根基於中日新條約的具體的事項舉行會談。汪精衛氏確是以一位的真正意義的中國元首來享受日本皇室的殊遇，且又以真正的意義之中國代表者，來與日本的當局折衝的。中的元首得蒙受日本皇室的殊遇者，可謂在中日國交史上未有類例的盛事，不論在北京政府時代或在前南京政府時代，都未曾有過這樣的大事。單以此一事來說，汪主席的訪日，是具有著怎樣重大的意義者，自可明瞭的吧。

汪主席的訪日，確是在強化中日軸心上兩國國交的一大進展，而且又可促進在建設途上的東亞新秩序之建設，故此事，實為兩國國民所應同表示大可慶祝的事情。

中日軸心的強化

汪主席的訪日，雖具有許多的重大意義，但是第一應注視者，為將貢獻於中日國交的劃期的進展之一層了。

日本對於處理事變的根本方策，可以歸約在強化南京國民政府與徹底地打滅重慶的抗日政權之兩點。此徵諸近衛聲明以來，當局的屢次之聲明以及所實行來的方策就可明瞭，乃是日本的不動之國策。然而對於強化南京國民政府的一層，已由於去年十一月成立的中日基本條約，加以正式承認，日本已向世界闡明過是以國民政府，認為中國的唯一有主權的正當之政府，而且，日本在中國所從事的一面建設，一面軍事行動的處理事變之方策，也都是置在以強化育成國民政府的目標上而邁進的了。

然而一部份的中國人士中，由於被重慶的宣傳所惑，或陷於英美反軸心國的策謀，誤認日本對育成國民政府缺少熱情與誠意，以疑心暗鬼的目光來誹謗者也頗不少。不錯，若觀顧到日本的複雜之國際環境，則有對南洋問題，有對蘇聯的問題，有對美國的問題等待舉辦，故當然有不能舉全力，來育成國民政府的事情，這是勢所難免的。

然而正如羅馬城非成於一日的古語所示，一國的政治中樞，並非在剛告誕生的短時日內，就可強化起來的。況且當於此次的大事變之處理，一面須要進行軍事行動，一面又須建設育成新政權的時際乎，這是當然應看做須暇以相當的長期時日，才能達到完成之期了。

汪主席的訪日可以推察是在於為中日基本條約成立後，初次對日本朝野答禮而來的，可是由於此訪日之告實現，不但得以明瞭日本的真意是在哪裡，同時疑心暗鬼之徒的迷夢，也可由此完全被粉碎竭盡了。

原來，去年十一月三十日在南京簽訂的中日基本關係條約，乃係根據於如在其條約前文所明載的：「中日兩國應在相互尊重其本然的特質，在東亞建設基於道義的新秩序的共同理想之下，敦睦善鄰，堅固提攜，以確立東亞之恆久的和平，希望以此為核心來貢獻於世界全般的和平」之趣旨來簽訂的。而且，全文七條項所包括的內容，有把近衛聲明的三大原則（善鄰友好，共同防共，經濟提攜）盡予以條文化，確約尊重中國的獨立與中國的主權，對於剛告誕生的新政府，首先加以承認，這可謂是在處理事變上劃成一條新線路了。此舉，正是對中外宣示著對於處理事變的日本政府之態度與方針是始一貫確固不動的。把日本的國論統合於一元化，同時把中國以及第三國所懷抱的與重慶直接交涉的疑惑加以一掃殆盡了。

在簽訂中日基本條約的同時，並發出中・日・滿三國共同宣言，在滿華兩國間聲明互相承認。此三國共同宣言的趣旨，也與前記的中日條約同樣，係在相約三國應敦睦善鄰，緊密彼此間的提攜，由此，中國便作成東亞共榮圈的一翼，肩負了建設新秩序之責任與義務了。

於是，還都後的國民政府，向其所榜標的和平建國努力邁進者為當然的職責，又日本對此新政府的育成加以強化者也是為當然之責務。

但是強化新政府的一層，並非如口說那麼容易，是只有靠諸一步一步地向於目標而努力前進的一途了。汪主席在本年三月三十日的還都一周年紀念日，作廣播放送，披瀝其烈烈如火一般的建國之至情，對於遍及刻苦精勵費盡變多的犧牲所獲得的國民政府還都以來一年間的政治，經濟，文化，軍事等之各般的業績，以及政府的將來的建設目標，具體的闡明於中外。對此現在雖無暇可以再揭載出來，惟其結論說到：

要之對於還都以來經濟生活文化生活的改善，及治安的確立等，均有收舉著相當的成果，而此成果確實由政府與人民的協力所獲得的，我們當然不以此引為滿足，但是由此成果，在和平反共建國的前途，已經得到一條的光明了。若能夠不斷地努力，不斷地前進，則全面和平一定能夠實現，反共一定可以貫徹，三民主義中華民國的建設必能完成，東亞永久的和平，共存共榮的理想一定能夠達到。我們只有拿出全副的信念，來貢獻於國家民族，來完成此重大使命而已。

正是可以說是以此信念與努力，來築造國民政府的基礎了。

目下國民政府治下的和平建設方策，正有橫臥著種種的問題等待舉辦，然而其中可視為最緊急的問題者，就是治安的確立，與民生的安定問題了。在治安未告確立之處，經濟無從可改善，而且政治力的浸透亦無從可獲得。然而國民政府治下的治安方面，率直地來說，是可謂還未到達安定之境。可說是僅站在「點與線」的和平實現之程度，是否可將此遍及至各方面再擴大至全面呢？這完全是屬於今後的問題了。為此所講求的具體的手段者，便是清鄉委員會的成立。

成立清鄉委員會的意義，正如委員長汪主席所說明，乃在中日條約的實踐，在中日雙方的協力下來建設完全的和平地區。其具體的方法，是在對於特定的清鄉地區，首先於中日兩國軍隊的緊密之協力，肅清反抗的份子，然後再由於中國獨自的軍隊警察以及保安隊，來謀該地區的政治經濟之確立與復興。如此，為減輕日本軍的警備力，以國民政府自體的警備力來代替，俾逐次建設模範的和平地區，並把其逐次擴大至中國全境。然此雖屬全面和平的唯一之實踐方策，但此種運營，須有國民黨組織強化之必要，是把重點置於國民黨的地方組織下部組織。

民生安定的第一要素就是吃飯的問題，是不可使國民有飢色的，出產米糧的中國，因戰火繼續不息，致招致食糧品的減收，因此一面須由於日本的協力使增大輸入米，一面須積極地施米穀的增產計畫。除此食糧問題之外，如物資統制之合理的解決，中日合辦事業問題，特種教育問題等，俱是屬於民生安定策所不可缺的要件，這些問題俱是強化國民政府的具體的方途。

然而要強化國民政府的這些施設，是只有仰賴日本的支援，此外再無辦法。關於這一點，由於上次歸國的本多駐華大使之努力力，與日本當局之間，意見已完全見諸一致，汪主席的訪日也是根基在此等諒解事項，來促其實現的。再汪主席抵東京後，將以行政院長的資格，與近衛首相以及政府諸要人舉行關於中日條約的前記具體的事項之會談。汪主席的隨員中，如行院副院長周佛海氏，宣傳部長林柏生氏，外交部長徐良氏等俱是才幹優秀的名士，與日本當局的交涉事項，當然是遍及軍事，政治，經濟，文化等各部門，且相信一定可收舉顯著的成果。

中日間的各事項之合理的解決，就是促成和平事實的具體化，此同時也就是促成國民政府的強化了。在這意義上，汪主席的訪日，可以斷定是中日國交的一大飛躍，中日軸心增加強化之表現了。

粉碎重慶的煽動

汪主席訪日的第二意義，是可予以對重慶政權之無形的壓力。重慶政權由於日本的長期戰體制下的軍事行動，物質精神雙方俱受了大打擊，其抗戰力，不管從軍事，經濟，以及其他各方面看來，都是顯示著加緊地低下，這是不可掩蔽的事實。可是重慶政權，現時正在進行與敵性的第三國結托，流布著惡意的宣傳，企圖攪亂和平陣營。

直至日・德・意成立三國同盟之前的重慶，是繼續採取以自力為基礎的抗戰，是把其抗戰的原動力，求諸第三國的援助。可是最近的重慶政權，是加入於民主主義國家群的陣營裡，作成對世界新秩序的軸心國之共同戰線之一翼，來加入對日的武力戰。

重慶政權的參加舊秩序國家群，對於此次的事變，參入了英美的性格。英美的援助重慶，雖有遍及軍事上，經濟上，一切的部門，然單對其借款方面來看，則英國自事變以來，共有十件合計六千三百五十萬鎊，美國有七件，合計為二億四千七百八十萬美元，此等數目若兌換中國法幣來計算，實達至四十四億元的巨額。此一事，正如美總統羅斯福所宣稱，「中國為美國國防的第一線」的思想之具體的表現，在經濟組織極低級，財政極困窮的重慶政權，隨於抗戰之期日的延長，甘願作成英美的奴隸的頤使，完全墜於英美的殖民地者，此比睹火還要顯明。

一面國共的相剋，自新第四軍問題以來，只有趨於深刻化的一途而已，其分裂只是成為時間的問題。國共分裂所予以重慶抗戰力的影響是極為重大，尤其是精神方面的打擊尤甚，因為直接發動抗日戰者是中國共產黨，所以其重大可想而知，重慶政權，與作成抗戰思想之背景的民族解放，自主獨立的指導者共產黨分離者，可謂是把其連繫著青年將校，青年層官僚的繩子加以切斷無異，是表示抗戰理論的破壞。且在重慶政權內近來也有漸次喧騰著應警戒由於繼續抗戰促成中國變成歐美殖民地化之聲浪，於是國共分裂，是會作成此等民族主義者，從重慶離反出來的一個很大的動機的吧。

但是若把國共分裂看做是表示重慶之潰滅，那未免太過於早計了。汪主席在本月初旬的全國宣傳會議有說著：「我中國目前的形勢，共產黨盤據於西北，蔣政權據守於西南，我國民政府居於東南，天下正顯示著三分」嘆息著出現了新三國時代。

西北的共產政權，是奉承共產主義，西南的蔣政權是信奉英美的自由主義，與標榜民族大同，東亞新秩序為目標來作成一個中心勢力政治指導原理的南京國民政府是顯示著截然的對立狀態。

國民政府與重慶政權，都是在標榜上著遵奉三民主義的國民黨，在這一點一見似有共通之點，可是只把三民主義掛做外面的招牌，與時代錯誤的歐美自由主義思潮結托，實質的已變成歐美的傀儡的重慶，與汪精衛氏的國民政府，在本質上是具有差異者，此應十分加以認識才是。

第一，重慶雖有尊重輿論，集合各黨各派組織國民參政會，可是在實質上，並未取消其「以黨治國」之制度，完全猶是採一黨專制。與此反之，國民政府在還都之際，是以網羅著各黨各派的全國有重望之人士來組織起來，不過只其作成中心勢力即推進力，置在於國民黨而已。

此與被歪曲的重慶之三民主義，是判然有所區別，此思想上的根本的乖離，就形成著和平與抗戰之對立了。

於是，重慶政權在性格上，變成全然與國民政府不相容，現出汪主席所說的三國鼎立之形態，因此隸屬於歐美的舊秩序陣營的重慶，與作成志向於世界新秩序的軸心國家群之一員的國民政府，是呈示著完全屬於別個範疇，而互相對立起來，此本質問題既不能解決，則欲期望重慶政權自體的改變，應說是極為困難了。

汪主席的訪日，對於與重慶完全處在對立的國民政府之性格，劃成了一條割然的分界，對於南京的和平的軸心的地步之確立，加上一層的促進。在這裡，所謂與重慶直接交涉的謠言，也就變成空幻的白晝夢一般，歸於雲散霧消的吧。就是重慶方面，造出日本還在期待與重慶進行和平交涉的似屬真實的謠言，甚至誇豪著和平提議必須美國居間斡旋始能接受的堂皇大言的虛勢，已完全被粉碎無餘了。

日本的支援汪政權，為唯一的處理事變之方策的此一事，既顯示著極明顯，則對於重慶是可予以重大的脅威。據情報所傳，謂在重慶內部以及各地的實力者，內心迷於去就的人，頗有多數的樣子，對於像這樣的人們所予以的心理影響可謂最為痛烈，此將隨於和平建國理念之浸透，發生動搖。再者，解決事變始終要由於中日兩國直接舉行，絕不許第三國介在，重慶所希望的那種和平方式既變成無一顧之價值，則現在的情形，和平的門徑，完全只剩留著除經由南京以外再無他途了。此又是作成對於重慶內部的和平份子的一個痛擊。又在和平陣營之中，因為太過於期待和平之餘，便陷於錯覺著和平可容易實現，忘掉抗戰力的殘存，並且輕視作戰繼續中的事態，若稍有不如意，便立即發出悲鳴者也並非沒有。他們的心理乃顯示著給前記的煽動容易侵入的空隙，正是對和平抱著懷疑的態度，對他們只有拿和平的事實來作實證之外無辦法，而且此和平事實的具現，今日已成為和平陣營全般的熱烈之要望。因此汪主席的訪日，在和平陣營來說，正是可予以促進其一大勇猛心，對其前途可予以加深其確信者，也是屬實，同時此舉可確信將促成重慶的抗戰力趨於低下，及招致全面和平的唯一捷徑了。

對於國際關係的影響

最後，可以提到汪主席的訪日，對於國際關係將波及極重大的影響。如前項所詳述，國民政府與重慶政權性格上是處在根本的差異，是作成建設東亞新秩序的有力之一翼，對於志向世界新秩序的軸心國家陣營頗有予以貢獻。

如世人所周知，國民政府由於中日滿三國的共同宣言，滿洲國與中國之間，發出相互承認，在此共同宣言，滿華間的具體的事項，由於今後的急速進展，已約定不久就可締結，但汪主席的訪日，對於此方面的實現促進，是可予以相當的効力者自不待說。滿華間的國交之進展，為完成東亞新秩序的重大之要素，由此，日本的南進政策亦可促成無後顧之憂，得以順調地遂行了。

又汪主席的訪日，對與三國同盟有關係的軸心國家群，也是顯示在世界新秩序的建設上，點綴著光明的一件慶幸事。

現在世界的情勢，正是各國盡陷入於動亂的禍中，軸心國家群對英美舊秩序國家群之放勢，日趨於激化，決戰之日也似日日迫近著。而且，曾屬重慶之友邦的蘇聯，竟違背重慶的期待，與日本簽訂中立條約，再最近又成立了通商貿易條約，日・蘇的親交益加顯著。世界和平的招來，須待於軸心國家群的絕對的勝利者誰也不能否定的。現在的世界局勢，正是按照軸心國家群的希望，英美的敗色已顯示無可掩蔽的趨勢了。

當於此時，國民政府的強化，貢獻於軸心國最後的勝利也是可謂極大的，何以呢？因為國民政府所企圖的全面和平之招來，任你世界呈示著怎樣的變化來說，並不妨害世界安定呢。

這裡，東亞新秩序的進行，在日本方面在國民政府方面，都不可忘掉其增強世界的發言權的一事。然而在此方途的外交的發動，是應把強化國民政府的世界的地位，同時計畫起來才是。

對於南京國民政府的承認，除日本滿洲國承認之外，意大利在成立前已經有作過將予以承認的表示，德國也與意大利一樣為日本的盟邦，繼續作希求世界新秩序的血鬥。從三國同盟與其內容的建設世界新秩序之共同的立場上來說，德・意兩國，應出而否認東亞新秩序的敵人蔣政權，承認新秩序的政權之汪政權者，是不待贅言的。由於汪主席訪日，將促進德・意的承認國民政府者，此正大可期待的了。

這樣看來，汪主席的訪日，在強化中日軸心之一點，在對於威壓重慶之一點，在東亞新秩序進展上，以及在國際地位增強上，從一切的角度來看，都是具有極重大的意義者已屬極明顯。我們把汪主席的訪日加以重視，衷心表示歡迎的理由，也是在這一點。

據所傳，謂國民政府當局，待汪主席歸國後盛夏七月之期，為謀和平工作之具體的展開計，將加以整備其機構。我們深信汪主席的訪日，一定能夠收舉偉大之成果，並且不勝地冀念此成果之極為美滿。

（原刊於《華文大阪每日》一九四一年七月一日第7卷1期〈汪主席訪日特輯〉）

汪主席訪日記

本刊記者

抱著「和平奮鬥救中國」的信念，來邁進於新中國建設途上的國民政府主席汪精衛氏，這次為要對應於世界的新情勢，並且為要更進一層地來促進東亞的新秩序，使中日兩國軸心強化起見，於是決定了以新中國元首的資格，來舉行了這次最初的日本公式訪問。

在六月十三日的下午二時四十分，南京飛機場就到達了汪主席，以及隨行的徐外交部長，林宣傳部長，周外次，主治醫羅廣霖氏等。三時，就在國府軍樂隊的奏樂與中日軍官民多數的歡送聲裡，汪氏一行以及同行的日高公使，乘著特別旅客機福州號，就飛離了國都。

飛機在紫金山麓中山陵的上空，旋迴了一周，就掉頭向東，開始了東行的旅程。

十三日一行就在上海住了一夜。

十四日，汪主席去出雲軍艦答訪了島田中國方面艦隊司令長官。

初夏的太陽，映著黃浦江的水面，匯山碼頭橫泊著可以誇為日本第一豪華船的八幡丸，船裡，汪主席一行跟歡送者乾完了「一路平安」的香檳酒。船就出發了，主席一行亦就漸次地出了國門。八幡丸的巨體，幌搖地，前進，在東亞歷史上劃長了深刻的痕跡。——歷史底的出發時間，那是民國三十年六月十四日午前十一時正。

這次新中華民國的元首訪問友邦日本，在中國的歷史上那是新的一頁。——是中華民國國民政府成立後的有史以來的初次，亦是鴉片戰爭以來，以元首資格公式地訪問友邦的頭一次。

說到八幡丸，還有一段歷史呢！中日新關係樹立之後，褚民誼大使一行就是坐這船去東京赴任的。並且在國府還都一週年紀念的當兒，褚大使亦是搭了這船回去的。——當平井船長對汪主席說明了這些的時候，主席亦不由得對這船留下了可紀念的——「這真是中日親善船呢！」

船裡的兩天，那是稍微可以休息一下的。在辦公室裡每天忙碌著的大官們，在這船裡的生活，覺得有些像在學生時代的放暑假似的。汪主席在特別船室裡不常出來。行政院副院長兼財政部長周佛海氏在船室裡，還埋頭於研究經濟問題。宣傳部長兼中央電訊社長的林柏生氏，一出來就給中日記者團包圍，回到船室裡，還趕著寫〈汪主席隨行記〉。徐外交部長一幅一幅地在鑑賞著船裡的壁畫，油畫，贊嘆著：「倒底日本的美術好！」

外次周隆庠氏老緊隨著主席，擔任著主席通譯的重任。鍾任壽氏擔任著林宣傳部長的通譯。薛亞州司長擔任著徐外長的翻譯。周財長是日本老留學生，用不著什麼通譯的。

「汪主席來日本了！」這消息傳遍了日本。各處都起了不少的衝動。歡迎陣，接待陣的佈置，都忙煞了各地的當局。除了東京之外，那就是要算擔當著歡迎前翼的神戶，為最顯得忙碌了。政府的各代表亦都由東京急行地到神戶。外務省山本東亞局長，代理了近衛首相。木內儀典課長代理著外相，以及陸相代理岩松中軍司令官，海相代理奧阪神海軍部長；清水南京大使館書記官，國民政府最高軍事顧問影佐少將。之外，還有褚民誼駐日大使，阿部前駐華大使，青木國府最高經濟顧問等都集中了港都神戶，來等待著歡迎汪主席一行的入國。

十六日那天，在梅雨期裡，那是好天氣，神戶全市披上了一層歡迎的氣象，中國國旗在各機關門口亦都掛上了。神戶背山頂上的高旗臺上亦揚起了很大的青天白日滿地紅的國旗，這是港外就可以望得見的。

在晨曦裡，八幡丸就在神戶港外和田岬那裡拋錨了。一艘小汽船，載了褚大使，與日方先頭代表以及記者團們，出迎前去，上了八幡丸。

中華民國國父孫文氏，其畢生的理想大亞細亞主義，就是在神戶最初的向天下發表的。現在汪氏繼著孫文遺志來使其實現，這次又將踏上這神戶，在汪氏及其同志，那是感慨無量的。

八幡丸的檣頭上懸起了中華民國國旗，漸漸地靠近了碼頭，終了兩晝夜的旅程。碼頭上即時展開了熱烈的歡呼，那是中日兩國國情的交流，最可感激的親善的情景。

在奏樂裡，岸上的政府以及其他機關公式歡迎的人們，都依次地上船，最後，神戶華僑十五團體代表的新興會長何芍篴，中華會館理事長黃敬勳，中華總商會副會長詹廷英，新興會理事鮑賀君，商話別處會長曹弗臣等氏，亦都代表了全神戶的華僑，來歡迎祖國的國府主席。

船裡主席的接見室裡，壁上長懸著中日兩國的國旗。汪主席與全體隨員們，以及日本方面的關係人員，亦都整列地站在國旗的前面。都是穿了整齊的禮服，抱著高禮帽，握著白手套。汪主席前一天剛剪的頭髮，這天更顯得精神，旅途的勞碌，一絲一毫都看不出來。周佛海財政部長，好像不是戴那從前的黑框眼鏡，已換上了白絲眼鏡了，滿面紅光，顯得更年青了。林拍生宣傳部長仍是那樣的精悍的手度，好像要對應那不久要來臨的重大的事情似的。

歡迎要員裡，先頭進接見室的是山本首相代理，由清水南京大使館書記官及外次周隆庠氏的通譯，先對主席述了歡迎之辭，主席亦答了感謝之辭，最後就握了手。歡迎人員再依次地對諸隨員一一地握手歡迎。各大臣代理，亦都對主席致了歡迎辭，雖然都是短短的幾句，但是，兩顯心，早就堅握上了。阿部大將與主席的對面，好像都有著無量的感情，交談，在這些歡迎者裡面，亦可說是最久的了。這些，都好像是一幕一幕的劇的情景。接見完了之後，主席一行與歡迎者一齊乾杯。

一邊，幾十員的攝影記者，都集中了交點，不停地在照取著。

岸上的最前的歡迎陣是六百五十的華僑代表，四百的中華同文學校學生，都舉著中日兩國的國旗，爆發著歡迎的熱意。當平井八幡丸船長先導，主席踏上了甲板的時候，岸上揚起了中華民國的國歌。主席立正了，低著頭，這情景，主席一定是感動的。

在「汪主席萬歲！中華民國萬歲！」的歡呼聲裡，主席不時的舉起了禮帽來應答這些熱情。上了陸，分乘了廿餘輛汽事，一直到那在大阪神戶之間的甲子園飯店——那是主席一行休息的雅靜的所在。

沿路上，街中心清寂得人車都沒有，只有兩旁人行道上整然排列著歡迎群，各團體，各學校，男女老少，都手裡舉著兩國國旗，「萬歲！萬歲！」的歡迎這主席汽車的一行。在人群裡還可以看到：白髮的老婦，扶著拐杖，一手在搖著國旗。八、九歲的小學生，穿著制服，小手舉著小旗，鞠著躬，不住的喊著，「萬歲！」——這種歡迎的情景，不僅是在阪神是這樣的，恐怕，汪主席足跡所至的地方，其歡迎情形的熱烈都是如此的。

主席一行在甲子園飯店一息之後，當夜八時五十八分就再由神戶坐了「主席列車」東上了。訪日第一夜，就在列車裡過著。

第二天，六月十七日，午前八時四十五分，主席的列車就進了東京車站。在第五站臺，近衛首相以次，松岡外相，及川海相，東條陸相，河田藏相，柳川法相，金光厚相，秋田拓相，村田遞相，小倉國務相，井野農相等閣僚，杉山參謀總長，永野軍令部總長，山田教育總監，西尾・土肥原各大將，鈴木企劃院總裁，松平・小山貴眾兩院議長，石渡翼賀會事務總長，李滿洲國大使，以及東京府知事，東京市長，其他陸海將星，各省高官，興亞團體首腦者，中華關係民間有力者等約一百五十餘名，都禮裝地等候著歡迎汪主席。

在站頭，汪主席與近衛首相的握手，那是可紀念的一瞬。

出了車站，一行就直去了麻布區的中華民國大使館。

滯留東京期中，汪氏除為因中國革命而殉難的友邦志士慰靈碑執筆碑文外，並想乘這次訪日的機會，在公式的日程之餘暇，以私人的資格，來實現二件願望：

（一）對為中國發展始終援助的先覺者頭山滿翁，會見並致敬意，同時與翁接膝歡談，交換意見。

（二）參拜青年時代的恩師故梅謙次郎博士的墳墓。

十七日午後四時，汪主席為日本皇室之賓客，由白根首席接伴員以下各接伴員出迎至中華民國大使館。汪主席帶同周行政院副院長，徐外交部長，林宣傳部長等隨員，與接伴員一同，由大使館出發，入霞關離宮。當晚六時，即於離宮，舉行以汪主席為中心之隨員接伴員等之晚餐會。餐後，陳行政院參事廳長，周外次，羅中央醫院長，薛亞洲司長等隨員與水野接伴員以外的人員，均退出離宮。

十八日午前十一時卅三分，汪主席以及隨員一行，於儀仗衛兵之敬禮，軍樂隊中華民國國歌奏樂中，由離宮出發，參入宮城。天皇陛下，皇后陛下與汪主席御會見，御會食。午後一時廿分汪主席由宮中退出，午後一時卅分天皇陛下御差遣三笠宮殿下赴離宮答訪。午後四時汪主席出離宮，入中華民國大使館。

午後五時，汪氏以行政院長資格於中國大使誼與記者團最初之會見，發表聲明，為訪日之第一聲。對日本全國上下之熱誠歡迎，謹表謝意。

繼之，由林宣傳部長對記者團之質問，予以回答。闡明：「日本為太平洋裡築起的萬里長城，這次自己亦可以看到這保衛東亞東亞的長城是怎樣建築的。今後期待此長城發揮其威力，並希望中國國民以全力來協力保衛東亞。」

十九日汪氏一行參拜了明治神宮，靖國神社。午後，汪氏以行政院長資格訪問宮相，首相，外相，陸相，參謀總長，海相，軍令部長總長，藏相，樞密院議長。午後五時半於大使館受首，外，陸，海，藏，樞各相及參謀總長，軍令部總長之答禮。晚出席首相官邸之晚餐會。

廿日起，即與日政府當局以及其他各界懇談。

廿二日晚汪主席與近衛首相於東京廣播電臺向東亞放送，這是最可紀念的意義重大的放送。主席是抱著愛中國，愛日本，愛東亞的信念，將三愛融合起來建設東亞的。

廿五日一行離東京，西下赴大阪，與各界懇談後，即就歸國之途。歷史的訪日的使命，於此即完全終了。

（原刊於《華文大阪每日》一九四一年七月一日第7卷1期〈汪主席訪日特輯〉）

八年來的回憶

陳公博

我這篇回憶，是從二十七年離川寫起，是一篇自白，也可以說是汪先生和平運動的簡單實錄。本來在今日大統一時候，我對於保存國家和地方人民元氣的心事已盡，對於汪先生個人的心事已了，是非功罪，可以置而不述。但既然奉命要寫一篇簡述，那麼，對於汪先生的心境，我是不能不說的，不說明汪先生的心境，和平運動就無法說明它的起源。對於我的主張也不能不說的，不說明我的主張，這幾年來的經過，便無從說起。對於這幾年來我的工作和心情，也不能不說的，不說明便不知道這幾年來此間人們的苦悶和掙扎，類於矯飾，而不是坦白的自白。我也知道，我參加和平運動的經過，由反對而率之參加，重慶的同志們都很了然，就是不寫，大家都很明白，因此我決定不諉過，不矯飾，很簡單的寫這一篇回憶。不過，我對於汪先生的心事是算了了，然而至今還抱極大的缺憾的，就是我自民國二十年底回到南京以後，總想這次外有日本的侵略，內有共產黨的搗亂，國民黨總不至於再有破裂了罷。若要不破裂，只有從我做起，所以由民國二十一年起，以至汪先生離重慶止，而且一直至到現在，我對於黨始終沒有批評過，對於實際政治也沒有批評過，然而還有汪先生離開重慶的一件事，更有組織南京政府的一件事，這是我夢想不到，而引為絕大遺憾的，以下分段說明這幾年來的經過。

一　汪先生的心境

關於汪先生的和平理論，我不打算寫了，汪先生的和平理論這幾年來有出版的言論集，我要寫的是汪先生由民國二十一年以至民國二十四年，尤其是民國二十五年後的心境。明白了汪先生的心境，便可以知汪先生主張和平的動機。

汪先生在民國二十一年上海一二八之役是主張抵抗的，在民國二十二年長城古北口之役是主張抵抗的。在二十一年曾因張學良不願意抵抗而通電邀張學良共同下野，因此出國，在長城古北口之役，又匆匆自海外歸來，共赴國難，那時候汪先生總以為中國只有抵抗才有辦法，可是也因長城古北口之役最使汪先生所受的刺激太深。因為前方將領回來報告，都說官兵無法戰爭，官兵並非不願戰，實在不能戰，因為我們的火力比敵人的火力距離太遠了，我們官兵並看不見敵人，只是受到敵人炮火的威脅。汪先生聽了這些報告，以後便慢慢有主和的傾向。

汪先生那時不但主持行政院，還且兼了外交部長，我當時大不以為然，在南京的各同志也大不以為然。外間的批評都集中於汪先生一人，以為主和的只是汪先生，所以當日許多人都曾勸過汪先生說上海的淞滬協定是汪先生所知的，而塘沽協定是事後才知道的，汪先生也應該分辨一下。汪先生說：「我絕不分辨，誰叫我當行政院長，行政院長是要負一切責任的」。汪先生這一句話可以表明他當日的心境。同時他還對我說：「武官是有責任的，他們絕不說不能戰，文官是沒有打仗責任的，他們當然可以唱高調要戰。今日除我說老實話，還有誰人」。我告訴他，外間的批評很是惡劣，我希望汪先生事事慎重，汪先生很憤懣的答覆我：「我死且不懼，何畏乎罵」，我只得默然了。

到了民國二十三年，環境更是一天一天惡劣了，當日的國事，我知道是蔣先生和汪先生共同負責的，然而外間的觀察，顯然已劃分為兩個分野。我也知道汪先生不惜犧牲，願意替國家負責，願意替蔣先生負責，可是據我觀察，國事至是，危險非常，第一、中國要戰，應該舉國一致，中國要和，也應該舉國一致，如果把蔣先生和汪先生認為兩種主張，那麼國內不難明顯的分為和、戰兩派，在大難當前，而有黨內兩個不同的見解，可以促成黨的分裂。第二、國內搗亂的份子很多，惟恐國民黨團結，惟恐蔣汪真正合作。有此分野，更易予挑撥者以機會，國的分裂，黨的分裂，是我決不願再見的。那時國內的報紙，對於汪先生攻擊已漸漸明朗了，例如南京有一家報紙記載日本公使有吉回國，汪先生到車站，還哭了一場，報上還譏諷汪先生，登了兩首詩，那兩首詩的全文，我已忘記，只記得有兩句：「桃花潭水深千尺，不及汪倫送我情」。我那時真苦悶極了，我不是不愛國，同時我愛汪先生，極不願汪先生就這樣犧牲了，因此，我又勸汪先生辭職，等到和戰大計決定之後，再負責任，也不為晚。

我正在勸汪先生辭職的時候，倏然聽到一個消息，說汪先生的兒女也反對汪先生兼外交部長。有一晚汪先生夜膳，喝酒微醉，家人又反對他兼外交部，汪先生大哭，說：「現在聰明人誰肯當外交部部長」。我聽了之後，非常難過。同時想起上海一二八之役，陳友仁離職以後，汪先生對我說，蔣先生意思要我做外交部，我力辭不幹。當時我不幹有兩個理由，第一因為英美報紙久已宣傳我是一個極端左翼份子，那時外交正在緊迫，不能不靠英美幫忙，如果我幹外交部，恐怕和英美隔膜，於中國無利。第二，我的性格最不喜歡應酧，而外交官第一個要件就在應酧，這樣我幹外交部，於公於私都沒有好處。不過，我聽見汪先生這一句聰明人不肯幹外交部的話，立時想替汪先生分謗，顧不到英美的隔膜和我自己的性格了。第二天我遂見汪先生，提出我願意幹外交部的意思。汪先生說：「我現在幹外交部，就是人家不聽我的話，還得要考慮一下，如果你來幹外交部，恐怕人家連考慮也不會考慮」。我說：「這樣，請汪先生向蔣先生說，我自告奮勇去幹駐日公使怎樣」？汪先生說，你要替我分謗的心事，我是明白的，可是外交部和駐日公使是一樣的情形，我聽了之後，更無話可說。

至到民國二十三年下半年，我的確苦悶達於極點，除了一般人攻擊汪先生主和之外，還有些人見了汪先生面時主和，離開汪先生便主戰，還有些人力勸汪先生不要主和之外，還來見我，要我苦勸汪先生不要主和的。其實當時情勢混沌達於極點，戰固然說得太早，但和也無從說起，我勸汪先生以暫退為宜，末後我見汪先生堅持負責，我只好單獨向汪先生提出辭職。可是我每一次辭職，汪先生總不答覆，這樣一直拖至民國二十四年夏天。

民國二十四年夏天，大概是六七月罷，汪先生肝病復發，到上海進醫院了，後來依醫生的勸告，又到青島養病。在八月初旬我在南京接到汪先生一個電報，說：黃季寬剛由重慶見過蔣先生回到上海，攜有對日方案，定於八月五日由滬來青島，囑我同黃季寬一同到青島一談。我遂於八月五日在南京飛機等候黃季寬，當天飛至青島，下午同黃季寬一同見汪先生。汪先生那時病得很消瘦，看了那個方案以後，沒有說什麼話，回頭只對我說：「公博，你是不是還要不幹」？我說：「是的」。汪先生說：「這樣也好」。我聽說汪先生允許我不幹，如釋重負，和黃季寬一齊退出來，當夜便和青島市長沈鴻烈痛飲一頓。第二天早夜均和朋友喝酒，沒有去見汪先生，至到第三天中午還是喝酒，汪先生使人來找我了。

我酒還沒有大醒，去到海邊一個別墅見汪先生，這次我自有生以來和汪先生面紅耳熱說話的算是第一次。過去我雖然和汪先生討論，有時免不了辯論，然而那一次簡直可以算吵起來，事後回想，真不勝悲涼之至。汪先生一見我，便很嚴肅的問我：「公博，你說不幹，是真的不幹嗎」？我說：「我不願幹，自去年已具決心，那還有假的」。汪先生說：「我病還沒有好，或許今天的說話是病態的說話，我不獨我要幹下去，我勸你也要幹下去」。我那時真是醉還未醒，我說：「汪先生能否容許我說幾句」？汪先生說：「當然可以」。我說：「汪先生你說是病態的說話，我今日是醉態的說話。現在許多人都罵汪先生是秦檜，我今天就承認秦檜是好人罷，但秦檜是犧牲了，然而終無補於南宋之亡。一般人都說汪先生賣國，但賣國還是有代價，像今日的情勢，一日蹙國百里，談不上賣國，簡直是送國罷了。我想送國不必你汪精衛送罷」！汪先生奮然說：「公博，你的話是為汪精衛說的，不是為中華民國說的，人家送國是沒有限度的，我汪精術送國是有限度的。公博，我已經五十多歲了，你也快要到五十歲了。中國要復興，起碼要二十年，不要說我汪精術看不見，連你陳公博也看不見。目前能夠替國家保存一分元氣以為將來復興地步，多一分是一分，這是我和你的責任。因此不獨我要幹，我勸你也要幹」。汪先生這番話，使得我無話可說。我只好說：「汪先生既然要跳水，難道我好站在旁邊袖手嗎」。我是在八月十日回到南京，同時我知道，蔣先生將於二十左右回京，可是在十八日我接到汪先生一個電報，說他決定辭職，我禁不得一喜一疑，喜的是汪先生肯辭，疑的是汪先生在青島時那樣堅決要幹，不到十天又決定辭職。可是我的心情，只求汪先生願意不幹，其中變化的理由，我也不再去問了。

那年十二月汪先生被刺於中央黨部受傷了，更因受傷而出國療治了。我對於汪先生受傷是極痛憤的，對於汪先生出國是極高興的。汪先生出國一直至到西安事變後才匆匆歸國，自西安事變發生後，汪先生更是傾向和平，以為中國對日應該尋出一條和平之路，如果中日兩國戰爭，結果在國際恐怕只便宜了蘇俄，在國內只替共產黨做機會。總括汪先生的心境，他的主和，遠因是受了長城古北口之役的影響，近因是受了西安事變的刺激，或者他人的觀察和我不同，而我個人的觀察還是相信比較正確的。關於汪先生的心境，我寫得似乎太長了，但不詳寫汪先生的心境，便無從說明汪先生主和的癥結。至於後來因主和而離開重慶，那是我始料所不及，並且我前後反對了二十餘小時，還不能阻汪先生的離渝，那更是始料所不及了。

二　和平運動前後和我的主張

如果有人問我，汪先生的和平運動從什麼時候開始的，我實在沒有方法答覆，因為我至今還不知始於何時。在汪先生通知我的時候，我只知盡我的力量反對，無暇探問始於何時。到後來事機已成熟，我仍是反對，也懶得去探問始於何時，大概是二十七年十一月初罷，時間我已記憶不清，我正在成都籌劃如何訓練黨員，和公開在四川省黨部召集在成都的中學生分期演講「三民主義與科學」，我接到汪先生的電報，說參政會開會在即，囑我早一兩天到重慶，本來我在黨裡是被指定為參政會內國民黨黨團的指導員，因此我即起程赴重慶，到達重慶，我還記得是早上去見汪先生的，當時汪先生通知我，對日和平已有端緒，我真像丈二和尚摸不著頭腦，我一句話也不能說，只聽汪先生自己講述。我心想真是太奇怪了，這樣大的事情，為什麼汪先生事前一點也不關照我，當時在座的人，我一時也記憶不清，彷彿除了汪夫人之外，有周佛海、陶希聖、梅思平幾位。我等他們走後，我聽見汪先生所說，又彷彿蔣先生是不知道的，又彷彿說待時機成熟，汪先生還要離開重慶的。我聽了之後，大不謂然，因為那是太反乎我的主張，我當然對汪先生陳述幾個理由，第一是自從國民政府於十四年七月一日在廣州成立，以至北伐成功，中間經過好幾次黨的分裂，好容易在民國二十年底寧粵合作，黨復統一，方今國家多難，不容再破。第二是對外問題，首在全國一致，戰固然要一致，和也要一致。固然在戰爭時候，和戰見解，國內或有不同，但儘管別黨別派不同，而在國民黨內萬不可有兩種主張，否則易為別黨所乘，黨一失敗，國亦不救。第三，日本情形，我絕不熟悉，但由過去幾年交涉而論，日本絕無誠意。日本對中國的要求什麼是他們的限度，我們是沒有方法知道的。對於一個國家，我們不知道他的對我要求至何限度，而率然言和，是絕對一件危險的事。其他還有許多理由，我現在也記憶不清，要而言之，我固然反對汪先生言和，更反對汪先生離開重慶。這樣辯論到十一時，汪夫人說，你們辯論時間太久了，食過中飯再談罷。我離開汪公館。便一逕到中南銀行找佛海，並順便找陶希聖，佛海對我說：「你一定嚇一跳罷」？我說：「怎麼不是呢，這樣大的事情，為什麼到今天汪先生才通知我」。佛海說：「我也對汪先生說過，應該通知公博，可是汪夫人說，公博近來太懶，等到成功再通知他，若果我們都走，他是不能單獨再留的」。佛海的說話這樣，陶希聖也是一樣。我聽見這句話，默然無話可說，只得長嘆一聲，心想，那裡怕懶，只怕我反對罷了。下午食了午飯，我再見汪先生，力陳不能和、不能走的理由，這樣又辯論到黃昏，我才回旅館。以後我每次見汪先生都不贊成這個主張，後來汪先生說，這事雖有頭緒，尚無結果，等到將來發展再談罷。

說到此地，我可以說說自民國二十年底至到離開重慶，甚至乎至到今日我的主張了。我的主張說起來很是簡單，就是個人無論如何犧牲，最要緊黨萬不可以再破裂。我還記得在擴大會議失敗之後，我個人到歐洲住了半年，在二十年廣州有非常會議召集，我即沒有過問。到了九月我想這樣住下去也是不了，倒不如回國試試進行一種黨的團結。歸途剛抵錫蘭的哥侖堡，即聞有瀋陽九一八之變，我還記得當夜在船上做了一首詩：「海上淒清百感生，頻年擾攘未休兵，獨留肝膽對明月，老去方知厭黨爭」。自是決心進行黨的團結，衷心總以為黨有辦法，國事才有辦法，否則黨一失敗，國亦隨之而亡，縱倖不亡，亦必衰敗。

但要黨團結，先從那裡著手呢？我以為先須從本身著手，因此，我自二十年底回到南京以後，對於實際的政治從來不批評，對於黨也從來不表示意見。老實說，我並不是沒有批評和意見，但是再想多一種意見，便多一種糾紛，而且更自己反省，我的意見是不是絕對好的，就是好是不是能行的。倘不是絕對的好，那更不必說，倘好不能行也不必說。我為謀黨的統一和團結，先不必期之別人，還是先求之自己，我心中所祈求的，黨萬不容再分裂，蔣先生和汪先生千萬須合作到底，這是我在二十年底回南京後以至今日的一貫主張。

而且當日國家實在也太危險了，中日問題時刻都有立刻戰爭可能，軍需工業，中國還談不到，而且也不可一促而幾。但中國每年缺乏食米一千六百萬担怎麼辦？每年缺乏麵粉二千萬担怎麼辦？民國二十一年中國棉花產量祇得七百萬担怎麼辦？中國一有戰事，衣食均缺，真可不戰而屈。這都是我的實業部職權範圍，我應該埋頭於解決這些問題。黨的問題，我為團結，我且讓其他同志幹去。

我對黨務求團結，不但我在實業部四年如此，就是我離開實業部也是如此。我還記得我離開實業部後，張岳軍先生曾奉蔣先生之命徵求我做意大利大使的同意，我堅辭不就，固然我的母親太老，我不願意離開她，同時我深怕離國太遠，而汪先生又離國治療，易為造謠者製造謠言的機會，黨內的謠言一生，結果有時非意料所及。我離實業部以至八一三事變，始終未離南京一步，這是我為力求黨內團結的苦衷，當時或者沒有人會了解的。

在民國二十七年我們退到漢口時候，黨的統一呼聲又起，我記得有一次陳立夫和陳辭修兩先生來德明飯店看我，陳辭修先生說，過去黨的糾紛，我們三個人都應該負責任。我笑說，在民國二十一年以前，可以說我應該負完全責任，在二十一年以後，我絕不負任何責任。立夫先生也說，這幾年來公博先生實在沒有責任。黨的統一是我極端贊同，不必等到二十七年，我在二十一年已經開始以靜默的態度而等時機的來臨了。其實在我歷年的回憶，在每次糾紛當中，我都不是居於發動地位，而結果每一次都變成首要。例如十六年寧漢分立，我在南昌主張國府和總司令部遷漢，當時我知道共黨並沒有多大力量，總想以國府與總部同時遷漢，可以鎮壓下去，但後來畢竟引起寧漢的分立。在十八年自《革命評論》停版以後，到了歐洲，本想作久居之計，後來汪先生和汪夫人日夕促我回國，遂有張桂軍之役和擴大會議。至今回想，自己也覺有些不可思議。我敘述這些經過，我並非諉過，並非卸責，因敘述之便，不覺引起這麼的感想。

至二十七年的十一月底罷，時間我已記憶不清了，我又接汪先生從重慶來一個電報，叫我立刻至重慶。我到重慶時，汪先生告訴我，中日和平已經成熟，近衛已表示了幾個原則，一、承認滿洲國，二、內蒙共同防共，三、華北經濟合作，四、取消租界及領事裁判權，五、相互不賠款。中國如答應，則日本於兩年內撤兵。我對於第四第五兩原則沒有意見外，其餘第一第二第三等原則都不贊同，尤其是不贊成的是汪先生離開重慶，我的大原則是「黨不可分，國必統一」，黨的分裂痛苦我已受夠了，我們要救國才組織黨，今黨不斷分裂，救國更從何談起。汪先生說，中國的國力已不能再戰了，非設法和平不可了，我在重慶主和，人家必誤會以為是政府的主張，這是於政府不利的，我若離開重慶，則是我個人的主張，如交涉有好的條件，然後政府才接受。而且，假使敵人再攻重慶，我們便要亡國，我們難道袖手以待亡國嗎？現在我們已無路再退，再退只有退西北，我們結果必為共產黨的俘虜。當時我已辯無可辯，我說，我在二十六年底奉蔣先生之命至歐洲，當時原可以不必急急歸國，當日很多人在歐美多藉口辦理外交或採購物資，逍遙海外，以待世變，我不忍各同志在國內掙扎苦鬥，故願同甘共苦，匆匆求歸。我的志願如此，我寧願真到了這個時期，一同犧牲算了。汪先生說，我們革命黨死何足懼，雖道眼看幾千萬的老百姓也跟著我們同死嗎？汪夫人這時說，好了，我們一定走的，你不走時，一個人留在此地好了。我們辯論，到了此時，已經無法可辯。我已無法阻汪先生離渝，至於以後怎樣，我不得不再考慮。

汪先生是決定於十二月二十左右離渝了，我回成都以後，苦悶達於極度，第一想到我不隨汪先生走，不難人家看作我個人留在內地作汪先生內應的工作，就是不這樣看法，我也不忍眼看各人在我面前大罵汪先生。第二想到我若跟汪先生走罷，數年來我苦心孤詣，隱忍自重以求黨的統一的苦衷都盡付流水。第三，我更想到倘然是和平成功，東北是丟了，內蒙共同防共也等於丟了，所謂華北經濟合作也等於共有，於中國前途絕無好處。自回成都以後，每夜都不能合眼，我只有最後一個希望，即希望離川以後，以個人的努力，阻止汪先生組織政府，更希望黨對汪先生的制裁能夠緩和，減少汪先生的衝動，這樣我可以從容努力。如果汪先生能夠中途中止他的行動，這是我旦夕所祈求的。時日已記不清楚，大概在十二月十三四左右，汪先生派一個副官來成都通知我，叫我務於十八日到昆明，我因為天氣關係，延至二十日始由成都飛雲南，但汪先生已先一日赴河內，我又只好赴河內。到了河內，我寫了一封信呈蔣先生，託張岳軍和朱騮先兩先生轉呈，中間略述我的主張，並盼黨能對汪先生寬大，使我得盡最後的努力。

在河內住了幾天，近衛聲明已發出，汪先生起草一個答覆，交周佛海、陶希聖和我三個人帶香港發表，是即所謂艷電。我臨行之時，力勸汪先生不要離河內，並且不要和日本人來往，以示無他。我回到香港以後，心想我的心願已了，只求汪先生不要再有行動，或者可以得重慶各同志的諒解。

中央黨部終於二十八年一月一日對汪先生下了處分，末後更有曾仲鳴之死，我想我勸汪先生不要離開河內的主張怕又會中變了，我那時悲觀達於極度，想請汪先生不要離開河內恐怕不能實現了。我那時真是感覺人微言輕，以我和汪先生二十年的關係不能阻其離渝，以六年來苦心孤詣以求黨的團結統一而敗於一旦，我尚有何話可說，恰值我的母親病重，我遂閉門不出，更不表示意見。不久聽見汪先生赴滬了，而且更聽見汪先生要到日本了，我忍不住，打一個電報給汪先生，那個電文我已不存，我只記得大意，說以先生的地位萬不宜赴日，並且最後一句話說得很嚴重的，先生如此，何以面國人。汪先生覆我一電，說弟為國家人民而赴日，有何不可以面國人，而且在此國家敗亡之時，更不計及個人地位。我接到這個電報，又只有長嘆而已。

大概是二十八年夏末罷，汪先生到了廣州，叫我到廣州一行，並且派人對我說，他和日本已定有一種君子協定，他不求我贊成，只希望一見以便討論。我到廣州住了兩三天，汪先生出示中日的君子協定，現在內容我也記不清，大致和近衛聲明及後來的中日基本條約差不多，我終認為不滿，非中國所能接受。

不久，上海又召集幹部會議，邀我和何炳賢出席，我決定不去，只是何炳賢赴滬，我囑咐他最要是阻止汪先生組織政府，其餘善後問題，我再設法挽救。其後何炳賢的確極力反對組織政府，並且和當日出席的人起了非常激烈的辨論。我當日一種癡想，以為我什麼都不參加，或者汪先生不致於組織政府，那裡知道以我個人之力，阻不了汪先生的決心，更不能排除當日的群議呢！

到了十二月，汪先生又要我到上海一行，說中日基本條約的草約已開始討論。如果我不到上海，以後就是反對也來不及。我想這或者是一個關鍵罷，如果我逐一反對，那麼組織政府可以延擱，以後就要和平也可以等到全國一致才舉行，因此我又到上海住了半個月。那裡知道我到上海時候，所謂基本條約已討論了一半，因此我知道汪先生是不必等我來才討論了。我住上海半個月，只是和須賀辯論些海軍問題，這都是無關宏旨的虛話，我再無心逗留，終於十二月底又回到香港。在將離開上海的幾天，一夜汪先生請我們食飯，我碰見影佐禎昭，我說：那裡是基本條約，簡直日本要控制中國罷了。影佐答覆我說，在目前不能說日本沒有這個意思。飯我把影佐的話報告汪先生，並希望汪先生慎重，汪先生奮然說，我們偏不使日本控制中國。

三 南京政府的組織和我決定的原則

我是在二十八年十二月二十回到香港的，當日我在上海時候，已聽見有組織政府的消息，可是汪先生始終沒有和我談起，只是從旁聽說某人預備做什麼部，某人預備做什麼部而已。我反正不願與聞，就不願與聞到底，我心想趕快離開上海再說，同時我希望重慶急急想出一個辦法，我不是說因為汪先生要組織政府，重慶不能不及早謀和，而是重慶最好有一種表示，使上海一班人們不至急於出以積極行動。可是我回香港以後，我沒有辦法通知重慶，在香港誰人可以代表重慶，我是不知道的，我在二十七年到歐洲時候，曾攜張岳軍先生一本《群密》，在八月時已知道不適用了。正在焦急之中，在二十九年一月的初三或初五罷，陶希聖和高宗武兩位早上忽然來訪我了，我吃了一驚，問他們為什麼來香港？他們說我上船之後，他們也隔一兩日便走了。他們兩人當時並沒有說什麼，只說他們走後，汪先生便更要找我了。我當時實在驚詫不已，找不出什麼話可談，等到第二天再找他們時，一個也找不著，我那時實在不知高陶兩位的意見，在滬時候他們對於佛海不滿意，說了佛海許多閑話我是知道的，至於對基本條約不滿意，我始終沒有機會聽到，直至後來他們公開發布基本條約初稿，我才恍然大悟。我對基本條約不滿和反對組織政府，他們是很明白的，但為什麼不對我說呢？不贊成汪先生組織政府，也為什麼不早對我說呢？

汪先生畢竟赴青島舉行會談了，在事前我毫無所聞，不過至今回想，就是事前有所聞，也是毫無用處。那時似乎箭已離位，扣弓無益。我心想汪先生實在太危險了，在一般和運的份子，我所稍為稔熟的只有周佛海和陶希聖兩人，佛海是我在民國十年認識，其後以職務的不同，不止談話很少，就是見面也很少。至於希聖是比較稔熟的，現在已和高宗武脫離，在上海在汪先生左右的，我實在找不出一個熟人，汪先生脾氣易於衝動，我是知道的，如果逕情直行，對於汪先生的前途，對於中國的前途，我真抱莫大的憂慮。

我光是在家憂慮，如是又延至三月初旬，汪夫人又來邀我到上海，我問汪夫人是不是要組織政府，汪夫人說你對於這點贊成和反對，請你到上海對汪先生說。我還記得在我臨行之前夕，曾和錢新之和杜月笙兩先生見一次面，他們問我是否到上海，我率直答覆是的。他們拜託我最好勸汪先生不要組織政府，我說當然要勸汪先生，同時我表示我實在對高陶兩位不滿，倘然他們早些對我明白表示，或者合三人之力，可以阻止汪先生。末後我仍希望他們兩位轉達蔣先生有無更好的辦法，使我得以從中盡我最後的努力。

我是在三月十三日到上海的，我到上海時候，還都南京一切都準備好了，我簡直無法開口，我知道再勸也是沒有用的，不過勸雖無用，也不能不勸，汪先生說政府再不組織，只有宣布和平運動失敗，人也會散了。我知道事已至此，挽救是無法了，今後只有從事補救的一法，當時我向汪先生提出兩點，第一點，戰由蔣先生戰，和亦當由蔣先生和，南京地位只好處在一個中間交涉的地位。換一句話說，南京極力向日本交涉，得到最優的條件，通知重慶，務必全國一致，然後乃和。第二點，南京對於日本在中國作戰，應當極力阻止，尤其萬勿命令所轄的軍隊參加作戰，以免由外患而轉變成為內戰的方式。這兩點意見，汪先生極為贊成，並且說我這些意見就是他的意見。

汪先生允許我的提議，並且要我幹行政院，我堅辭不幹，轉而就立法院，我當時極願以閑散之身，使得心胸稍稍寧靜，徐謀補救，使國家和黨復歸於統一，至於我本身又該怎麼呢，我自己也決定我應當作的幾件事：

第一是反對中日基本條約　在基本條約簽定以前和簽定以後，我都一直反對，二十九年底算是正式簽定了，在正式討論時候，汪先生叫我參加討論，我堅辭不肯，因為我知道要修改只是文字上的事，如果我參加討論，那麼簽定以後，我再不好反對。我要保留反對的地位，所以不肯參加。在簽定後，阿部信行大將其時是駐南京的大使，他問我基本條約會不會發生影響？我說，絕對不會發生影響，因為，第一所謂基本條約，顧名思義，應該謀中日兩國友好的百年大計，照這個條約內容，連停戰協定都夠不上，更談不上基本。第二，照近衛聲明，口口聲聲說「東亞新秩序」，而基本條約內容無一條不是舊秩序，而且是舊秩序中最壞的惡例。不過這個條約固然發生不了好影響，也不會再發生惡影響，阿部問這是何解？我說，一般現象已經惡了，大家都已對日本不諒解，這個條約不過是對日本不諒解中一個證明而已。其後無論本多、重光來任大使，我都這樣反對，三十一年和東條英機見面，也是一樣反對，並且對任何中日人士，我都這樣解釋和宣傳，直至三十二年底，才把所謂基本條約廢止。

第二是反對華北特殊化　在基本條約中在華北中日經濟合作，只是那麼一句話，但事實上何止合作，簡直是獨立，在二十九年三月底，我得到美聯社一個消息，說北平興亞院的森岡很怕南京政府還都，影響到北方，曾秘密電東京，主張華北應當採取永久半獨立的狀態，我在二十九年五月以答禮的名義赴東京，首先對米內內閣總理和有田內務大臣提出質問，而且更對近衛文麿質問。米內和有田極力否認，而近衛則因已下野，說是否有此事，他以不在其位，毫不知情。然而事實上，華北何只獨立，簡直是一個國家，舉凡政治、軍事、經濟、金融、交通，無一而非獨立。尤其特殊之特殊，南京和北平的文書交涉，和一切接洽，都要經日本的手。我在三十一年又寫了一篇文章登在日本雜誌，題目是〈告日本國民〉，當中一段攻擊華北特殊化，並說我們絕無南北之見，要中國南北分立的不是中國，只是日本罷了。因為那時日本宣傳說中國的南北見解不同，似乎華北的特殊化是中國北方的要求，而不是日本故意使其分立，所以我有這麼一篇公開的言論。華北獨立，一直至基本條約廢止之後，及日本採取所謂對華新政策，才慢慢有統一的傾向，然而也是傾向為止，因為日本軍人把持於上，商人把持於下，至日本投降時候，還保持一種特殊的狀態。

第三是提倡民族主義　南京政府還都之後，三民主義重復在淪陷區內公開宣傳，我尤其極力提倡民族主義，我深怕人民習慣於日本統治。更怕軍人習慣於日本支配，使得中國永遠不能翻身，我對汪先生提議重復設立政治訓練部，我的用意，因為在南京政府還都時候，一個兵都沒有，所有的僅有任援道的綏靖軍，和日本利用完了的謀略部隊。這些部隊在二十六年底即歸日本軍隊支配，至到二十九年初已有兩年多。日本所謂謀略部隊，只求他們不對日本放槍，其他事情日本是不問的。因此思想龐雜，紀律廢弛，我深怕他們貽害人民，尤其怕他們傾向日本，則國家將貽無窮之患。因此我把各部隊的軍官抽調來京訓練，灌輸他們以民族思想，提倡不可靠人，更鼓勵他們以國家自由獨立的精神，勿為外人利用。我就用在成都時對中學生講演的「三民主義與科學」作藍本，另外寫一本《政治工作須知》，最注重「負責任，求知識，守尊嚴」，我所謂守尊嚴，固然一個軍人、一個國民不能驕傲，同時更不能卑屈。我當時實在看不慣有些人對日本那樣卑屈的態度，我不獨引為國民之恥，更恐怕由此墮落而使民心不能自拔。

第四是提倡廉潔政治 我最引為恥辱的是在民國二十三四年，聽到日本批評中國，說中國無一公忠體國之人，同時我更反省到，中國之受外侮，常因政治不修而起。我感悟到《四書》有句話：「人必自侮而後人侮之，家必自毀而後人毀之，國必自伐而後人伐之」，因此我想，我不來則已，既來應當示日本人中國並不是沒有公忠體國之人。以此首倡廉潔政治，而為各人表率。而且我更標出四句格言：「復興中國，從做人起，建樹人格，從立志起」。我以為不會做人，也無從救國，國家雖然喪敗，如果人人能夠立志做人，不以和平為發財的門徑，或者中國還有出頭的一天。不過，我承認失敗了，我雖然這樣標榜，而且在上海實際幹了四年，對僚屬發生不了很大的影響，貪污還是層見疊出。社會也發生不了影響，奢侈淫靡還是茫無止境。人們都如飲狂藥，似世界末日將至，能夠享樂一天算是一天，什麼是中國危險，他們似乎不在乎，怎樣才可以使中國復興，他們更以為不干他們的事，這真是使我非常之痛心的。

南京政府五年半中，可以說無日不與日本鬥爭，除了和日本力爭和平條件之外，在政治上爭行政的自由和統一，在軍事上爭軍事上的獨立和脫離日本的束縛，在經濟上爭取物資的保存和國家人民的元氣的保存。至於具體事實，我因為沒有檔案在手邊，而且太長而瑣碎，只好問各部門的負責者了。我還記得去年有人對我說，和平運動是失敗了，我說，南京這幾年中對日本就沒有和平過，無日不在那裡鬥爭，和日本的總軍部鬥爭，和日本大使館鬥爭，更和東京政府鬥爭，既然沒有和平過，那麼更談不上失敗不失敗，至於全面和平更淡不上，這都是五年半的事實。

四　敵性的南京和危險的南京

我所謂敵性的南京，是日本人眼中的南京，我所謂危險的南京，是我眼中的南京，現在我分兩段略述如下：

（甲）敵性的南京　日本人對於汪先生是相當尊敬的，同時也認為南京是含有敵性的，因為汪先生有汪先生的理想，而日本人有日本人的見解。汪先生的理想，以為我以誠待人，人總是有良心的，也會感格的，近衛既然聲明日本並無滅亡中國之心，那麼日本在華軍民也是一樣的。因此日本應當讓南京統一南北，使南京得到行政上的自由。使南京得以建樹強有力的軍隊以保持和平區的治安。使南京支配一切經濟以保持國家人民的元氣。使南京可以自由處置貪官污吏。使人民可以安居樂業，數年以來的戰爭痛苦可以稍得蘇息。使南京自己可以保護人民，排除日本憲兵的非法逮捕以保護人民的生命。而日本的見解那就大不同了，許多軍隊和官吏曾受日本支持的，他們不得不繼續支持，至於貪污與否是與日本無關，有時或者因為貪污，他們才更易利用，至於南北對立更是他們奪取物資的機會。軍隊不必強有力，只須能夠做到日本軍的步哨為已足，南京政府軍隊有了力量，總有一天聯合重慶反攻日軍。日軍是以戰養戰，物資在所必需，倘然由南京支配，南京一定不肯盡量供給日本的需要。南京是和重慶休戚相關的，重慶份子南京必然掩護就足以妨害日軍的安全。凡此種種都是汪先生的理想和日本的見解完全對立。日本在二十九年乃至三十年還企圖南京能夠進行全面和平，及後慢慢承認南京為含有敵性的政府，幾年以來，除對汪先生表示尊重之外，發出一種批評，說重慶是武裝抗戰，南京是和平抗戰。因為視南京為敵性政府，對於政治以前採一種半干涉的態度不復再打算解除。對於軍隊的調動，故意拖延，使南京無集中軍力的機會。對於經濟，以辦理統制應由民間辦理為名，要求南京在上海成立各種統制委員會，而實際上由日人把持處置。

除各種束縛以外，更發出南京毫無力量的宣傳，由這種宣傳，對於各地政府以及物資處置更採一種脫離運動。照我的觀察，假使日本的軍事不失敗那樣快，南京政府的存在是很成一個問題，倘若美軍登陸，南京的部隊無疑的先給日軍繳械。

（乙）危險的南京　在去年即三十三年三四月間，是南京最危險的時期，也是中國全局危險的時期，因為東條內閣末期，東京已有和共產黨妥協的動議，我們且接有日本參謀本部有派人赴延安商議的情報。在中國方面，有許多當地的日本軍已實際和共產軍默契，例如蘇北清鄉計劃，日軍事前先期通知新四軍和八路軍，日軍和新四軍實行交換物資了。新四軍首領陳毅負傷，由日本憲兵護送至上海療治，共產黨的代表在上海公然活動，且公然住在滄洲飯店。大使館的書記官池田以托羅斯基派名義掩護出而為共產黨宣傳。谷正之大使公然對我說共產黨並不壞，其政治且較重慶和南京為進步。汪先生是於三月二日赴日本治病，把軍事委我負責，把行政院委佛海負責，我既然負軍事上的責任，我不得不替中國的前途打算，不得不替地方治安打算，尤其是不得不為中國統一後打算，因此我決心如果日本一定和共產黨妥協，只有和日本破裂。同時我得到一個情報，說共產黨決定以蘇北的阜寧為第二根據地，這樣，東南經日軍破壞之後，更要經共產黨一次蹂躪，我實在對不起國家，並且不能履行離重慶後呈蔣先生信內國必統一黨不可分的諾言，因此我一面決定一種軍事計劃。並一面召集各將領在南京會議。

日本的態度曖昧如此，而南京的軍事情形怎樣呢？除了任援道的第一方面軍分佈於蘇浙皖各不相聯外，蘇北的李長江舊部和原有的部隊，自經項致莊改編以後成立兩軍，這些部隊以分防的關係沒有方法訓練和教育，而且械彈缺乏，配備不完，我打開地圖一看，我們沒有一個隊伍不給共產黨包圍，而警衛一、二、三、三個師，除了第一師劉啟雄留守南京以外，日本總以分防為詞，不讓我們集中。至於三個師的內容，配備比其他各師較優，一、三兩師的軍官多數是軍校學生，雖然反共的意識堅強，但是待遇方面因為不是地方部隊，無特別的津貼，也較各師為薄，以是逃兵很多，兵額不足。我經過很長的時間考慮，暫時北以隴海路為限，南以錢塘江為限，先作一個防共區域的準備。因此同時將蘇北、江蘇、浙江三省長官更迭，將江蘇交任援道，將蘇北交孫良誠，將浙江交項致莊，企圖將這個地帶保持住，使東南得到一個安全地域，一旦有事，不致淪於共方之手。

當日我召集各將領會議，我曾聲明，為中國的前途，為未來的統一，我不能不作這個打算。重慶贊成聯合剿共，我們也剿共，重慶不贊成聯合剿共，我們也剿共。日本不和共產黨妥協，我們也剿共，就是日本和共產黨妥協，我們也剿共，我是不惜因為剿共問題和日本反臉的。當時我曾提出（一）由河南調孫良誠的部隊到蘇北，增厚蘇北的兵力。（二）將蘇北三個師調浙江，因浙江除第一方面軍程萬軍一師，沒有其他隊伍。（三）集中第一方面軍防守京滬線。（四）以上海交稅警團和保安隊。（五）將警衛三個師集中於南京，清剿茅山共區，打破共黨三山一湖的計劃，並防止共黨渡江之路。我這計劃是在三十三年四月提出，而孫良誠的部隊於十二月才完全到達蘇北。因為孫良誠的部隊是駐在河南，而調動河南隊伍必需和華北軍部商量，東一拖延，西一阻撓，竟費八個月的光陰，才能完成一部分計劃。中間尤幸東條內閣倒台，日本和共產黨妥協的計劃又告停頓，否則今日之南京及東南三角地帶成何狀況，我是無從去懸想的。可是因為日本的種種的障礙，共產軍已得自由來往渡江，浙江各地的共產軍曾一時非常猖獗，攻陷天目，威脅於潛、玉山，莫不由此，如果當日沒有日軍那樣障礙，或者可以早遏亂萌，也未可料的。

至於吳化文部隊由山東調駐安徽還是今年的事，其初我想將吳化文調隴海，而將張嵐峯調安徽，末後也因日本障礙，沒有實行。除了軍隊佈置以外，最缺乏是子彈問題，日本是從來限制我們部隊的子彈的，南京修械所是沒有辦法了，無烟藥是買不到了，我只好囑咐各軍自行設法購買和製造，最好是不要讓日軍知道，以免又發生掣肘的事情。其次更密囑咐各軍於和中央部隊聯合剿共時，設法密送械彈過來，使得增厚剿共的戰鬥力。其餘我專候中央部隊的反應，使東南各地於日本退兵時，不致淪入共方之手，致對統一又發生多一重障礙。

以上所述的軍事佈置，都是事實，我今日不是以為還有功可言，更不是以共產黨問題為投機的題目，政府可以詢問各軍，都可以知道我的佈置和主張。

五　汪先生逝世以至日本投降

汪先生終於三十三年十一月十日不治逝世了，我一方面非常悲慟，一方面更想我對於汪先生的心事已了，但怎樣可以結束這個局面以使中國復歸於統一呢？南京政府不是我一個人主張就可以解散的，立刻解散，一定受到日本的脅害，同時也沒有別的機關可以維持治安，如果東南一亂，我仍舊對不起國家，仍舊不能達到中國順利統一的理想，因此我不肯就主席職務，只以代理名義維持，等待國家的統一。同時於十一月二十日發布聲明，宣言「南京國民政府自還都以來，自始即無與重慶為敵之心」，更強調聲明「黨不可分，國必統一」。我這個聲明是表示我數年來的思想，並且回溯我離四川後呈蔣先生那封信。當時南京仍在日軍扶持之下，我不憚率直的表明南京無與重慶為敵之心。而南京政府算是各黨各派無黨無派合作的，我也不憚明白表示黨不可分的理論。我並不是今日要敘述我的勇氣和決心，只是八年以來的一貫主張，到了我可以發言的時機，應該披肝瀝膽與人以共見。

布置是差不多了，主張也表示過了，所苦的我不能和蔣先生通消息，原本我有兩個電台，一個是我自己設立的，在上海開納路的七十四號，那電台設於三十一年下半年，是供給蔣先生侍從室劉百川用的，那呼號是GWAZ，XZW，LXV，我從來沒有直接消息報告蔣先生，因為總感到關於日本的普通情報自然有人報告，關於日本謀和事件，總以這些條件我自己都不滿意，那能告訴蔣先生。至於關於個人問題，只有等候蔣先生命令，我無自己表示的必要。其次一個電台是戴雨農先生底下的陳東平的，那個電台一次為上海日本憲兵破獲，把人全捕去了，我出面保釋，並要求交回電台，叫陳東平繼續設立，那電台的呼號是QSF，AVL，ZQB，JYO，GDT，JQH，UGQ，後來陳東平因為恐憲兵監視，或作或輟，多數電報都送往浦東。自我就任代理主席，劉百川早回內地，第一個電台經日本憲兵干涉了幾次，終於把電台封閉了。剩下陳東平的電台，據說沒有和蔣先生通信的密碼，那時我簡直沒有辦法，只得企圖蔣先生有人到京滬，可以使我表示我的心境，和在此地的布置。

我還記得，我見過幾個人，一位是何世楨先生，一位是顧寶安先生，一位是兩路黨部負責人（姓名我已忘記，可以問傅式說），一位是胡鄂公先生，一位是趙冰谷先生，我都託他們把我的心情和布置轉達蔣先生，我告訴他們，我對於汪先生心事已了，責任已完，現在此間，正候蔣先生指示辦法。至於防共，我已盡我的力量，大致東南不致有什麼問題。將來無論如何，我絕不會割據，我絕對服從蔣先生，我極盼望黨能團結而國復歸於統一。何世楨先生是駐上海的，其餘各人或者要回去內地，或者自己要去內地的，並且我鄭重告訴顧寶安先生，請他轉告立夫先生，或可能時呈明蔣先生，派一位相當重要人來滬，這樣可以直接聯絡，直接通電，可是至到我離京之時，我依舊沒有方法和蔣先生通消息。

不過在軍事方面已和顧墨三和何柱國兩位取得聯絡，大概今年五六月間，有一位姓楊的湘人（名字我也忘記，可以問趙尊嶽）奉陶廣軍長之命來見我，商量軍事合作，共同剿共，我和佛海商量之後，派陸軍部督練處處長張帆和陶先生的代表到浙江，張海帆不但見了陶軍長，並且見過顧墨三先生，顧先生還派高級參謀柏良來滬商議具體的問題，我立刻叫參謀次長祝晴川至滬，和柏先生商訂軍事共同行動幾個綱領，後來我回京之後，聽說柏先生又因道路不通，逗留杭州，到日本投降時候，他已回達浙江沒有，我不知道。除共同剿共問題，我曾和柏良談起日本問題，我主張不必在日本本土登陸，日本即會屈伏，在台灣登陸犧牲較少，而成功則一。柏先生主張我派一代表往見蔣先生，可是我實在沒有一個熟人可派，只請柏先生轉告顧先生，請他代達我的意見。

何柱國的代表吳樹滋也來南京見我了，並攜有何先生一封信，說奉蔣先生之命來聯絡共同剿共的，那位吳先生是林柏生介紹的，我囑軍令部次長楊振和吳先生接洽，何先生並要求我派蚌埠綏靖公署參謀長郭爾珍和他接洽，可是郭爾珍患病未行，後來我到蚌埠，還催郭爾珍前往，並親手寫了一封信給何先生。我叫楊振在南京設立一個電台和何杜國先生通電，並曾囑張嵐峯和何杜國先生見一面，商談軍事問題。

軍事合作正在進行，日本投降了，以往的事，不過因敘述之便，簡單說一個大略，以下還簡說我的心情，然後說到南京政府解散以後一段故事。我自到南京，除前述幾個原則之外，我決定第一不批評抗戰，更不願意誹謗蔣先生，我總覺抗戰是應該的，和平是不得已的，我是贊同蔣先生的主張的。因為和平到了南京，目睹日本的種種行動，我更感覺有抗戰必要。我還記得內地有人出來，傳說南京的人們以為抗戰愈烈，和平愈有辦法。這種傳言，並不是謠言，的確是事實，也是南京的見解和主張。第二，我手寫文章不曾稱過日本為友邦，因為我不認日本足為朋友，大家覆按過去幾年來我寫的文章，可以知道我的心境。第三，不請重慶的同志和部隊參加和運，我總以為我到此地是我和汪先生的私人關係，我是來補救的，是準備受苦的，我自己已是受苦，我更不願意拖其他同志受苦。至於部隊，除了後來因聯合剿共之外，我始終沒有和一個內地的長官交通過，因為我不願意拆散抗戰陣營，尤其不願以一個師長或一個團長受日本一個尉官指揮監視。我不願和留在重慶一個同志或部隊通過信，或者希望他們出來，除非同志已經出來，那我只好替他找一件工作，這可以查考的。第四，凡是重慶同志有被日軍逮捕的，除非我不知道，或者出乎我力量之外，否則必定設法保釋，我不是藉此見諒於同志，而是援黨不可分之義，實行我的主張。第五，凡是被俘的軍官，我都贊助汪先生設法安置，我總覺得內地軍官的民族意識和反共思想比其他雜湊的隊伍強烈得多，中國不幸而敗，可以作復興中國之基，幸而戰勝，則這部分軍隊終可為國之用。第六，在上海範圍之內，尤其在去年十一月以後，我對於重慶的情報人員，極力掩護，並同意於各地軍政人員和中央人員交通。

至於傳達日本和平條件，我只有兩次，兩次都託一位朱文熊先生往內地報告，第一次大概在前年底，時間記不清，比較具體的是去年小磯內閣登台以後，由柴山陸軍次官攜來五條，內容我已有些模糊，大致是中日對等和平，日本立刻全面撤兵，中國在和平後可以中立。我以為這些都不大相干，最要緊是可以談東北問題，撤消滿洲國，柴山答覆可以討論，我認為比較具體，所以和佛海商量，又託朱先生往重慶一行。朱先生是商人，與政治無關，朱先生是在汪先生逝世前動身的，至到今年夏天才回上海，問日本更有無進一步的表示，那時已過了舊金山會議了。我勸日本大使谷正之最好日本託重慶調停，谷正之不敢作主，要報告東京，後來我在今年八月底到日本，才於報上得有消息，日本擬派近衛赴俄，託俄國調停。我當時主張由中國出面調停，以為可以增強中國的地位，增加中國的發言權，並且將來收復東北不致有其他意外，不料日本倒信蘇聯而蔑視我的提議，大概日本還以為日蘇還有互不侵犯條約的關係，而且在德蘇戰事正烈時候，日本不動，總以為蘇聯可以幫她的忙罷。

六　南京政府解散和赴日歸來的經過

日本是於八月十五日公布投降消息，日皇和鈴木內閣總理廣播投降，南京政府也決於十六日宣布解散。南京最危險的時期是在十日至十三日那幾天，因為南部陸軍大臣在十三日還發布繼續作戰命令，並勖勵官兵努力作戰，而在南京的日本總軍部態度始終不明。我那幾天分頭和軍部及大使館接洽，以為中日感情如果要恢復，如果我們更要為中日兩國前途計，應該服從日政府命令投降，並且千萬勿在此時更留一惡劣印象在中國，使中日感情萬劫不復。我當時所最憂慮的有兩件事，一件事是日軍繼續作戰，如果日軍不顧一切，那麼中國一半地方必會糜爛不堪，人民傷亡更加慘重。一件事是日軍和共產黨聯合，成為長期內戰，因為日軍部許久就放出謠言，萬一無路可走，只有和延安攜手。一直至八月十四，情形已比較安定，谷正之曾勸岡村，說投降已是不免，但日本能夠協助中國復興，使中國能為東亞領袖，則東亞尚有前途，而日本也可以依中國自存，這也是一種事業，這也是一個偉大理想。至到十四日谷正之正式來見，說明日本投降已沒有問題，軍部的今井少將，海軍的小川少將也分別來見，報告日軍決以最大誠意履行投降條件，並表示一切設備都不破壞，俾得換取中國的好感，以留將來中日合作之基，至此我才放心。十六早上佛海也由上海來京，下午舉行會議，宣布南京政府解散，並發布宣言，勗各將領統一為重，不得有軌外行為，更不得意圖割據，宣言的全文已登在報紙及即夜廣播，請大家去查考，我手邊也沒有這種原稿了。同時因為辦理名部門的結束是要有機關的，於是成立一個南京臨時政務委員會，維持各地治安也要機關的，於是將以前的軍事委員會改為治安委員會。我連夜草了一個電報報告蔣先生，說明南京政府業已解散，並報告蔣先生幾件事，那個電文我已沒有存稿，大致第一件是說明日軍投降沒有問題，不過集中是需要時期，由小隊歸中隊，中隊歸大隊，集中於杭州、上海、南京、徐州，聽候繳械歸國，希望中國勿迫之太急，恐有意外。第二件是日軍決定不再對共產軍作戰，因為岡村說共產軍也是中國的部隊，除非共產軍襲擊，否則日軍必定退讓，我特別請中央注意。第三件報告宣城已為新四軍佔領，蕪湖被圍，六合告急，南京岌岌可危。大意如此，並乞指示機宜。這個電報是寫了，可是沒有密碼，更是電台叫不通，十七日下午我才交何世楨先生轉譯電呈蔣先生的。

南京政府解散的那夜，京滬行動總隊發動了，我在下午六時，接有報告，說周鎬擬於是夜行動佔領各機關，我只知周鎬是佛海推薦為軍委會的科長，後又推薦為無錫行政專員，我打一個電話給佛海，說在此時治安是第一緊要，南京一亂，恐無法收拾，請他勸周鎬不要隨便舉動，等候蔣先生派人來接收各機關，以免南京混亂。佛海說已派人找周鎬來勸告了。不久警察總監李謳一又來報告說周鎬已張貼告示，著銀行不能提款，其他還有好幾條，都可以搖動治安的，並揭那張告示來見。我叫謳一去見佛海，請示辦法，因為我那時已解除一切職務，所謂臨時政務委員會，治安委員會，只是臨時機關，就是指揮罷也只能指揮原有的機關，對於行動總隊，我是無法處理的。我又以電話問佛海，佛氣說找不到周鎬。到了十一時，軍官學校又來電話，說有人至軍官學校演說，要接收軍校，這樣四方八面報告，使我無法處理，如果要鎮壓，必至立刻衝突，以致剛在日本投降以後，同室操戈。如果不鎮壓，眼看南京立刻成了混亂狀態。我徘徊至天明，我想，支持南京殘局是佛海和我共同負責的，佛海既無意見，想或者另有辦法，我可以趁這個時候卸責了。拂曉時，軍官學校又來電話，說是否讓人接收，我立刻答覆，倘然於國家統一有好處，於地方治安有好處，就聽候接收罷。到了十七日八、九時，說蕭叔宣受傷，趙尊嶽、吳頌皋及其他許多人都已被捕，我只好回到西康路辦公室聽候事態的發展。我託人約周鎬和祝晴川於十一時來一談，我想接收機關沒有什麼大問題，但南京治安和一切善後，我倒想知道他們的辦法，等到十一時，兩人都不來，我決定三件事，一再不打聽消息，二不向日本人要求援助，三靜坐辦公室內等候逮捕，這樣在辦公室內屹坐，一直至十二時半才回家。

到了下午兩點鐘，軍校全體員生都武裝到西康路了，當時我還以為他們奉命來要我表示態度，或是來逮捕我的。我一問才知道他們是不肯改編，而來請示的。我集合學生的代表，問他們有何要求，並且告訴他們在中國大統一的時候，應該服從蔣委員長。他們說，他們絕對服從蔣委員長，但不願受不知那裡來的人收編。我只好向他們安慰，答應去電蔣先生，請示辦法。同時佛海派人送來一信，說已由日軍部小笠原出面調停，周鎬已停止行動，此事已告一段落，新街口新四軍散發傳單了，四郊的新四軍也蠢動了。南京秩序，我只好勉強維持，十七日下午五時後才會見佛海，我和他兩個人打了一個電報報告蔣先生，請即派大員來京維持，以免紛亂，佛海又終於十九日上午又匆匆的回上海去了。

任援道在十四日以前曾派兩次人來京，說已就蔣先生委任的先遣軍總司令，維持京滬路及南京治安，我極盼他早日來京，商量一個辦法。不知任先生從那裡聽來謠言，說我在南京集中兵力反抗，所以他原定十六日和佛海同來的，至時也不來，並且在蘇州車站對佛海說：「公博要幹，那是我不能去的」。我想想真是奇怪，我於去年十一月已發布聲明，黨不可分國必統一，為什麼援道還有這種懷疑。而且日本以一百多萬的軍隊力量都投降了，我難道擁這些殘破部隊來反抗中央嗎？我深深自嘆，數年來的心情，而被人誤會至此，真是無話可說。我在十六日見援道不至，和佛海連名去電促其來京，恰巧援道也派他的軍長徐樸誠來探聽消息，我把我的心情告訴徐樸誠，並囑其轉致援道立刻來京一行，共商維持治安辦法。

援道是於十八下午到京的，可是局面又僵住了，第一，岡村說沒有蔣先生的正式通知，不承認有先遣軍可以執行職務。第二，警衛師劉啟雄不願受援道的改編。第三，海軍不願編入先遣軍，要等候蔣先生的命令。我那時的地位已處於萬難之境，南京治安是要維持的，治安委員會的地位是不夠指揮的，軍校學生住在西康路不肯撤退，正等蔣先生的後命。江北疊次告急，無兵可調，眼見南京感受極大的威脅。行動總隊還要行動的消息每日還有這種情報。我還能指揮的，僅有軍校一千餘學生、憲兵，和警衛，倘然南京一旦有警，我是無法可對國家的，只有盡我個人之力維持罷。我又草了一個電報報告蔣先生，說明以上情形，那電報是借市黨部許志遠密碼打的，那個電稿我已不在手中，大概說明任援道不便指揮劉啟雄，盼示機宜，海軍最好仍暫以凌霄主持等候交代，軍校請蔣先生自兼校長，俟蔣先生到時再行解決。

最後想到我本身問題，國家能夠統一，能夠勝利，這是我數年來夢寐求之之事。蔣先生如果以我過去數年之事為有罪，我應該束身歸罪。如果置數年之事於不問，而認我終為統一的障礙，也請蔣先生定罪。因此我決定留京待罪，聽候蔣先生命令。但任援道先生到京以後，告訴我許多消息，說蔣先生是對我諒解的，因此我不宜留京，若滯留南京，反使蔣先生處置困難，任先生直接勸我兩次，間接託人勸我兩次，當時我無法能得蔣先生的真意，而能通電的據說只有任先生。任先生還說蔣先生要我離京是不會來電，而且不好來電的，但我還是等候蔣先生命令，而且我一離京，治安是否發生問題，殊不敢必，我非俟有人來京，我不好輕易離開。

至到二十四日今井少將已由芷江見了何敬之先生回京，報告赴芷江經過，並說，冷欣副總參謀長將於二十六日抵京，中央部隊將於二十七日由飛機輸送抵京，何總司令可於三十日抵京，這樣負責有人，我可以暫時離京了。在國家大統一的千載一時之機，我怎麼可以使蔣先生為難，而且二十四日三時任援道還帶張海帆來見，海帆勸我急於放手，我想還有什麼手可放，因此在二十四日下午五時與日本使館接洽，借中華航空公司的飛機於二十五日離京，當時預定或飛青島等候海船赴日，或飛日本，都沒有決定，因航路已發生種種障礙了，臨行之前我留呈蔣先生一函，說明我的心情，並謂鈞座一有命令，公博當出而自首，那封信很長，並沒有留稿，但回京之後曾問蕭毅肅參謀長，他說已經見過，那麼蔣先生一定也見到了。我兩封信是留交淺海和岡田兩顧問轉致何敬之和王東丞兩位先生轉呈的。我把那封信交淺海和岡田，是我不知我離京之後，南京再有何人留京，日軍是等候繳械，不致走的，所以我託了他們。此外留一函給任援道和胡毓坤託他們維持治安，因為他們都是治安委員會的副委員長。我再留一函給冷副參謀長，有云望兄之來，有如望歲，請他召集原有軍警機關，維持治安，我預料我二十五離京，冷副參謀長二十六抵京，南京治安決沒有問題，我也可以放心卸責了。

於此，我附帶說明幾件事，第一，我離南京是不是放棄責任？我記得何世楨先生在八月十六日到南京，攜有顧墨三先生一個電報，是給周佛海、丁默邨、羅君強、任援道，和我五個人的。那電報據說是侍從室打給他轉的，說日本投降，叫我們協同國軍繳日軍的械，可是那個電報並沒有命令叫我們維持南京治安之責。同時另外有一電報是命佛海維持上海，委任援道為先遣軍總司令維持京滬線及南京治安。我立刻發生困難，因為援道已受命維持南京不必說，警衛第一師劉啟雄也已接援道的通知為先遣軍第一路指揮，負責有人，我再不能負責了。我呈蔣先生兩個電報，一個是報告南京政府解散及日軍動態情形，一個是報告警衛第一師，第二第三師，海軍，及軍校情形，中間免不了有所條陳，是亟盼指示的。除第一個電報交何世楨先生代發，我恐怕輾轉遲到，後來因為重慶和南京電台已叫通，兩個電報一起都借市黨部許志遠的密碼再發，及後又以電台的密碼再發（重慶電台和南京電台約好，暫以總理遺囑作密碼），可是截至二十四日，我得不到蔣先生或侍從室的覆電或指示。不過我因為任援道還未能執行先遣軍的職務，依舊勉強維持，這九日以來，真是筋疲力竭，寢食不安，幸而據今井報告，冷副參謀長可於二十六到了，中央部隊也可於二十七到了，我在二十四下午還召集憲兵和首腦會議治安，這樣我自問已盡了我個人應盡之力，而且我不但顧到南京治安，並且顧到各地治安，我深怕各軍還有疑慮到沒有保障，我於二十前後打了一個通電給龐炳勳、孫良誠、張嵐峯，吳化文，孫殿英、郝鵬舉，勉勵他們並囑咐他們接受中央命令，維持地方。同時我更廣播，叫各軍接到蔣先生委任的，應該立刻接受和服從，沒有接到委任的，請他們直接電呈蔣先生請示，這個廣播詞也登各報，都可以覆按，這樣布置完畢，我才準備離京。第二，我為什麼赴日呢？因為當日京滬謠傳，我還要擁兵反抗，援道疑我固不必說，而且援道對我說已有人報告蔣先生，蔣先生並說「公博斷不至此」，可見有人報告我擁兵自衛是真的了。我要離京，最近的不外揚州、蚌埠、徐州那三個地方都有南京前轄的部隊，豈不又要發生謠言，使我無從自明。我想青島是沒有南京部隊的，日本是打敗仗的國家，國軍就要進駐的，這總可以免去擁兵反抗的嫌疑了。第三，我要說明的，這次同行的有五六人之多，或者外間又會謠傳有一種結黨行動，其原因因為林柏生和陳君慧在那天二十四中午兩個人的狗同時被人毒死了，這事太過於離奇，令各人不由得發生恐怖，他們都願意受合法的裁判，而不願受恐怖的威脅，所以一併暫離，而且我當時也曾聲明，何時蔣先生有命，即何時回來，以此大家同去，大家也同返。

二十五日離京，飛機以天氣關係，一直飛日本的米子，事前毫無聯絡，到了米子，才找旅館，三日後東京外務省才派吉川科長來探視，我當日表明我到日本只是暫居，何時蔣先生有命，即行歸國，並不要求日本任何保護。九月初旬離米子赴京都，住在金閣寺，大概是中旬的十八九，外務省的大野局長來見，說何總司令有一個備忘錄給岡村，說我自殺是假的，要日本護送歸國。日本政府已指示岡村答覆說陳公博是愛國的，絕不會反對政府，希望中國重行考慮。我當時答覆大野，我愛國不愛國，自有國人的公評，日本無代為辯護的必要，可是我引為駭詫的，我已留呈蔣先生一函，為什麼有我自殺的謠傳。只要有命令，我即自首，更何必有備忘錄。我問大野，我留呈蔣先生一函竟究淺海和岡田已交何總司令沒有，他說不知道，我託他打電報問岡村，俟得消息，然後歸國。九月二十四早，大野又來，說我那封信到了十九日才由岡村交何總司令，至於何以延誤，他不知道，並說了許多道歉詞。他並說何總司令曾派鈕處長見岡村，依舊希望我回國自首，我立刻草了一個電報交他回東京拍發，我又恐密碼有錯，再抄一份電文，和致何總司令一封信，交他寄南京，因為他說最近將有交通機可以至京滬各地，我現在把函電的稿文，抄錄於下：

南京何總司令敬之兄勛鑒，並請轉呈蔣主席鈞鑒。公博在八月廿五日離京之前，曾留呈一函，想達鈞覽。數年鬱鬱之私，一旦得達，殊快所懷。公博原決留京待罪，只以當日傳聞，有謂公博宜早離京滬，庶免鈞座處置困難，以故對於京中善後諸事，處理完畢，即匆遽離京。此行決非逃罪，故留呈函中，曾有鈞座若有命令，即行出而自首之語。頃聞本月九日總司令部對於公博之事，有一備忘錄送致岡村，二十日復派鈕處長傳達鈞意。輾轉傳達，今始得悉。公博能回國自首，本為日夕祈禱以求，今既出鈞意，歸心更急。惟交通困阻，船機不通，伏望能派一中國飛機至日，俾得早日回國待罪。區區之忱，尚希明鑒。陳公博叩有。

敬之總司令吾兄勛鑒，八月廿五日曾於離京之前，留呈蔣先生一函，託兄及東丞兄轉呈，內容想已達覽。弟之離京，決非逃罪，只以當日傳聞，謂弟若再留京滬，轉使蔣先生處置困難，因是不得已匆遽離京，以待後命。頃聞總司令部對弟歸國之事，曾有備忘錄送致岡村，復派鈕處長傳達尊意，弟決本留呈蔣先生函中原意，歸國自首。惟有一事請兄代弟轉達者，當日來東，本非夙心，惟無論暫居國內何地，皆有軍隊，深懼予人口實，造作蜚語。蔣先生之意既明，弟歸心更急，最好能由國內派一中國飛機來日，俾得早日成行。此種請求，或為逾分，然區區之心，度亦為兄所深諒也。

再者本月廿五日，弟為自首事，曾有一電致兄，並請轉呈蔣先生，恐電報梗阻，文意或有不明，茲再抄錄一份，尚乞轉呈為禱，專此即請勛祺，弟陳公博謹啟九月廿五日。

託大野拍了這封電報，寄了這封信以後，渺無消息，直至九月三十夜間，外務省駐京都的辦事人山本來說，已接到外務省的長途電話，說中國飛機已到米子，因於十月一日夜間乘火車到米子，翌日下午遂於米子動身，因為風雨所阻，在福岡又住一夜，在十月三日回京。抵京以後又聽到兩個離奇的消息，一個謠言說我自殺是收買新聞記者故意放出的，一個謠言是我曾和一個共產黨叫做馬隆的接洽過。放第一個謠言的，實在太不知我的心情，我一生就沒有收買過新聞記者，而且自殺是一種消極反抗。實在說，汪先生逝世，我對於汪先生的心事是了了，而對蔣先生的心事還未了，我所謂未了，是怎樣可以表示擁護統一和服從蔣先生。固然蔣先生用不著我擁護，但我終不願有任何反抗的痕迹。自寧漢分立以後，或者蔣先生對我有誤解，我不免對蔣先生也有誤解，但自二十九年到南京以後，身受公私的痛苦，深知以往黨的糾紛，並非我想的那麼單純，非身受其痛者不能自知，所以我決定找一機會向蔣先生有所表示和自見。在中國千載一時的大統一時候，我應該束身待罪，任何處置，我甘受無詞。我是自命主張黨不可分國必統一的而有反抗行為，那麼共產黨破壞統一，更使中央難於處置。至對於死生我早已付之度外，當二十九年來京赤手空拳在敵人的勢力下要保護人民，要保存物資，隨時隨地都可以死，不過以死而反抗蔣先生我是不為的。我離京時曾留蔣先生一函，說若以過去數年為有罪，請蔣先生處置，就不以過去數年為罪，而認我足為將來統一障礙的，也請蔣先生處置，這是我一種對蔣先生心事未了的心情，這是我一種見解。至於說我和馬隆接洽，任援道先生更對人說，他花了兩百萬才買到這個證據，我自十六年分共之後，即沒有和共黨往來，前年我曾草過一篇〈我與共產黨〉一文，登在《古今》雜誌，可以參考。馬隆是怎樣一個人，我不知道，共產黨有無馬隆其人，我更不知道。空穴來風，是丹非素，謠諑之來，我真不知什麼原因和怎麼一回事。

在日本一個月，所得的材料也不少，尤其日本在投降後的動態，更值得我們注意，我於十月三日抵京，在五日曾作一個簡單報告託何總司令轉呈蔣先生，因我想將來受處分是一件事，而我是一個國民，有向蔣先生報告日本情況的義務又是一件事，現在把那報告抄在下面：

蔣先生鈞鑒：八月廿五日留呈一函，九月自首有電，諒達鈞鑒，茲將居東一月以來觀察所得，擇要報告，或於將來對日政策，可供採納。

（一）美國在華盛頓公布交馬克薩執行處理日本方針，中有只利用日皇及現政府，而不一定支持日皇及現政府之語，則美國政策，至已明顯。惟公博觀察，日本皇室有一千餘年之歷史，自明治維新以來，人民迷信已久。恐國體革命須期之第二代，而非目前可以一促即成。目前日本自降服之後，舉國秩序尚大致安堵，軍閥經已剷除，而社會尚無新生之力量可以繼起，我國對日宜注意此照，不知鈞意以為何如。

（二）日本降服之後，其政策絕對傾向美國，而感情則絕對傾向我國，以為日本已無力量，極盼我國成為實際之東亞領袖國家，不但可以使日本有靠，並可使東亞地位有一轉機，其意甚誠，可謂舉國朝野一致。不但日本本土如此，即在華之投降將領，亦復如此。惟日本國力已微，舉措均感不便，例如對英之外交，本有淵源，今亦猶疑，不敢進行。因對某一聯合國表示親善，深慮其他一國不滿。我國有四萬萬五千萬人口，苟加上七千萬之日人懷誠，於中國前途，有莫大裨益。至於如何運用，則鈞座想已有成竹在胸矣。

（三）聯軍初進駐日本之時，日本政府對於赤化，非常恐怖。恐美國極端提倡民主主義，或足煽動共黨氣焰，最近聯軍總部曾秘密通知日政府，令其嚴防赤化，日本政府始告放心。此係近衛文麿親對公博所言，諒為事實，亦殊可注意。（公博居日一月，未嘗與日政府要人往來，上月底近衛以母喪開弔來京都，而公博亦決定十月一日離京都歸國，於十月一日下午始允一見，合併陳明）。

（四）現在日本政府決履行波士坦宣言，朝野均具誠意，惟其中尚有若干距離，聯合國所希望，要日本履行該宣言最大之限度，而日本以國力太微，希望實行該宣言之最小限度。因此距離，後此內閣將不斷更迭。聞吉田已有組織過渡內閣蘊釀，將來日本內閣不斷更動，政潮當然長在動盪之中。是否可以因此惹起向上之革命，抑因此而惹起反動，對於中國孰為有利，深望鈞座預為考慮。

（五）日本國情，自降服後有相當之轉變，舉國上下，絕不矯飾，皆自省自責。全國報紙即在美軍統制之前，亦公然承認錯誤，譴責軍閥，並登載日軍在外之暴行，使全國婦孺，皆知愧怍。其餘政府命令全國一致遵守，曾無異言，中間雖有一度八月十五日警衛師事件，然迅即平伏。公博對此，殊出意表，故對今後之日本，亦似不宜輕視，亟應定一對策。

右所報告，皆為在日所得，至於內政，公博不敢妄有所陳，不敢以待罪之身壅於上聞，謹此報告，專請鈞安。

陳公博謹肅十月五日

關於日本問題，我可以不再說，不過我實在不能已於言，呈蔣先生的信，還是很簡單，可是我們不可不加注意。日本有兩個極大的難關，一個是每年缺乏食米三千萬担，一個是將來解除武裝的軍人回國都失了業，於政治社會都有極大的威脅，除以上兩大問題以外，日本的組織力和教育科學仍是不能漠視，馬克薩元帥曾發表談話，說不使日本國力伸張於本土以外，日本已不能成一強國，但就以本土範圍而論，無論你想也罷，不想也罷，日本終不失為東亞的領袖。我聽他這幾句話，心內有無窮的感想，我們現在也在講復興，日本也在復興，但結果誰的收功快，我是有些不寒而慄的。日本如果成功比我們快，我們至少精神上感受一種威脅，日本如果不成功，又增加了中國的負擔，並且間接必受其累，這真是一個論理學上的兩難論，我深盼蔣先生對日早定一個政策。

七 結論

平情而論，南京政府組織以後，對於國家和人民的元氣保存不少，這也是事實，可是無論如何，我終不以為然，我不願意汪先生離開重慶，不願意眼看著汪先生犧牲，更不願意汪先生受人批評，更不願意蔣先生和汪先生有裂痕致為別黨所乘，這是我個人的心情，而汪先生認為我的理由是單為汪精衛而不是為中華民國的。但是為汪先生也罷，為中華民國也罷，我就是這樣，不但民國二十七年如此，就是二十七年以至汪先生逝世也是如此。

汪先生現在逝世了，他的理想，我是不忍埋沒的。他總以為中日兩國是鄰國，終不能永遠打仗，應該找一個機會和平。他總以為中國國力不能抵抗，只求日本無滅亡中國之意，不妨講和平，他總以為中國共產黨要煽動中日戰爭以收漁人之利，因此更應該求和平，他總以為日本常說中國沒有誠意，我現在表示極大的誠意，這樣可以成立中日間的真和平。中日能夠真正和平，我汪精衛是任何犧牲在所不卹的。中國能夠保存多一分元氣以為國家復興之基，我汪精衛就是受人唾罵也是甘受的。可是理想是常與事實相反的，我也承認日本無滅亡中國之心，可是他無滅亡中國之心，是他沒有滅亡中國的力量，並且無滅亡中國的勇氣。無滅亡中國的力量是大家所知道的，至於無滅亡中國的勇氣，就因為日本的文化大部分是由中國去的，大部份的日人除了以武力自驕之外，心內總有日本文化胎於中國的思想，因此不由得起了對於中國有一種說不出的和潛伏的敬畏心。不過不滅亡中國是一件事，而要控制中國又是一件事。有了控制中國的心事，無論汪先生的理想如何遠大，誠意如何真摯，總是格格不入。而且日本是還要戰爭的，在中日事變沒有結束以前，仍然以軍事為第一，因為軍事第一，軍需也第一，任你的理論如何遠大，日本還是搜括物資，壓迫民眾。

南京和日本無日不在鬥爭之中，中日協力是一個鬥爭的代名詞，日本所謂對南京協力就是干涉，而南京所謂對日本協力就是爭取。其初南京以中日合作為號召，日日向日本爭回中國的物資，末後太平洋戰爭起後，更以參戰的名義，日日向日本爭回中國的物資。收回租界，撤消治外法權，取消辛丑駐兵條約，都是南京向日本鬥爭的一種表現，至於各部門的鬥爭，看各部的檔案，可以知其大要。

鬥爭一天天的尖銳化，末後日本已採孤立南京轉而直接壓迫民間的政策，所謂商統會、食糧統制委員會、棉紗布統制委員會等，都是日本孤立南京一種奇妙方法。我認汪先生的理想失敗了，以前我在二十八年十二月，也曾勸過汪先生，在中國軍閥的軍隊佔據的地方，尚且不能實行我們的理想，何況外國軍隊佔領的地方，而可以實行我們的理想。無如汪先生有他的理想，有他的勇氣，總以為精誠所至，金石為開，以為日本總會覺悟，而且已慢慢的覺悟，他總有辦法。

淪陷區的人民對日本痛惡極了，我此次在日本還看過日本報紙一篇社評，說日本失敗原因，和平區內的人民不信任日本比較抗戰區更甚，這真是一針見血之論，不過覺悟太晚了。南京不止對日鬥爭失敗，本身的行政也是失敗，除了任免本身的官吏還比較自由外，各省的長官任免是須當地日軍同意的，各縣的長官任免是須各省的連絡部徵求軍隊同意的，因此各地有些不肖官吏只知有連絡部，不復知有政府。無論任何貪官污吏驕兵悍將，一有日人支持，不要想懲辦他們。而日本反日日宣傳，說南京政府怎樣沒有力量，時時都在那裡鼓吹改組。物資是在日人手中，金融是在日人手中，交通也在日人手中，這樣南京是失敗了，然而還是鬥爭，一直至解散為止。自然如我上文所述，自有南京，國家和人民的元氣保存不少，但保存至何程度，我是不好妄為臆測。其餘，軍隊是被日軍監視很嚴，特工更可由日本用一個梅機關直接支配。二十九年和三十年我因為特工綱紀太過敗壞，並且影響及於一般政治，報告汪先生應該注意，汪先生也曾太息過說，你今天還以為特工是我們自己的嗎？汪先生這一句話，實在非常痛憤。

日本失敗，在日本自己批評說沒有大政治家，在我看來，自從二二六事變以後，雖有善者，已無如何。因為權已下移，人各驕縱。日本的皇室不敢過問，而政府只好遷就軍人，而所謂軍人，權皆不在將官，而在佐官階級。這一般佐官，對於政治是不懂的。對於經驗是沒有的，對於理想是盲動的，對於意氣是固執的，因於這班驕橫的佐官，日本就這樣失敗，而中國就給這班驕橫的佐官弄得天翻地覆。

以下即是從未公開過〈八年來的回憶〉最後部分

在過去幾年中，南京的交涉對手是誰，也是一個最奇怪的謎，一切問題，東京差不多無權處理，要問總軍部和大使館，過去更有所謂興亞院。而這三個機關就意見不同，有時積極鬥爭，有時消極的推諉。就走總軍部應該負責罷，還要問上海鄧部隊的同意，登部隊更要問蘇州部隊的同意，至於北方，更不必說，華北不止對中國特殊化，就對日本的總軍部也是特殊化，這樣不止一個佐官可以破壞一個政策，一個主任尉官也可以破壞一個政策。不止南京對手是誰是一個謎，連日本本身誰走負責者也是一個謎。除了極少數的人和日本有私人經濟關係以外，沒有一個人不反日，甚至乎和日本有經濟關係的人也在那裡罵日本，這是這幾年來我在南京眼見的普遍現象。南京和東京、總軍部、大使館鬥爭，各省政府和縣政府是和各省的日本當地部隊鬥爭，至於一班學校的青年和民眾更是激烈的反日，我不是替南京辯護，我是描寫一種事實，我願大家平心靜氣去考慮。最近我聽到南京的各學校要解散，以備重新訓練，我以為南京反日的情緒是夠的，民族意識也夠的，重新組織是必要，因為組織已經渙散了，可走重新訓練，我以為應該慎重處理。因為他們本來走反日的，青年有青年的心理，他們以為我是反日的，現在被視為親日而重新訓練，或者會引起一種異感。撫慰民眾和青年是目前一件重要事情，我希望當局考慮我的意見。

我寫了很長的事實，一切立言和觀察，似乎我不是一個當事人，而是一個第三者。是的，因為要寫事實，我不願意矯飾，但我同時也不諉過，陳列許多事實，聽候蔣先生判罪。

我寫得太長了，我應當就此結束。但經過這次戰爭，我還有些感想，我既然是一個國民，應當為中國前途著想，向當局陳述些意見。

第一、在第一大歐戰，我沒有經驗，但在此次戰爭，我有很多不只是耳聞，而且是目睹的事實。我總以為世界還是停滯在部落時代，沒有進步。部落戰爭的結果，都是把敵人的財產和婦女擄掠過來，以供己用，而在此次戰爭，實際毫無所異。日本在中國和南洋的強姦婦女，蘇聯攻入柏林時的行動，此次日本投降，美軍進駐，也曾明令日本供給妓女七萬人，並指令七個美軍分配一個娼妓，這都是見之報紙紀載的。因此我想到世界文化進步是表面的，而骨子裡還停滯在部落時代，以此中國對於軍備亟應注意，我們無疑的是愛好和平，不願侵略，但為保持和平，防止侵略，注意我們不要再做被征服的部落，對於軍備，應該加緊整備。

第二、教育重要走老生常談，我最近十餘年以來是承認中國教育失敗的，在政府不易得一個奉公捨己的公務員，在軍隊不易得一個潔身自肅的軍人，在社會不易得一個盡責守己的國民，以後教育方針怎樣定，教育方法怎樣改良，我以為是當前一個嚴重問題，我亟盼當局重新考慮教育方針，至於掃除文盲，真要全國動員，不要再敷衍下去。我看見日本戰後那樣困苦，而人民那樣鎮定，我真不寒而慄，我不是說日本還能貽害中國，但中國怎樣自立自強，才能領導東亞，極是一個問題。

第三、我在實業部時候，最迷信重工業，但經這次戰爭痛苦，我感覺我們基礎不足，技術不夠。不要說重工素，就是一般民生需要，立刻發生嚴重的威脅。我不是說重工業不應提倡，但是輕工業和化學工業也應同時並重。現在已經沒有日本的威脅，對於輕重工業不妨作一個長期縝密的打算。

最後，更有一個嚴重問題，即是民德的墮落，自經此次中日戰爭，不獨物資打完了，道德也打完了。內地怎樣情形我不深悉，但在淪陷區中，我覺得大眾如趨狂瀾，如飲狂藥，一切道德都淪喪盡了。大家不知道有國家、有社會、有朋友，只知道有自己。不知道有明日，只知道有今天。不知道有理想，只知道有享樂。我也想過，在一個國家破敗之餘，明日我將如何，我還不知，倒不如盡一日生命享樂，以求一時滿足。但是這種風氣所趨，恐怕非一時所能挽救。一個國家勝利，是不是會驕盈，充驕盈之所至，會不會宴安淫逸，這是我引為極大憂慮的。

末了，我這篇回憶寫得太長了，其中有事實，有意見，可是並非是文過飾非，更不是意圖自行辯護，法律是問行為而不問動機的，我寫完這篇回憶，我心事更是了了。至於寫這篇回憶，因為許多參考材料不在手中，或者略其所應詳，詳其所應略，這是無可如何的事。

民國卅四年十一月於南京

陳公博垂死之言

朱子家

在對日抗戰時期，南京出現了一個主張與日本停戰和平的新政權。領導這一政權的汪精衛氏，稱之為還都的國民政府，在淪陷地區的人，稱它為和平政府，日本人又稱之為南京政府。勝利以後，蔣介石氏領導的國民政府稱之為偽組織，有些「忠貞」之士，則索性稱之為漢奸政府，而一般人稱為汪政權。以一個政權，居然有那樣多不同的名稱，豈非怪事？它自一九四〇年三月三十日成立，至一九四五年八月十六日正式宣告解散，前後經過了五年五個月又十七日。

如其不純以成王敗寇這一立場來衡量那個政權，他們之所以甘冒天下之大不韙而另創局面，或者還會有他們的看法與想法，也就並不能直覺地即認為是一群賣國求榮者漢奸們的醜劇。今天，離這一幕已經二十八年之久，正如雙照樓詩中所說：「良友已隨千劫盡；神州重見百年沉」！過去的已經過去了，蓋棺既已論定，也不勞我這個當年微末的角色來為他們洗刷。但是，有些事，雖蓋棺而仍不能論定的正多，歷史上的無數大事，經千百年後而依然爭議不息。特別是汪政府的那一幕，說他們是為了賣國求榮嗎？平心想一想，政權建立在日軍的佔領地區，在這一地區中，國家的主權和土地，人民的生命與財產，都早於戰爭中失去而在鐵蹄下的日軍掌握之中，尚有何國可賣？說他們是求榮嗎？正好相反，抗戰既已成為國策，違反這一國策而與日人交往的，人們就會毫不思索地說他是漢奸。況且日軍在節節勝利之後，首都已自南京一遷而至漢口，再遷而至重慶。使日本軍人的氣燄囂張到了極點。在戰爭之前，他們可以在國內發動政變，殺害首相，此時連日本傳統上奉為「神」的天皇裕仁的諭旨，且可以陽奉陰違，而對日本的內閣，更是頤氣指使。汪政權建立在日軍的直接控制之下，交涉的對手又是失去人性的日本軍人，尚何榮可求？

說到「榮」，汪氏也實在太夠了。他是中山先生生前與胡漢民為其左右手，僅四十歲的年齡，他就出任了廣州時代第一任的國民政府主席，連蔣介石氏的第一軍軍長職務，還是由他委任的。一九三八年汪氏脫離重慶的時候，雖然已辭去了行政院院長一職，但他還是國民黨的副總裁，戰時國民參政會的議長。也儘管政見與蔣氏有所不合，而在形式上蔣氏仍不能不對他表示尊敬。異族的日本軍閥，會那樣對他禮遇嗎？誠榮於何有！

汪氏曾經留學日本，在幫助中山先生從事革命的時期中，更有過一段長時間居留在日本，他對日本人應該有較深的瞭解，況且在他擔任行政院院長的時候，對日本的交涉更有過痛苦的經驗。全面抗戰以前，最不為人所諒解的兩件大事，一是一九三一年九月「九一八事變」因不抵抗而失去了東北；二是一九三三年五月為了挽救華北的被蠶食以確保平津，與日本簽訂了屈辱的塘沽停戰協定。關於前者，汪氏在歐聞警，星夜搭輪返國，宣稱以「跳火坑」的精神參與國政，為蔣氏分憂。關於後者，在國力尚未能對日作戰前，挺身負責。在簽訂塘沽停戰協定的這一事上，蔣氏還特派了與他私交最深而又為他最所信賴的黃郛赴華北主持其事。在這一事件上，蔣汪之間的意見是應該一致的，但簽訂這項協定，又是最不為國人所諒的。人們也自然歸咎於汪氏。但汪氏卻有其不可為而為之的精神。在局勢最危急的時候，也是我國要當機立斷的時候，汪氏有兩個電報打給黃郛、何應欽與黃紹竑，充份表現出他對國事犧牲小我，勇於負責的態度。

（一）民國廿二年五月二十一日電

「北平何部長敬之兄、黃部長季寬兄：馬未、馬酉兩電敬悉。（1）軍費自當盡力籌措，政府存在一日，決一日不放棄責任。其籌措方法，容與財政部商定再告。（2）我軍應付方案，政府實難遙制。茲授權敬之（何應欽）、季寬（黃紹竑）、膺白（黃郛）三兄便宜處置，安危榮辱，與兄等共之，即使國人不諒，只求無忝於職，無愧於心，一切皆非所計也，敬覆。汪兆銘、馬亥」（見黃膺白夫人沈亦雲女士所著《亦雲回憶》下冊四七九頁）

（二）民國廿二年五月二十九日電

「北平何部長敬之兄、黃委員長膺白兄：承示代表已派定，明日在塘沽開始談判，請兩兄查照國防議決堅決進行。倘因此而遭國人不諒，反對者之乘間抵隙，弟必奮身以當其衝，絕不令兩兄為難。區區之誠，祈鑒察為幸。兆銘、艷午」（見《亦雲回憶》下冊四九二頁）

汪氏也確實具有這樣不畏謗的倔強性格，他的哲嗣孟晉曾對我說過幾句話，一直留著極深刻的印象。他說：「我並不想為親者諱，但論我父的一生，在私生活上，他不賭博，不吸烟，不二色，也不斂財；他唯一的樂趣，僅是淺飲與吟詩。對於國事，可說他無日不在焦思苦慮，儘管有些事也許會被視為錯誤了，而他的動機是純潔的，除了國家民族，絕不曾為自已打算過。戰爭中在南京時期，他一再告誡我們，要準備接受失敗的勇氣。他說：有一天，我們家破人亡了，也就是國家得救的時候了」。知子莫若父，反過來說，知父的也應該莫若於子吧。

假如不純以成敗的偏見或成見來論人；也假如並不完全主觀地以意氣、立場等的關係而評論歷史上的一件大事，就應該依據各個方面的事實與文獻來發掘真相。我以為汪政權的那一幕，留下來無數有歷史價值的文獻中，不是發動對日和平，汪氏從河內所發出的「艷電」，也不是證明最高國防會議決議接受德國駐華大使陶德曼調停的〈舉一個例〉。因為汪政權的最高領導人物，自然是汪先生本人，他從這一政權的成立起，直至一九四四年十一月十日病逝日本名古屋帝國大學附屬病院為止，他一直擔任著主席和行政院長的名義。那年的十二月二十七日，陳公博繼汪氏而出任了代理主席，他們兩人，才是這一幕歷史悲劇上的兩個主腦人物。以常情來說，像汪氏與陳公博，論他們的學識、抱負與歷史，都不應該喪心病狂得竟會墮落得甘心為賣國漢奸的。汪氏離渝出走的時候，舉國正在屢北屢戰；而且國人皆曰可戰的時候，他的獨排眾議，想的是什麼；為的又是什麼？至陳公博的繼任主席，已在日寇在華所為，原形畢露，太平洋戰爭，也已到了日暮途窮，那他為什麼要這樣做；又為誰而做？到底是求榮還是犧牲？要真正瞭解他們，那末，汪氏於病革時所立的國事遺書——〈最後之心情〉與陳公博在南京獄中所寫〈八年來的回憶〉，應該是這一幕中兩個最重要的文獻了。

引起爭論的汪氏遺書〈最後之心情〉，在一九六四年二月初，才有人郵寄給我的。因為汪氏逝世以後，許多接近汪氏的人都曾經詢問過汪夫人陳璧君以汪先生有無預立遺囑，汪夫人曾堅決說：「沒有」，我們也因此而一向相信汪氏臨終前未留一字。其次，因那封信的來路不明，也使人疑竇叢生。但當我徹夜雒誦之後，覺得遺書的語氣，遺書的筆調，都不是別人所可模仿的，原文雖非出之於汪氏的親筆，而〈最後之心情〉五字則是無疑是汪先生自己的墨跡。我所寫的那部《汪政權的開場與收場》全書六冊（吳興記書報社經銷），儘管限於才力，寫得不好，但當我下筆之時，因斗膽要為歷史作證，憑我良知，力求真實，自不能雜以一項出於他人偽造的文件。我在把它作為拙著第五冊的附錄而加以發表之前，心情很亂，自不當以贋鼎充數；也不欲對這一最重要的歷史文件，一手加以湮沒。因之我曾先後遍訪汪氏遺屬與追隨他多年的朋友們，請他們提出意見，以供抉擇。雖然反而是汪氏的遺屬沒有一人認為出之於他人的仿冒，特別其中有一位更提供了我有力的線索。雖然他想不出汪氏何時寫下這一份遺書的，但有兩項遺書中所指出的往事，卻非他人所知的：如民十九的擴大會議曾通過憲法，張季鸞在天津《大公報》上為文論之，謂政局失敗而憲法成功。其次，汪氏於戰前在港創刊《南華日報》，苦無註冊之保證金，而英國首相麥當納自英倫電港，免其繳費。汪氏認此二事為雪中送炭，而時為其家屬言之。寄給我遺書的人，雖無附函，但要我轉交給汪孟晉夫人譚文素女士的地址與姓名的附言，赫然出於龍榆生的筆跡。龍榆生為汪氏生前的詩友，又與汪夫人同羈於京獄，他又曾一度授孟晉夫人以國學，他雖仍留身大陸，而與我所訪問的那位汪氏遺屬，那時還保持著通信關係而熟識其字跡。他相信為汪先生謄錄遺書的是他，轉輾寄遞的是他，也唯有他，汪夫人才會以此遺書交他保藏。我所以決心把它發表，就根據了這一席話。也儘管汪先生的有些朋友，還堅決認為是出之偽造，甚至說是我的偽造，但他的理由卻太可笑了，他說：「我認為偽造的，就一定是偽造的」。

其後，日本三大報之一的《每日新聞》，也把這遺書的全文加以譯載，該報為鄭重計，事前先邀約了在華多年，不斷對汪氏曾親謦欬的日本大使館的清水董三，日本軍部後往芷江洽降的今井武夫等人舉行座談會，以鑑定其真偽。卻一致認為從他們當年與汪氏談話中所獲得的印象，與遺書中所表露的是一致的。雖然曾任汪氏在上海所創辦的《中華日報》主筆的胡蘭成，「胡說」一起，對我大加攻擊，但他同樣不曾否定汪氏遺書的真實性。

在相反情形下，另一重要歷史文獻，陳公博在南京獄中所寫的〈八年來的回憶〉（附刊於拙著第四冊之末），卻從無真偽之爭。我記得這一件文稿，公博雖寫成於南京繫獄之中，而發表則已在蘇州高等法院開庭鞫訊之際。他在庭上表示生死榮辱非所計，而唯一的要求，則是把這一篇〈八年來的回憶〉，予以公開發表，俾明心跡，那時政府為了表示其民主作風，各報固競相刊載，有些書店，還印成專書出售，我還在上海提籃橋獄中時，已由獄吏私帶進來而看過。當一九四九年中共進入上海以前，所有留在書齋中的一紙一書，認為可遭時忌的，一律於以焚燬。故一九五〇年我再由上海來港，倉皇登程，更未攜有片紙隻字。

但當我撰寫《汪政權的開場與收場》那部拙著時，又想到了那篇〈八年來的回憶〉。我曾經盡最大的努力在港訪求，而且我也確知有幾位留港的公博好友還有人保藏著它。無如他們什襲珍藏，始終秘不示人。我正在十分懊喪的時候，突然有一位文友郵寄給了我。他已經是馳名國際的學者，因他諄囑我不要透露來源，今天還不便指出他的姓名，以表達我感泐之忱。他寄給我的那一份，是上海書肆出版的鉛印本，最後且還著一個「完」字，我也真以為已經是全文的完璧了。

最近本刊編者沈葦窗兄遠道貽書，說他不久前無意中在舊書攤上獲得了一份〈八年來的回憶〉的手抄本，發現了在拙著上所刊其最後一節的結論中，竟然遺漏了七段語重心長的文字，篇末且有「民國卅四年十一月於南京」的字樣的寫成日期。葦窗兄辦事的認真，一向為我所心折，他於獲得該項文件後還急急地邀集了當年汪政權的舊人，出以傳觀，以確定其真偽。而據當年與陳公博同機飛日的陳君慧先生對葦窗兄說：陳公博先生在獄中的草稿文字，多數由同獄的前汪府司法行政部次長汪瀚章為之重行謄錄，這一份抄本，也就可能即是汪瀚章所寫，真偽自更不待言。葦窗兄來書要我對此有所評述，客中無俚，亦且義不容辭，就不能不抒寫出我個人的一些率直的感想，若說這是阿私文飾，則我豈敢。

老實說：我對陳公博的為人，當年曾有過極端矛盾的觀感。陳公博與顧孟餘是汪氏最所倚畀的左右手，正如中山先生之有汪精衛與胡展堂。對汪而言，恐怕也只有他們兩人才敢進一些諍言。但不幸得很，當汪氏在重慶暗中進行對日和平的時候，陳公博因遠在成都並未參與其事，直至他因公赴渝，與汪氏見面，才隱約為其言之。當時他的態度，鑒於戰局的節節失利，他雖不反對汪氏提出和平主張，但卻力阻汪氏不宜在兩國交戰中，另立政權，陷國家於不利，貽人以口實，一度且引起汪夫人的不快。其後汪氏轉輾由渝而越而滬，於一九三九年八月從上海飛抵廣州，公博且由港赴穗，再加勸阻。以後汪氏又在上海召集幹部會議，以決定應否建立政權，公博又派了何炳賢專程赴滬，作最後的努力。也可以說，所有汪氏的部屬中，也只有陳公博一人，曾一再表達了反對的意見，可見他決不是一個求榮之輩。

直至一九四〇年的三月，當原屬於ＣＣ系而首先與日方暗通款曲的高宗武，在渝媒蘗汪氏響應日首相近衛文麿和平三原則的陶希聖，忽然叛汪而去，公博在港聞訊，覺得汪氏左右已為ＣＣ系的周佛海、梅恩平、丁默邨等人所包圍，不忍見汪氏陷於狼狽之境，乃不遑自謀，才毅然由港就道去滬。

論公博與汪氏的關係，以及過去他在黨國方面的地位，他之抵滬參加，一般認為會代汪氏而出任行政院院長的。而最後竟然屈就了無事可為也且無可展佈的立法院院長的那個冷衙門。其後他又兼任了上海市市長的職務，不客氣地說，他卻做得了無政績。當時使我所認為奇怪的，他與周佛海、梅思平等不屬於同一派系而卻能融洽相處，交往甚密。陳氏有著英俊的外表，一襲中國長袍，一頂船形帽，操著夾雜有廣東音的國語，瀟灑中有些吊兒郎當的樣子。我看到他的毫無展佈，形同伴食，而且在私生活上也相當放縱頗不以為然，及今思之，他既反對這一政權的出現，而又目擊日人的專橫無狀，他之所以隨汪，已抱定了為友殉身的決意，如此又怎樣能教他會熱心從事？而且醇酒婦人，也許正是英雄末路的一種消極表現吧！

在接到葦窗兄的來信，準備撰寫本文時，我特地去訪問了兩位日本友人，聽聽他們對陳氏的批評。第一位我所看到的是小川哲雄，勝利前他是陸軍中尉，服務於影佐禎昭主持的機關。（現在東京聯友公司經商）公博一行的赴日暫避，是他奉命一路護送而去的。我率直地問他對於他所目擊的公博在他最後一段生命之路的感想。他說：「在去日的飛機上，陳先生已面臨著自己的生命，家屬的命運以及國家的前途那一份複雜的情緒。不論為追悔或憤激，論理總該有些表露，而他卻默默地坐在機上，非常的鎮定，不，應該說是出奇的平靜，一切像是對他毫不縈心似的。我對他不能不感到驚訝，因為我是一個軍人，有些我的長官們，平時意態飛揚，而一旦要開往前線作戰時，就會露出那種慌張或驚惶的神態，沒有一個人會像陳先生那樣出奇的平靜」。「我與他分離的最後一刻，更使我萬分敬佩。他們抵日後，幽居在京都的金閣寺中一處水閣內。一天，時任外務省次官的大野，匆遽趕來，他說：『陳主席來日的消息，因在中國的日本軍部所發的密電，為重慶方面所查出，行蹤已無法掩藏，這將如何是好？』而陳先生卻毫不考慮地衝口而出說：『那末，我就回國去！本來我就準備隨時要回到我自己的國家的。但我有一個條件，請通知國民政府，我不坐美國飛機，就請政府派一架飛機來接我回去吧。』」小川中尉說完了這一段話，又感慨地說：「在我的印象中，陳先生確是當代的一個偉大人物」。

寫到這裡，忽然想起了一段插曲。數年前我在東京遇到了矢崎堪十中將（現已去世），戰時他是華南特務機關長，又是香港的軍民長官，最後還任汪政權的最高軍事顧問。太平洋戰爭爆發的上一年，在廣州舉行了一次東亞新聞記者大會，我被派為中國代表團的團長，赴廣州出席，曾與矢崎有過多次接觸。那時他態度囂張，神情傲慢，在拙著中，曾備加指摘，而在東京重逢，他雖看到過我寫的那本書，卻未存芥蒂，反而屢次邀我在他主持的亞東工商協會演講。有一天，他請我在一家酒樓中宴聚，忽然問到我汪夫人陳璧君怎樣了？我說：「已從南京老虎橋獄移押上海提籃橋獄」。他又問我她犯的是什麼罪？我說：「漢奸罪」。他忽而大笑地說：「奇聞！奇聞！當年在廣州時期，雖然我是有權力的日本特務機關長，但我最怕看到的是她。一見面她總是嘮嘮叨叨、聲色俱厲的指責我們日本，而我們卻無法動搖她半點，她居然也會被指為漢奸，這真是天大的笑話」。日本人與中國人對於汪政權，竟會有那樣不同的看法。

我訪問了小川哲雄之後，又去看了岡田西次少將，他現在是橫濱日本發條公司的副社長，戰時往來於南京上海之間，擔任著日本陸軍經濟方面的職務，他是周佛海的密友，他知道佛海的任何公私上的秘密，所以當佛海兼任上海市長時，他又是上海市政府的最高顧問。他對汪、陳諸氏，都有深刻的認識。我向他提出了關於公博先生的問題，他卻避免作直接答覆，他笑笑說：「我正在寫一本當年在中國時代的回憶錄，預定年內完成出版。我為什麼要寫這本書，有兩個目的：（一）為了我自己，戰時我把妻子兒女都留在國內，孑身在中國工作了十餘年，我要告訴我的子孫，我那時究竟做了些什麼。（二）本著我所看到的一切，我要告訴世人，中日戰爭的時期，重慶方面的抗戰是為了愛國，但從事和平運動的汪精衛、陳公溥、周佛海等人，也同樣熱愛著他們自己的國家。我所體驗到的，他們怎樣也不能稱之為漢奸」。

當我在獄中看到了公博的〈八年來的回憶〉之後，使我對他本已完全改觀。而他在獄中判處死刑的放棄上訴，作為服法的範則，臨刑前，當被提離監獄時，特趨向汪夫人獄室前說過的一段話：「夫人！請恕我先去了，今後，請夫人保重！我比去，也可以有面目見汪先生於地下了」。公博也真正做到了以身殉友而無憾。他在法庭上寫遺書時的那份泰然的表現，在臨死之前，假如胸懷愧怍的話，此時更決難掩飾。我在香港曾遇見過一位由重慶歸來的人，他對汪政權抱有很深的成見，但因為過去他與公博也是朋友，他驚訝於公博居然也甘心做了漢奸，特地去看公博在法庭受鞫以及被執行時情形。最後他嘆息著對我說：「公博真做到了從容赴死的程度，他那份氣概，使我每一念及，迄今還感到了無限的痛悼」。

公博假如在汪先生離渝後，仍在蔣先生領導的國民政府下工作，任何人會相信他反而會受到更大的寵遇。懸想他那時是痛苦的，一方面不願有負於平生知己的汪先生，一方面又無日不想做到「黨不可分，國必統一」的局面。他終於封金掛印，飄然引去，擬之古人，關羽差堪相比，但有人一定以為我擬於不倫，但三國鼎立，而曹操挾持的漢獻帝，以正統的眼光來看，還是國家的正朔呀！

他的遺書〈八年來的回憶〉，共分七節，而在拙著上遺漏的，就是結論的最後幾段。公博在獄中，既決以一死酬知己，而且願為服法的範則，文過飾非且屬多餘，又何在乎身後的是非呢？那篇遺書，說得那樣坦率，那樣沉痛，那樣真摯，語重心長，不但顯出忠於汪先生，為了整個國家民族，他也同樣忠於蔣先生。這裡不必我再多辭費了，《大人》的讀者，自會有公平的判斷。這一份遺書，可留作千秋萬世之後，讓治史者來把它作為評騭的依據吧。《大人》重刊全文，並補充結尾的闕漏，我認為是太有意義了。

（一九七三年三月廿一日寫於東京旅次）

陳公博逃亡日本真相——勝利初期的南京別一幕

大風

有人對我所寫南京指揮部之間沒有貪污事件，表示了懷疑。他說：「勝利初期那時間，淪陷各地的重慶機關，凡稍具權力的，都不免有這類情事發生，只是或多或少，或明或暗而已。」他列舉了平、津、滬、杭各處的事例，他表示未見過有乾淨的地方：「你把南京指揮部說得那麼清白，那真是大觀園的石獅子了！」味其語氣，顯然不予置信。

這位朋友當時不在南京，看了別處的情形，於是推論南京情況，豈能例外，此一懷疑，是想當然的。本文再補敘一點當時的實際情形。

若問南京指揮部怎會不同於別的地方，沒有貪污事件發生？我想可能是由於下列原因：

第一，是成員的質素。指揮部的成員，多數原是南京站的幹部，經過了訓練而受組織控制，當時全是二三十歲的青年，朝氣蓬勃，未受壞風氣的沾染，事實上也還沒有為非作歹的本事和膽量。

第二，是待遇優厚，指揮部成立之初，周鎬就向周佛海請領了一筆可觀的經費，所以指揮部同人待遇極好，大概都在原職一倍以上，生活都很過得去。

第三，該歸功於「獎廉金」制度，當我接受出任調查兼軍法兩處的時候，我向周鎬提出一個附帶要求；「調查、軍法兩處，職重事繁而人又多，最容易出亂子，攪出什麼事來，你我的責任不用說，指揮部的聲譽，也有影響，你要我當這兩處，我有個附帶要求，就是請撥一筆特別費，作為同人的「獎廉金」，試一下我的『廉政計劃』可行得通？」

周鎬當即，連聲好！好！一口應允。

當時在座的另一同志聽了，不甚了了，問我「廉政計劃」是怎麼會事？

「是個推行廉政運動的方案。」我向他解釋：「周佛海兼任上海市長後，發現上海各機構的貪污情況，十分嚴重，雖經羅君強大力整飭，無奈只是治標辦法，收效甚微，貪污事件仍不斷發生，有次跟周鎬談及，有意要設個機構，推行廉政運動，要起草個具體可行的計劃，當時周鎬一力推薦我來執筆，當我脫稿之日，已是勝利之時，白費了一番心思，……指揮部是個可能發生貪污情事的場所，因此，想把這計劃試一試，看看有無實行的價值！」

所謂「獎廉金」，是在原有待遇外另發一筆、津貼，數目因職位而有差別，當時調查、軍法兩處同人，每人約得時值一至二兩黃金之數。

領取這獎廉金的條件，要簽具宣誓書，保證在服務期間，奉公守法，潔身自矢，倘有任何貪污情事，不論大小，自願接受軍法最嚴厲處分，宣誓、具領的手續，係個別進行並不公開，同事間互不知情。

接受獎廉金的同人，除自己不能貪污外，並有監視和檢舉同事貪污的責任，因此彼此間都有監督作用，同時彼此間亦都有所顧忌，自然更不會串同作弊了！

我相信這獎廉金在當時確有其一定作用。在心理上固然增加了各人的責任感，同時也多了層受軍法制裁的約束；在物質上亦有助於同人生活的安定。

指揮部人員自始至終未有貪污情事，這「金箍咒」可能有點作用。且不論什麼原因，指揮部沒有貪污，則是鐵的事實，雖已事過境遷，卻亦不能瞎說，當時在京人士，現在留港的也還不少呢！

至於其他重慶機構在當時有無貪污情事？記憶所及，除了石油案外，也未聞有此類不法事件，在淪陷的範圍內說，南京該是最乾淨的地方！

周佛海設立招賢館

南京在周鎬未來之前，只有兩個組，和一些外圍，工作由設在上海的京滬區直接領導，原無站的名義。那時京滬區的負責人，便是程克祥和彭壽，南京兩組，是程克祥一手重建的，因此兩組的人事，包括我在內，全部是他的關係。

經費的來源，就我所知，東南地區的工作經費，自始至終由周佛海一力供應，中間的聯絡人，就是周佛海的內弟楊惺華，程、彭之所以經常與楊周旋，原因便在此。那時周佛海所撥經費數量，一般說還過得去，而且跟物價增漲而調整，經費方面始終並無支絀情形。一說那時程克祥曾藉口電台經費向人募捐食米，若果真有此事，一定另有用意，決不是為錢！錢，有周佛海這個大施主，還用程克祥沿門托缽嗎？不說周佛海，就憑程克祥和楊惺華的關係，多撥幾百擔米充作經費，也還不成問題。

周佛海跟程克祥、彭壽的關係怎樣？有人說：程、彭是經汪政權的「招賢館」學藝研究社登記而錄用的。所填的資歷，彭是江西「皇協軍」的「囑託」，程是維新政府宣傳局的科員兼南京新報記者，同去登記的彭盛木是同文書院教授。

這裡可以揭露一宗秘密。就我所知，周佛海一到上海，就跟內弟楊惺華與程、彭取得聯絡，這是雙方按照上級指示而接觸的，時至今日實已不必諱言，周在離渝之前，已有了某種默契，至於周如何跟地下工作配合？正是程、楊秘密會晤的主題，為了避免萬一暴露時牽累及周佛海的安全，會商的結果，決定採取迂迴的方式，周佛海之所以設「招賢館」，程克祥、彭壽經徐朗西介紹去登記，皆出於事先周密的安排。

儘管周佛海和程克祥、彭壽之間，憑學藝研究社登記一點膚淺的關係，試問周佛海放心把「私通重慶」的工作，會交程、彭經辦嗎？

又如彭盛木被任為對日交涉的翻譯，也非偶然的事，周佛海雖然坦率，也不致於冒失到用一個素無淵源、不明來歷的人，來參與機密擔任對日交涉的工作！揭穿了說，彭盛木之出任這份工作，乃由於組織授意！以便隨時瞭解、掌握汪、日交涉的實際情況。

至於彭盛木之死，並無什麼秘密，他原患有心臟病，卅年曾經日本憲兵隊逮捕後，不免受盡折磨和驚嚇，於是激發了他的心臟，不治身死！

周佛海跟程克祥、彭壽之間，起初只是工作關係，私人交情，那是後話了。

程彭同居笑話共妻

程克祥、彭壽之間的關係又怎樣？起初不過因工作而撮合的拍檔，也可說是一對成功的拍檔，私交雖不能比諸管鮑，卻也情同手足，外問傳說：程彭共妻，那只是開玩笑的說法。

這笑話的來源，是這樣的：話說程克祥搬到霞飛路底的一所小洋房之後，因為彭壽是王老五，生活起居，無人照料，就撥了個小房間，邀彭入住，同時附庸風雅，顏之曰「祥壽廬」，把兩人的名字用了進去。有次在宴會上，不知是誰，問到「祥壽廬」命名的意思，於是有人代為說明，祥是代表程克祥，壽便是彭壽，表示他兩人同居之意。這位朋友便說：「你們兩位原來是通家之好！」另一位朋友便開玩笑：「通家之好不要緊，可不要通『室』之好！」於是程、彭通「室」之好的笑話，便不脛而走！以訛傳誤，最後就發生了「共妻」之說。

程克祥與彭壽之間相處的融洽，確是事實，但不至融洽到共妻程度。就我所知，程、彭之間，從外表看，似乎兩位一體，實則仍有距離，特別是性格方面，可說截然不同，而程、彭能合作得那麼好，至今我仍說不出所以然來。

彭壽自稱是彭玉麟的曾孫，是否屬實，恕我不曾查考過，不過生就一副「公子哥兒」格局，卻也是事實，講究衣飾，有潔癖，雖然髮已半禿，仍經常保持光可鑑人，在交際場中，周旋於異性間，瀟灑倜儻，頗有濁世佳公子模樣，可是至死獨身，我想可能與他潔癖有關。

他的性格，跟他外表一樣，也是「公子哥兒」型，自大而帶有浮誇，本質不壞，只是功利思想太濃，自不免影響了他的作為。

程克祥呢？恰恰與彭壽相反，有點道學先生氣味，國學根基不錯，寫的一手鄭孝胥體的蘇字，早歲曾從西藏某喇嘛學密宗，禮佛至誠，三十年冬，程為日本憲兵隊逮捕時，備受毒打，竟渾然不覺，若無其事，釋出後檢查，亦無創傷，自謂平日持戒的感應！程克祥篤信佛教於此可見，其為人處世亦受佛學影響甚深，雖未必臻於不慕榮利、於世無爭的境地，卻也規行矩步，方正不阿，只是穩重中帶點拘謹，與彭壽的浮躁，相映成趣！

勝利後周鎬被軍統扣押，外間曾有出諸程克祥構陷之說，有人以此為問。我就斷言：程克祥決非這種人，程克祥與周鎬之間，雖有磨擦，並無深仇大恨，就我所知，程的為人，相當厚道，涵養亦好，絕非睚眥必報之輩！其後事實證明，果與他無關。

戀新忘舊周鎬重婚

程克祥與周鎬之間有什麼磨擦呢？

程周過去原無甚淵源，周鎬接任南京站後才發生關係的，在組織上說，南京站是受上海領導的，也即是程、彭的部屬。

卅二年周鎬自重慶經皖南到南京，在禮貌上自應先去上海「請訓」，然後接事。周鎬抵南京時，周佛海正在南京，周鎬因攜有中央給周佛海的重要文件，於是就近先去拜會周佛海，此舉自然使程克祥和彭壽頗為不懌！

使程彭不懌的，並非只是禮貌問題。原來京滬區與周佛海的聯繫，一向只是程克祥與彭壽兩人，至此南京站直接與周佛海發生關係，一變過去壟斷的局面，雖說經費仍由程、彭具領，情報依舊經上海轉報，形勢可大有不同，也難免有互不接頭的情事發生。

在周鎬說呢？名義上雖是南京站長，任務卻偏重於敵後游擊部署，及軍隊的策反，軍事重於情報，而程、彭都是文人，所以中央為避免周折，指定周鎬直接與周佛海聯繫，事實上亦有其必要，但這種必要理由，周鎬既不便說明，亦難得程、彭諒解。因此程、彭對周鎬，終不免耿耿於心！

有天，我接到上海的密函，要我注意周鎬的私生活情形。隨時具報，這當然是不尋常情形。同志間私生活的情報，亦即所謂「小報告」，往往被用為打擊同事的手段，但是對方活動足以破壞團體，影響大局的，那就不算「小報告」了。

對於「小報告」我一向覺得是種卑劣的行動，既討厭人家打小報告，也從未寫過小報告。對於上海這個命令，雖不感興趣，但亦無法拒絕，於是開始注意周鎬的私生活。

周鎬到南京不久，就發表了軍令部第二廳少將情報科長，地位並不高，但是情報科是軍令部最大的一科，也是軍令部唯一有業務可做的一科，許多人爭不到，周鎬一來垂手而得，成了軍令部的紅員，同時又兼了「陸海空軍同袍社」的組織部長，這是個各種軍事學校綜合性的同學會，雖然是個社團，卻是有份量的社團，和平軍的幹部大都是社員，對於我方工作，是可以發生大作用的據點。周鎬對於這些工作，都做得十分順手，至少在軍事部門，已成了新進人物，因此恭維、把結的大有人在。那時，航空署有位姓白的科長，由於「陸海空軍同袍社」的關係，跟周鎬走得很近，大概看他孤身在南京，就給他介紹位女友，是南方大學高材生，貌僅中姿，卻擅應酬，口齒伶俐，頗惹人好感，而周鎬又能說慣道，兩人甚為投契，於是玄武湖畔，燕子磯上，時有他倆遊屐。那年周鎬是卅五歲，如果對方沒有特殊的政治背景，也是極正常合理的所為，並無可以非議的地方。

因此我所注意的，集中於女方政治思想和家庭背景，瞭解所得結論，並無特殊之處，吳雪亞雖然好動，思想卻極保守，家庭成分，是杭州的地主，說得上家世清白。我覺得都很正常，不值得作什麼報告。

周鎬和吳雪亞，不久就在鹿鳴春閃電結婚，程克祥、彭壽都沒有參加觀禮。

後來我見到彭壽，問他怎麼不來喝喜酒？

「我先問你，周鎬私生活的情形，要你注意具報，怎麼連片紙隻字都沒有？」彭壽扳起了臉說。

「你是否指他們戀愛事件？」我笑著說：「他們很正常嘛！」

「正常？」彭壽簡直近乎咆哮：「周鎬簡直在熱昏！他那有資格結婚呀！」

「怎麼會事？」我感到有點不妙：「難道周鎬已有了太太？」

「難道你不知道？」

「你們幾曾告訴我過？他既能公開結婚，自然經上級批准了的……。」

「周鎬色迷心竅，那裡還想到規矩……，公事且不說，將來雌老虎來的時候，就夠他瞧的了……！」

這樁事雖鬧得不太愉快，但究屬私人小事，以後也就不了了之。

彭壽通敵被判極刑

程克祥、彭壽、周鎬三人的性格作風，既互不相同，各有距離，程彭與周相處之不能融洽，自然不在話下，而程、彭兩人長期保持緊密合作，也不能不說是奇蹟！

在抗戰時期敵後工作單位中，程、彭可說是一對極成功的拍檔。不論在公在私，都相處十分融洽，聲氣相通，步調一致，簡直是兩位一體，不分彼此，因此好多人以為他們合作成就，基於意氣相投。但如你注意到兩人不同性格，就可發現他們的結合，並不如此簡單，事實上由於兩人性格的各異，長期來都有矛盾存在，只是為工作和利害的需要，互相遷就，用程氏的讜論，就是「相忍為國」，不使矛盾表面化而已。

這個答案，勝利以後就揭曉了。京滬行動總隊結束之後，程克祥和彭壽就分道揚鑣，程不久就跟宋子文到廣州出任省政府的新聞局長，這是程聰明的抉擇，而彭壽仍留上海辦事處工作，直至卅九年再在台灣碰頭，這一事實，說明了兩人的關係不如外界傳說那麼親密。但是程彭過去這段「親密」的歷史，險乎送了程克祥這條老命。

原來大陸陷共的時候，上海洪幫領袖徐朗西，未及撤走，滯留上海，徐與國民黨高級人員原有往來，中共認為是對國民黨進行的統戰最好工具。於是威迫利誘，要徐向台灣跟他有關人員通信，進行其分化離間的統戰陰謀，彭壽原是他洪門的弟子，自然成了進行統戰的對象，湊巧彭壽到台灣之後，不甚得意，局勢猶動蕩未定，彭壽以為大勢已去，加上徐朗西的引誘，於是陡興貳志，與徐朗西魚雁往返，經常聯繫，也是彭壽粗心大意，以為他的信件不致受檢查，在信中均暢所欲言，毫無顧忌，傳東窗事發，法庭上成疊照片，均為彭親筆函件，於是鐵案如山，無法否認的了。

從外人看來，程彭兩人，簡直是楊家將中的焦孟，患難與共，聲氣相通，彭壽有所圖謀，程難免有通謀之嫌，最少亦有知情不報的嫌疑，於是程克祥便跟著彭壽瑯璫入獄，聽候偵審了，其實兩人此時的關係，遠非京滬區時可比，據我所知，勝利後程彭拆檔，各奔東西，並非客客氣氣的分手，而是臉紅耳赤鬧翻了才散場！至於程彭為什麼鬧翻？大致是長期互忍下來累積的矛盾，一旦無所顧忌了，便突然爆發起來，在台灣程彭再度相逢，表面上維持禮貌上的客氣，實則各懷鬼胎，面和心不和，世事往往如此，老友反成仇讎，何況程克祥的性格，老成持重，如何敢參與這類輕舉妄動的冒險行列！結果彭壽被判了極刑，程克祥審明無關，由宋子文保釋了事。

周鎬捕鮑文沛真相

有此一說：八月十六日晚上，周鎬派人到軍校演說，要求接收，被堅決拒絕之後，卒將總隊長鮑文沛捕去。次日，鮑文沛又被軍校學生從指揮部搶奪回去。

關於指揮部之無意接收軍校，以及無力接收軍校，我在前文已經談過，鮑文沛任中央軍官學校的總隊長那是不錯的，可是指揮部從未逮捕過他，指揮部逮捕人，事先或事後一定要通知軍法處，這是一定的手續，而我當時曾任軍法處長，卻不知有此事。

那時候的軍校，學生有一千多人的，校長陳公博，實權卻操在東北系的鮑文樾、胡毓坤之手，總隊長鮑文沛，就是鮑文樾之弟，是軍校實際的當權人物，他以下大、中、區隊長大都是東北的幹部，總隊長便是實際的帶兵官。如果周鎬真是派人去演講，那麼去的人不會太多，不可能派大隊人馬去的，而指揮部也沒有大隊人馬可派。那麼指揮部存什麼力量逮捕鮑文沛呢？要知逮捕的地方，不是住家或普通機關，而是擁有一千多名受過軍事訓練學生的軍校，而被捕的真是他們的首長，你說有可能嗎？

反過來看，第二天軍校學生敢包圍指揮部，「衝入指揮部救出鮑文沛」，那麼當時怎不能在自己範圍內阻止指揮部人員逮捕鮑文沛呢？而眼看他被人捕去？要是說為了顧忌槍尖脅迫下鮑文沛的安全？那麼鮑文沛在指揮部的拘禁中，衝入指揮部豈不更危害及鮑文沛的安全？至於阻止擄人，和衝入敵陣救人，兩者之間的難易，大家曉得，軍校員生何以捨易而就難呢？

那時指揮部所在地的中儲是南京最堅固建築之一，易守難攻，何況守衛的是財政部警衛隊，人數雖少，配備卻極好，嶄新的輕重機關槍、湯姆生手提式，一應俱全，憑幾條爛步槍的軍校學生，如何衝得進去，就是開了門請你進去，喏大地方，還不知鮑文沛藏在那裡呢？

陳公博為何飛日本

民國卅四年初，周鎬調任無錫區專員之後，我接了他的軍令部情報科長，同事中有位姓溫的科長，名字忘了，只記得的是曾任上海市公安局長溫應星的子侄，跟我相處得很投機，不久他便成了我們組織的外圍。有晚突然到訪，袖出一封陳公博親筆寫的，上蔣先生的信，另一封是致黃琪翔的信，均未封口，致黃函是請其將另函轉呈委員長。

「代主席（指陳公博）要我去湖南看黃將軍，請他轉呈委員長。」溫說著抽出信紙，遞了過來：「店裡（指組織）也許先要瞭解些內容，看看有沒有可幫忙的！」

上蔣先生的信，寫了四張紙，大意是陳說，黨不可分，國必統一，聯合反共，最後要求予以直接聯繫和工作的指示。

當時我將信，拍成照片，趕送上級。

一個月後，溫科長回來，告訴我中央的反應十分冷淡，根本沒有一字答覆。

這一事實說明：陳公博對中央確有向心，想在淪陷區裡替中央做些事；他要黃琪翔轉信，反映陳公博對中央上層關係，不夠深厚，也可說是找錯了門路。這事和勝利後兩電委員長，都未獲覆，可能造成陳的心理上的不安，以為中央回來，不能對他有所諒解。

有人說：陳公博之所以「避亂赴日」，是恐怕周鎬及其指揮部對他有不利行動。

陳公博飛日的時間是八月廿五晨。那時周鎬已入居先遣軍司令部，指揮部亦已於二十日遷出了中儲。要知先遣軍負有「雙重關係」，司令員就是「治安委員會」主委的任援道，換言之先遣軍雖是中央頒的名義，同時也接受南京政府「遺詔」，負有維持地方治安之責，周鎬之入居先遣軍，可說是周佛海與陳公博之間妥協的結果，周鎬實際已成了人質！至於指揮部雖遷警校繼續辦公，但指揮官在人家手上，還能對陳公博採取不利行動？何況此時的指揮部已沒有財政部警衛隊的實力，剩下來一些微不足道的力量，遠不足構成對陳的威脅了！

就我所知陳公博等逃亡日本，並非臨時作出的決定，也不是陳公博一人的意思。當陳公博獲悉日本投降後，曾連電蔣委員長，均如石沉大海杳無音訊，陳甚感失望，自然也連想到中央今後對他的可能態度。於是連日在西康路召集林柏生等會議，作成了三種對策：第一就是把軍隊集中淮海省，憑實力與中央談判，此一計劃因為將領觀望不前，無由實現。第二就是南去廣東，與陳璧君會合，看情勢再作決定。第三就是以政治犯身份，援國際公法，由日本政府予以政治庇護。最後採取的即是第三項辦法。毛病出在誤引了國際法的政治犯庇護權，因為日本自己已無條件投降，還有什麼權力予人政治庇護？這點當非陳等意料所及。

從汪精衛的長公子汪孟晉對陳公博最後諫說中，亦可意味到，此行乃求政治庇護。汪孟晉說：「一個形式上與日人合作而失敗的政府，最後還欲『托庇於日人』，將何以自解於國人？父親生前一再訓示我們：『說實話，負責任。』對國事應有負責到底的精神。如必須離開南京，則赴日不如赴渝，由我母親（陳璧君）你，以及周佛海、褚民誼、梅思平、林柏生六位，應負最大責任的先生同去，我願意充一名隨員跟同前往，包一架專機赴渝，一切聽由政府的處置，不管生死榮辱，倒顯得正大光明。」從汪孟晉所說「托庇於日人」，可見陳去日，原是求政治庇護的。如果去日只是暫住，仍擬返京待罪，就說不上托庇了。如果真是束身待罪，「則赴日不如赴渝」了！向來我對汪孟晉的印象，以為只是公子哥兒，臨危之際，竟有如此果敢卓越的見解！的是難能可貴，值得讚嘆的！而陳林等以才智見稱，反而見不及此！真如汪孟晉所說：「何以自解於國人」了。這篇勝利初期南京的回憶，至此暫且打住，正是：「欲寫生平不可心，孤燈挑盡幾沉吟。文章信史有誰知？且博人間潤筆金！」——錄陳白沙先生詩

梁鴻志死前兩恨事

朱子家

日本中央經濟研究所理事長向山寬夫，最近寄給我該所出版今年四月號的《中央經濟》數冊，載有他所寫〈梁鴻志大人之生涯〉一文，對梁氏一生事跡，搜羅極為詳備，其間並摘錄了拙著《汪政權的開場與收場》一書中的部份資料。掩卷以後，無限感喟，又勾起了我與他在牢獄中患難相依的一段回憶。

梁鴻志出身官宦世家

梁鴻志字眾異，以爰居閣名其詩集，福建省長樂人，生於光緒八年（一八八二年）為梁居實之子。梁氏名門之後，曾祖梁章鉅，為嘉慶進士，道光間，累擢廣西巡撫，調江蘇，有政聲。眾異家學淵源，且又天資穎悟，弱冠成秀才，光緒二十九年，又中舉人，時方二十一歲，入京會試，座師龔心釗激賞其文，薦而未中，感恩知己，眾異畢生師事之。翌年科舉廢止，入京師大學堂（即北京大學前身），畢業後歷任山東登萊高膠道尹公署科長，奉天優級師範學堂教員等職。旋受知於段祺瑞，羅致幕下，任法制局參事兼京畿衛戍司令部秘書處長，肅政使等職。民國七年，任參議院議員兼該院秘書長，成為安福系要人之一。民國九年八月，安福系失敗，指為禍首之一而被下令通緝，逃匿北京東交民巷日本公使館得免。民國十三年段祺瑞任臨時執政，又為執政府秘書長。民國十五年，隨段下台，此後十年之間，隱跡天津、上海大連等處，以吟詠自遣。

從維新政府到汪政府

民國二十六年盧溝橋事變之後，日人在南北製造政權，華北為王克敏領導的臨時政府，華中則為梁鴻志領導的維新政府。維新政府於民國二十七年三月二十八日成立，眾異任行政院長兼交通部長。直至民國二十九年三月三十日汪政府成立，維新解體而改任新政權的監察院長。汪氏在日逝世後，原任立法院長的陳公博為代理主席，又由眾異繼任立法院長．直至日軍投降為止。

梁氏的詩，與其同鄉鄭孝胥，陳散原並稱，為清末以來當代三詩伯，自光緒三十四年至民國二十六年的三十年間，先後刊有《爰居閣詩集》十卷，錄存詩九六五首。民國三十四年十月二日被捕入獄，至翌年十一月十九日畢命止，又成詩二百餘首，分為《入獄》、《待死》兩集。

在汪政權的六年之間，我與許多人都沒有往來，有些本屬友好在那時，形迹卻反而疏遠了。沒有人會相信這會是事實的，除了公開場合中無可避免地相遇而外，甚至沒有一個日本人曾經與我有過私交上的接觸。在政治圈中，不僅有門戶之見，又有派系之分。汪政權中人對「維新政府」更具有很深的成見，在一九三九年上海籌備建立汪政權之前，因形格勢禁而不得不決定容納「維新政府」的人員時，內部就有過很大的暗潮。在當時，汪派與維新派固然貌合神離，連汪派之內，大的既有公館派與CC的暗中對立，最有權力的周佛海系，盡人皆知丁默邨與李士群之間有矛盾，佛海與梅恩平、丁默邨也時生誤會。羅君強且對李士群加以鴆殺。在如此紛亂的局面中，我竭力避免捲入漩渦，平素往來的，也僅限於密切關係的寥寥數人。對梁眾異的晉接，更僅有一次，那是他的女公子與朱樸之兄結婚時，我往上海原法租界畢勛路他的私邸趨賀，也僅一握手與寒暄數語而已。

捕漢奸分開兩地拘押

上海拘禁汪政權中人的羈囚之所有兩處：一是南市近火車站的軍統拘留所，另一處原在愚園路舊吳四寶住宅，後又遷往幅履理路盧英住宅的楚園，稱為軍統優待所。這兩處的性質如何劃分，也令人莫測高深。照理，能到優待所中的，應該非地位重要或將以政治解決的；就是曾經被認為有過微功足錄的，但也並不盡然。楚園中的囚徒，有些且是開賭場的、白相人之流，可見劃分的標準，還是出於人情與關係。

我是於一九四五年的十月一日，天真地，幼稚地充滿了對政府的幻想而去自首的，我榮幸地被送往了愚園路的「優待所」，一星期之後，主持「肅奸」工作的戴笠，降尊紆貴地親臨優待所，宣佈了「寬大仁厚」的辦法，他逐間地慰問，對於若干本來熟識的人如溫宗堯、唐壽民、唐海安、沈長賡等還請下去個別密談。他向大家宣佈說：「我奉委員長的命令主持這一工作。我知道各位中有許多曾為國家出過力，我將盡力為各位昭雪，將來，會以政治手段來解決而不想採取法律途徑。此地太狹小了，我已覓定了一處比較寬大的地方，請各位搬過去。你們辛苦了多年，那裡，就算是一個療養院，供各位作短期休養之用。也許，政府還將繼續借重為國家之用」。這一席話，聽來受用，也聽來興奮。畢竟戴局長言而有信，一星期之後，大約在那年雙十節的三四天，幾輛十輪大卡車，在戒備森嚴下，把我們一律押解到了福履理路的「楚園」去「休養」去了。

楚園作楚囚特殊生活

楚園是前上海市警察局副局長盧英的私宅之一，楚僧是他的號，因以名其居曰「楚園」，這不祥的名辭，結果終於供作一群楚囚的居處。那裡是一所大宅，樓上一排五間大房，有一道寬闊的穿堂，樓梯頭上另有一間小室。樓上是我們的住處，樓下是軍統軍法處的辦公室。樓外一片草地，與若干小屋。當我們抵達之後，就魚貫上樓，有一位身穿藍綢大褂，方面大耳，魁梧身裁的人，在梯頭靜靜地注視著我們，面上露出了驚訝的神態，我一看，竟然是為維新政府首長的梁眾異已先我們而至了。

我們是五個人一間房，有床有桌，而且當我們到達時，每一張床上已放好了當天的一份報紙，這位所長大人更謙恭有禮，連聲向我們說：「搭待不週，招待不週」！在受寵若驚之餘，我們聽來，卻感到是別有一番滋味。梁眾異氏卻受到了更特別的款待。他獨居在梯頭的那間小室中，每天還准許他的新太太進入為他照料一些起居上的瑣事，連藥丸也並不加以檢查，他的小桌上就經常置有兩瓶維他命丸。

在楚園裡的楚囚們，雖然被剝奪了行動的自由，通信的自由，以及家屬探訪的自由，而生活卻還是多采多姿的。在室與室之間的來往，並沒有受到禁阻，需要的東西還可以寫了字條派專人到家中去取來，飲食方面的伙食，是自己出資的，上一晚寫好了菜單，交廚房照辦。主理廚政的卻是梁眾異的舊廚子，他煮得一手上好的福建菜，主人遭到了囚禁，連傭僕也失去了自由，為我們洗滌打掃的，也就是盧英家的舊僕。我們有唐壽民、吳蘊齋、朱博泉、沈長賡、孫曜東、唐海安等集資同食，但梁眾異卻獨自在小室中進食。唯有那年的農曆除夕，我們備了豐盛的一席，為卒歲之計，那天眾異也來參加了。大家居然還飲了幾杯，酒落愁腸，自然更遏止不住情感的衝動，許多人都不禁放聲大哭。梁氏卻取來了一張白紙，奮筆寫了「息壤在彼」四個大字：並加了一段短跋，各人都在上面簽了字，彼此慰勉說，如能重見天日，將永不忘今宵，一息得存，共求湔雪。這一幕，離今天已整整二十五年了，眾異、蘊齋、海安等早化異物，自將永永虛有此志了。

梁鴻志博學作一字師

我半生混跡在文化界，對當代的碩學鴻儒，相識不可謂不多，但能如梁氏那樣的博聞強記，卻從未一見。楚園中尚留有百衲本廿四史及全唐詩各一部，閒來翻閱，有不解處向他請教，他無不詳為指點，而窮其本末，我生性好弄，故意提出歷史上的某一事以試探，而他能將某事發生於某代某朝某年而絲毫無誤。更難得的是一部《全唐詩》，達九百卷所採二千二百餘家，得詩四萬八千餘首，我偏找出極冷僻而不為人知的幾首詩，誦上句，而眾異不待思索，隨口接誦下句，這種讀萬卷書而又有驚人的記憶力，足見其天賦與功力的深厚，不能不為不學如我者所嘆服。

有一件事說來慚愧，也將令我終身難忘。在楚園中，每一個人，面臨著從未有過也且從未想到過的遭遇，最難渡的就是漫漫的長夜。因此，有人發起，在每天晚飯以後，團坐在穿堂裡輪流由一個人講述一個問題，以稍忘當前的痛苦。記得有鄭洪年講《孟子》，林康侯講《論語》，朱博泉講金融，孫曜東講京戲，他們也推我來講法律。我是一個道地的陶淵明的信徒，儘管幼時被迫讀過不少舊書，而我則一向以不求甚解為得，在文化界中的所以還勉強能東塗西抹，全靠讀些閒書，偷襲一些成句，雜湊為文，特別幼時沒有從小學入手，對每一個字的音義，常會積非成是。那一晚要我講法律，本來這一門就夠枯燥乏味的，尤其當時的處境，正將「以身試法」，在「有條有理」的當時，正正經經的談論法律，也未免太覺不合時宜。為了使大家的情緒輕鬆一下，我選擇了不涉政治的風化問題。我舉出許多實例，其中之一為曾經轟動一時的上海某律師，結婚之後，對這位新夫人竟捨正道而勿由，喜作變態性行為而情甘逐臭，其妻因不堪其擾，以虐待為理由向法院控訴，要求離婚，而判決結果，訴不獲直，理由是清官難斷家務事，更何況是床上事。法官認為夫婦間床笫之間，外人無從究詰。好一個我！小說上常看到「床笫之間」這字樣，我竟然將「笫」作「第」，老實不客氣的在大庭廣眾之間，讀為床第之間。

第二天，梁眾異向我招招手，要我到他的小室中去，輕聲地告訴我說：「你昨天講的床笫之間的笫字，應讀作「滓」，而不讀作「弟」，我愕然，卻還自作聰明，反問他說：「第」字在此處是否要讀作「滓」？他微笑說，這根本是兩個字呀，「第」字竹下為「弟」，而「笫」字竹下為「朱」。我聞言大慚，幾乎無地自容。因為如其我是從事別項職業的，讀別字猶有可說，而我偏偏濫竽在文化界中數十年，如此普通的一個字竟然鬧此笑話。尤其先父先伯是有清一代大儒俞曲園先生的弟子，竟有了我這樣不肖的子孫！我感激他在暗中指點我，保全了我的面子，也成了我的一字之師。從此在鐵窗之下我發奮把字典再一字一字從頭研讀。但我也為此失掉了學詩的最好機會，他以後曾不斷鼓勵我作詩，並願意為我指正，終於因此一事，有了很大的自卑感，不敢向他有所問難了。

停止優待起解提籃橋

整整經過了半年的時間，在一九四六年的四月二日，在楚園和南市的首批七十一人，因戴笠在南京撞機身死，無人再敢為政治解決之謀，於是一律解往上海市內的江蘇高等法院第二分院審判。從此，我們由優待所正式送到提籃橋監獄而成為待決之囚。

在他的生命走向盡頭之前，我與他似乎特別有緣，他也對我越來越親近，在楚園的時候，常常和我閒談，談話時有時還把門推上了，深恐有人來干擾。他絕口不談政治，也從未談到過今後不可知的命運。除了治學以外，談的類多朋友間的瑣事。從楚園起解到提籃橋的一天，他與我並坐在十輪大卡車上，握住了我的手，有時突然用力地一握，使我察覺到他心裡的不安。進入監房以後，他要求與我住在他貼鄰的一室，每當夜深人靜以後，我還能聽到他繞室徬徨的一些聲音，有時，在厚厚的牆壁上他輕輕地敲了幾下，這是囚犯要與鄰室交談的訊號。於是我們同時把鼻子與嘴唇從鐵柵的隙縫中透出，低聲說話。在第一次檢察官偵查我們時，又是同一日與同一時間。法庭就在監獄以內，照例要上銬，為了家裡事先為我們送了一些「孝敬」，就「恩」准豁免了。他又與我要手攙手地一路同行，讓別人看了，以為我們是連銬在一起的。在牢獄以內我成為他最接近的一人。

大約因為我們是政治犯，也許還為了多少有些內疚和歉意，不需要穿囚衣，也不必吃囚糧，家屬每星期兩次可以接濟飯菜，還可由百貨公司直接購送罐頭食物，我們就精打細算地來維持一週間的飲食。好幾次梁氏家裡用大口熱小瓶裝來了滿滿一瓶的魚翅，在每天兩次開啟了牢門可以在走廊上散步的時候，他看到左右無人時，常常向我招招手，要我進入他的囚室，倒了一大碗魚翅，逼著我一飲而盡。

他對我的好，一半是出於獎掖後學的那一份前輩風儀，另一個原因，或者為了我有一副傻勁。許多人到失去了自由的時候，會變成逆來順受，完全消失了反抗的勇氣。我剛好取了相反的態度，身在牢籠，思前想後，我感覺到憤怒的，是受騙遠多於受辱，在家破身敗之餘，還有什麼可以顧忌的，於是存了橫決的心理，認為除死無大事，因此總與禁卒們爭吵，出頭鬧事。在他獄中送我的詩裡，有一句是用龔定菴的成句的「亦狂亦俠亦溫文」，「俠」與「溫」是絕對愧不敢當，也許他所欣賞的正是我這一副狂奴故態。

瀕死前透霹兩大遺恨

有一年多的時間，我與他在獄中朝夕相見，他向我吐露出不少深藏內心的話。他說：我在這次事件中有兩大遺恨：（一）不應拘捕我的人，竟千方百計地拘捕了我，來作為獻媚邀功之計；（二）我生平珍藏了不少古代字畫，尤其獲得了宋代的字畫達三十三幅，因以名我齋曰「三十三宋」，而在這次接收中，散佚糟蹋光了，這不是我的損失，而將是國家的損失。

他所說不應拘捕他的人而拘捕他的，指的是任援道（一九六七年香港騷動時，任因他的大兒子祖宣的暴死，倉皇遷避到了加拿大去）。當然我與他也很熟，尤其在香港的幾年中，我正在寫《汪政權的開場與收場》一書，他過去所做的事，他自已當然比我更為明白，深恐我筆下會加以無情揭發，因此曾經有意無意的屢屢請我吃飯。

事實經過是這樣的：日本投降以後，梁眾異攜了他的新太太與方在襁褓中的幼女，在蘇州賃一大屋，以為暫時蟄居之地。在他生前，雖沒有告訴我所以選擇這一個地點的原因，但我可以想到，勝利後上海與南京兩地最亂，也最易受人注意，蘇州則遠較幽靜，他與當時的行政院長孔祥熙既有默契，也許要等待與孔氏取得聯絡後，再行決定他的進止。其次，任援道曾經是他「維新政府」的部屬，現在雖已受任為重慶委派的先遣軍司令，正控制著蘇州地區，彼此既有過去一段淵源，即使任援道不曲予庇護，總也不至故加陷害，最少心理上有些安全感。其實梁眾異大錯而特錯了！政治本來是無情無義的，能夠在政治上活躍的人物，更必須汨滅其人性，別人且然，更何況於任援道。

任援道是江蘇宜興人，他自稱畢業於保定軍校第一期，其實他只是在江蘇陸軍小學受過業，而居然以此向人炫耀。他是一個道地的革命販子，曾經出賣過陳獨秀，也出賣過鄧演達，出賣朋友已成為他的第二天性，以為獵官之計，但他不擇手段的為所欲為，卻一直鬱鬱並不得志，除短期曾在唐生智那裡當過閒差以外，不曾有過其他顯赫的官銜。抗戰事起，國軍西撤，「維新政府」於一九三八年三月二十八日成立，他就夤緣得一「綏靖部次長」的職位，那年的冬天，「綏靖部長」周鳳岐在上海亞爾培路遇刺殞命，他就坐升「部長」，一直到汪政權成立以後，竟有過數不清的高位，什麼軍事參議院院長，海軍部長，第一方面軍總司令以至江蘇省長等等，因有日人為奧援，一時際會風雲，確是得心應手。

抗戰勝利以後，又得湯恩伯的顧拂而榮膺新命。他一方面小心翼翼地應付重慶方面的人物；一方面卻意氣洋洋地壓迫汪政府的舊侶。他處心積慮，要由他一手來搜捕所有參加汪政府的重要人物，曾經勸過不少人避往他的部隊以內，這樣，他以為可以達到他一網成擒的目的。陳公博在蘇州高等法院內所寫的自白書——〈八年來的回憶〉中曾經說過，他之所以要避往日本，因那時重慶政府的人員猶未到達，情形一片混亂，蕭叔萱已不幸為自稱軍統人物的周鎬所擊斃，因此任援道兩次去函，好像是善意地勸公博遷地暫避，以待政府的處置。但任援道對此，卻竭力否認曾有此事。最近我在東京遇到前任援道部的師長劉邁，他告訴我說，公博在自白書中所說的，一些不假，其中的一封信，還是他奉了援道之命由他親自交給公博的，任援道的為人，從這一斑就可知其全豹了。

梁眾異匿居蘇州，本來是無人知道的，像他這樣一個重要人物，當局自不會放過的，但「軍統」、「中統」且無法獲得任何線索，如有人能夠偵悉其踪跡，自然將是大功一件。任援道也許事先有些風聞，他派遣了無數親信，四處查訪。一天，在蘇州車站上發現了梁的新太太正搭車赴滬，於是就在暗中跟踪，最後自然很容易查到了梁氏的秘密居處。由他動手逮捕之後，輾轉送交軍統。

梁氏認為第二件遺恨的事，是他所收藏古物的散佚與糟塌。上海浦東地區的忠義救國軍陳默部，勝利後一進到他上海的住宅，就遭到了劫運，有些明版的古籍，整部取走不算，有些就被士兵撕來作拭穢之用。他所最激賞的是兩幅宋代的字畫，因為他太喜歡之故，就放置在案頭，不時加以展閱。他告訴我其中一幅是蘇東坡的真跡，另一幅出於何人手筆，我已記不起了。這兩幅稀世珍品，很早就被順手牽走了。陳默還因涉了「劫搜」罪嫌被控，搜到他持有的一把扇面，就是梁宅的舊物，因此還把梁氏一度提堂作証。梁氏對我說：假如這些字畫整個由國家來接收保藏，自將欣喜之不暇，而現在，把這些國粹一任這些人的掠奪毀棄，真成為人間何世！

囚禁之中仍不廢吟詠

梁氏在幽禁中，仍不廢吟詠，每成一首，都以工楷依次謄寫。從入楚園起，移解至提籃橋監獄的初期為止，成詩百餘首，名為《入獄集》，自被判處死刑後，又成詩百餘首，名為《待死集》，不少贈同難諸友之作，對我即曾有五七律各一首，並寫成條幅見貽。他所最眷念的就是他年方兩歲的幼女。一次，他出庭受鞫，他的新太太抱了她到庭旁聽，梁氏被押解離庭時，她伸出了雙手要老父提抱，梁氏忍淚迅步離庭，回至獄室，尚悲難自已，當時寫了一首七律，句中再四叮嚀，舐犢之情，令人不忍卒讀。

記得他宣判的那天，我們都爬在窗口，遙望他的歸來，他聆判後正緩緩地由隙地走向獄室，我們向他揮手示意，他抬頭望見了我們，舉手伸出一個大拇指表示判了極刑，但他臉上仍露出微微的笑容，步履也仍如平時一樣安詳。以後他雖不服聲請覆判上訴，卻久久一無消息。剛好那時候陳公博在蘇州被執行了槍決，他自知不免，哀公博詩中就有「逝者如斯行自念，路人猶惜況相親」之句。清楚地說明了自己未來將與公博會有同一的結局。在聲請覆判的後期，忽然在他獄室之前，二十四小時加派了一名禁卒監視，他自己沒有毫不覺察之理。他曾經去函要求家屬送一些毒劑來了結自己的生命，而得不到家屬的同意，他自知死期日近，寫好了一張對他幼女的遺囑，以及全部獄中詩稿及一篇〈直皖戰爭始末記〉，交付給我，並要把他的幼女寄名作為我的義女，他說：「我自知不免，此女童稚失怙，其母又方在盛年，能否為我終守，殊不可必，如她一旦遠離而去，請念同難之誼，請賢伉儷對我這一弱息加以撫領，臨命托孤，請勿固卻」，我只好含淚答允，並在外由雙方先舉行了一個簡單儀式，以安其心。

同獄的人都知道梁氏的生命已為日無多了，紛紛向他求詩求字，連獄卒也紛紛來索。他來者不拒，日以繼夜的地為人吟哦揮寫，他軀體魁岸，又兼獄室燠熱，獄室中什麼也沒有，席地而坐，席地而臥，他作書都是爬在地上懸腕行之。

他仍然很自負，也對當時的情勢寄以極大之憤慨，故有「十方昏暗燈何用」，「粗解文章盜亦知」之句，赤裸裸地暴露出了他當時的心境。

不畏一死卻畏離別苦

有一天，他又對我說：「死，並不可怕，但假如真有一天知道要赴死了，當我向你握手訣別之時，我真不知將怎樣忍受得了這一剎那間的苦痛」？我聞言聳然，亟亟地又用了金條，向獄中的醫生疏通，說我患有重症，必需遷入監獄醫院長期療養。從此我忍心遷離了忠監，遠離了他，就是為了不願承受與他訣別時的那一份刺激。但在他執行前的幾天，他終於又特來看我，醫院中是有床可睡的，他斜倚了一下，淒然說：「倒底有床要舒適得多！此生我已無望了。你為什麼不來看我一下？有幾次能再相見」？在獄吏的催促下，他又被押解回「忠監」，我望著他的背影，哽咽得連一句話也沒有向他道別。

這一天終於到了！這是一九四六年十一月九日。那天的清晨，獄囚們正在長廊中散步的時候，忽然下令提早「收封」，要全體重回獄室，大家知道將有不尋常的事發生了，但不知這厄運將降臨到誰的身上，因為那時被判處死刑的還有錢大櫆，傅式說、陳春圃、蘇成德等諸人，而結果卻証明為梁眾異。獄卒用鑰匙開啟他的獄門時，也許出於同情之心吧！手抖得久久不能開啟，換了個人總算把室門打開，梁氏向鄰室諸人，連聲「珍重」，一一道別，才提往法庭，由法官宣讀了執行的命令。他十分安詳地要求寫兩封遺書，一致家屬，一給蔣介石氏，他仍以懸腕工楷寫成。從容寫完遺書之後，就起身步向刑場。刑場就在牢獄內的一片草地上，中間放了一張木椅，他安坐在上面，法警從背後發槍，子彈貫腦部從口腔中直穿而出，毀一齒，仆身地下，血漿四溢，一代詩宗，於喘息中從此畢命。時為下午一時三一分，年六十有四。

眾異軀幹魁偉，南人而北相，發音宏亮，操純正北平語，論相殊不應死於非命。論其學識的淹博，更可稱並世無雙，其短處在於出語鋒利而失之尖刻，又恃才不能忘於榮祿，最後卒召殺身之禍。我與他在牢獄中有近年餘的時間在一起，聲容笑貌，如在目前，及今回思，猶覺不盡低徊。我論汪精衛氏、宜為詩人而不宜投身於政治漩渦中，於眾異亦然。汪氏詩、清新而充滿情感，梁氏詩、則渾厚而特具風骨，固當代之李杜也。而一則屍骨無存，一則伏屍草莽，一切都是政治的作祟，哀哉！

與梁鴻志談詩——並論及若干與政治方面有關的詩人

花寫影

我與段合肥（祺瑞）談過幾次後，一日，友人劉白平先生語我：「梁眾異（鴻志）很想與你見面談談。」於是我們約晤於友人家。當時，梁約談的動機何在？不得而知，我則專想聽他談詩，聽他談政海軼聞。因梁詩名重一時，篇章傳誦極廣，我早已讀過，極喜其清俊不群，毫無裝腔作態之勢。又他從合肥久，政海情形更熟，且最健談。

博聞強記一談五六小時

一見面，我即覺得梁眾異其人，有如其詩一樣可親。他見我第一句，即問：「有無近作？特來拜讀。」我以其卓犖不拘形跡，便寫示了近作數首，他讀我「津沽觀桃」步韻詩四首，其一云：

莫怨桃紅逐水流，桃枝如海碧油油。

春風縱已催花去，春意長留在樹頭。

梁閱後即謂：「有興觀意，無衰殺氣，比我和張堅白（鳴岐）的落葉詩為好，因落葉詩第三首之一二兩句為『昨日高枝今路塵，要從狼藉見精神。』詩成細味，總覺其有語病，常想改易，又不知如何，總不想改。」

我聽了，亦頗覺句子雖好，而頹感過甚，誠有語病，決不意其狼藉精神，成為他日語讖也！

他一時興到，上下古今無所不談，談則妙趣橫生，一談便是五六小時，而毫無倦容。我暗想：「博聞強記」四字，在同時代中，梁可穩佔一席；而「目無餘子」，驕亢之態，亦至為可哂！

考題廣泛似一部廿四史

我們無意中，論到湘閩兩省文物，他的考題來了，他問：「黃石齋（道周）先生，疏劾楊武陵奪情，彼此不相諒解，後來黃先生獲罪，遣戍黔邊，路經楊武陵故里，恐楊子報復，正擬微服繞道而行，而楊子已恭候於某地，持父執禮甚虔，且呈一詩，此為湖南掌故，閣下當能記憶。」

我對考題，雖不願作；但又不能不答。因告以所謂某地者，即「杜渚」。楊子名蒼松，識力學養不減乃父。

果不待辞畢，梁即笑曰：「敬聆教矣！」

於是，又談到「無湘不成軍」，與「無閩不成詩」問題上，據梁稱：「此二語，為沈文肅公幼丹，晚年督兩江時，與湘人某，戲相對稱之辭。」

現在輪到我考問他了，我詢以：「並時文武，何所許可？」

梁答：「問得過於廣泛，好比一部二十四史，無從說起，請加子目如何？」

我便問：「文人詩，誰優？」

梁曰：「先數陳滄趣（寶琛）、陳散原（三立）、陳石遺（衍），此所謂三陳；再數鄭海藏（孝胥）、黃哲維、曹纕蘅（經沅）等等，是皆各有其成就之處，而不能硬加軒輊。」

我又問：「武人詩，又誰優？」

梁曰：「北方軍人，徐又錚（樹錚）、王揖唐，其佼佼者；南方則黃克強（興）、蔡松坡（鍔），亦間可入選。等而下之，則為劉積之（存厚）、程頌雲（潛）、唐蓂賡（繼堯）諸人矣！但武人之詩，終為武人之詩。昔薛能自認粗官，尚有其自知之明，似較今人略勝，閣下以為如何？」

我再問：「上所舉文人，除陳散原、曹纕蘅外，均為貴省人，如皖省章孤桐（士釗）又何如？」

梁曰：「凡以文為詩者，總差一級，吾所不取；而典故堆眼者，吾更怕讀！但與海藏論及此事，伊以為『以文為詩』，有時亦有可商量之處。吾非揄揚福建人，實在近百年來，吾閩人對詩之一道，有其獨見獨到者在。」

我亦不十分客氣的問：「武人遂終不可以為詩乎？」

梁曰：「非不可為也，不能與文人比也！此中甘苦，此中曲折，武人豪放，恐不耐埋頭尋繹也！不過閣下如能即席贈我一詩，則在武人中，我當視為例外！」

言畢，三人相與大笑。

我隨請曰：「軍旅之事，不敢後人，楮墨之役，請閣下先。」

梁一笑揮毫，略無點竄，即成二律。此稿存吾篋中近十餘年，不幸於由廣州來港時，行李過多，未知遺落何所矣！我所為二律，同存一篋，亦遭同樣命運；但尚記得一聯曰：

湘卒百年橫九有；
閩詩一代有千秋。

再論與政治有關的詩人

我與梁眾異晤談後，情感漸洽，了解漸多，遂由論詩，而論及與政治方面有關的詩人。據梁告稱：「南方政府中人，彼此認識較深者，為吳達詮（鼎昌）、張公權（嘉璈）二三輩而已。吳達詮喜為詩，喜為官，惟詩格僅在中下之間，官癮則踞上上之頂。當其在北方政府時，雖受段芝貴無故掌摑，亦祇暗暗掛在私人賬上，而毫不自餒；碰盡各方面釘子，亦更不在意。此其非尋常人所及，樣樣精能；但還是不會做事。做事，不能純靠交際、粉飾。如開開銀行，打打算盤，壟斷獨登，則真算用其所長，而吳卻偏用所短（筆者按：梁所評斷，似有過甚之處）。我平生於公，最不善理財；於私，最不善治生產。故時時鬧窮，無田可歸，而又不肯降節取容，剛剛與達詮輩，有點相反。所以我曾有：『詩健不言衰與懶，酒悲中有點兼癡』之句以壽之，又有：『更擬相從談貨殖，一篇醫我十年貧』之句以調之，皆紀實也。為此極坦誠之贈言，意即望其仍用所長，或專肆力於詩，惜只能供達詮之一笑耳！

「又我所為『秋郊』二絕句，其末首曰：

> 本來邱壑最相關，誰遣千忙換一閒。
> 願取所能還造化，日攜紅袖看青山。

「此詩在北京一經傳誦，親者評泊，嫉者指目，直鬧得滿城風雨。我自認在說真話，而他人有此想法，則不敢直說出來，達詮則站在朋友立場，說我太不聰明。我曾答以：『如太聰明，則戴上假面具了！如此而為詩，則寡真意！為人，則無知友！為政，則更屬騙人！』故當其南下，以參加南方政府工作，合肥即預許其：『官是準可做得高的！』就是說：位與業，要分開來看了！」

熊天翼精明幹練有主張

我以其專意評吳，因詢以：「張嘉璈其人如何？」

梁僅答以：「徐乾學文元兄弟，在朝秉政，則亭林先生，不能不遊避於四方；否則，當兩敗！」

蓋乃兄張君勱魁於其黨，梁隱隱以顧、徐處境相況；其實，張家兄弟已有所排比，又安用梁作杞憂？

梁答畢，忽反詢曰：「江西熊天翼（式輝）其人如何？」

我當時已略聞合肥左右，如王逸唐、如曾雲沛、如吳光新及梁等，與南方政府中人，常有接觸與往還，便不敢涉及其他，只就天翼當前環境作答曰：「在軍事籌策方面，熊對當局，頗能有其影響力；不過軍事離不開人事與政治，則有時，恐亦因人事關係，而有其政治影響力！總之，其精明幹練，固一時之選！又因掌管戎幕諸將領，有遇事頗多避讓者；有看得很清，但不肯妄出主張者；有鼻息他人主張，以為主張者；有不到必要時，不出主張者；而熊則頗有主張，且敢拿出，當局亦頗聽信，故軍事方面，除陳辭修外，熊似佔有其地位！」

推崇彭醇士人好詩亦好

梁再問：「江西彭醇士先生曾識否？」

我答以：「曾讀其詩，未識其人。」

梁笑曰：「其人好！詩亦好！江西自散原後，醇士亦一後起！」

梁此段話，蘊藏於我腦海中數十年，但迄未識彭，然一讀梁所為：「得醇士書，使寫詩幀」一詩中，有：「豈有小詩堪補壁？正如裨將使登壇」一句，以梁之傲岸，而有此推崇，則彭之為人與為詩，雖不識面，亦可知矣。

又當時，我對梁特別有所感異者，如純為論詩而及彭，則極普通，如不因論詩而及熊，則殊不偶然！後來無意中，讀到梁贈熊詩，其援引投止之意，已情見乎詞。以之與贈吳達詮的「更擬相從談貨殖」一句對看，更易索解，其贈熊天翼詩曰：

心折匡廬最上層，有人冠帶對峻嶒。
投壺今見祭征虜，琢句清於王右丞。
收拾山河仗儒將，商量錦蕝待中興。
草間狐兔煩秋獮，正擬從君學臂鷹。

獨可惜梁眾異最後，既未獲從吳達詮談貨殖，又未獲從熊天翼學臂鷹，而乃徘徊歧路，終於「一失足成千古恨」！使一代詩豪，以悲劇收場！其對熊吳二公，恐不無：「我本將心對明月，誰知明月照溝渠」之怨？王右丞降節於凝碧池頭，終邀末減。倘梁亦能清淡自守，不過事熱中於名位，雖不能學少陵「辛苦賊中來」，亦當學右丞只臨池拈韻，博天下一諒，得保首領以終；則其詩之成就，決不止今明所傳「爰居閣」所到之境地也！吾不禁為一代詩人惜！

對段祺瑞念念不忘知遇

又梁眾異氏之於段合肥，其傾服敬重之忱，真可說：「民無能名」、「吾無間然」者。當民國十六年（一九二七）張雨亭（作霖）曾以數要職迭相徵許，梁氏均一一辭謝，蓋不欲背合肥也。故張被炸於皇姑屯逝世後，梁曾挽以四詩，其末一首云：

> 抱膝微吟老不材，還珠垂淚意悠哉。
> 群公褦襶窺東閣，只辨人間薤露哀。

所謂「還珠垂淚」，即示以永依合肥，「恨不相逢未嫁時」意也！故每與晤談，梁總語語不離合肥，而合肥之重要親信，如徐又錚，如曾雲沛，如王揖唐等，亦均對合肥有始有終，此殆合肥人格之所感召！我記曾請梁為寫詩冊，梁欣然應允，惜我即因事離津，迄合肥在上海逝世後，梁始寫寄一冊頁，約十餘首，其中「念合肥」者，即佔三分之一強，足見其念念不忘知遇，茲併錄於此，以詒讀者。

其一、壽合肥七十兩首：

其一：

鳳德何隆污，龍潛有屈伸。
一匡猶素抱，重譯見閒身。
貌為危時瘦，如心太古春。
稀年天與健，還冀幅吾民。

其二：

大道無偏黨，群兒或謗疑。
徙薪初不覺，微管近應知。
憫亂惟蔬食，沈觀每劇棋。

從公久論政，今日許絃詩。

其二、天津省合肥一首：

暫遣經床對藥爐，眾生疾苦待公蘇。
一樓談笑規天下，此老神完並世無。

其三、挽合肥三首：

其一：

嬗代論人傑，清剛實首公。
律身真淡泊，謀國獨公忠。
閏位排群議，收京仰大雄。
嗟跎見麟獲，吾道豈終窮。

其二：

甲子開元會，聲光滿大千。
斗杓曾自斡，日轂忽中遷。
曲突非無驗，方穿或未便。
私慚帷幄智，獨對遂經年。

其三：

傷亂惟祈死，言公不及私。
遺箴八功德，坦化四威儀。
薄海來陳饋，彌天見偃旗。
山頹我安仰，淚盡蓋棺時。

其四、舊府一首，念合肥也：

雪後燕郊草不青，東城甲第晝冥冥。
蒲蘆暗長籌邊筆，苔蘚橫侵議政廳。
海涸更無龍起蟄，庭空惟見鶴梳翎。
當時八表經營地，負手看天淚雨零。

右舉各詩，均作於抗戰以前，惜我手邊既無梁氏詩集，而梁所寫記冊頁，又遍搜篋笥而不見，只能就記憶所及錄出，恐難免一二字之差誤；同時，使我記及合肥徇蔣公之請，南來居滬後，我又再到天津，一個黃昏時分，偕楊公若等偶經合肥邸第，只見重門深閉，滿樹斜陽，頓生獨立蒼茫之感！感其毅然南下，為求團結全國上下，以共赴國難之有足多，亦曾偶成一詩曰：

進退每關天下計，要從濁亂致澄清。
沉沉館墅斜陽滿，爹到維摩意漸平。

今錄此詩，已不勝其滄海桑田之感！

合肥晚年，退處津門，已逃禪茹素，風起雲從之舊日部將及僚佐，幾寥若晨星！當不無「赤手屠鯨千載事，白頭皈佛一生心」之感觸！故余上述一絕，梁眾異認為乃紀實之作！

重光葵認漢奸皆不可靠

及抗日戰起，梁初自組傀儡政府，後又歸併於汪偽政權，大錯鑄成，回頭不易，每因慚悔，輒寄於詩，與汪精衛處境，正復相似。汪氏所為：〈舟夜過零丁洋〉一律，末有句云：

良友漸隨千劫盡，神州重見百年沉。
淒然不作零丁歎，檢點平生未盡心。

其悲苦悔恨為何如？

梁則有題〈北極閣紀遊圖〉詩二首，其末首云：

北湖南埭接精藍，烽鏬清遊客兩三。
我自曠觀彌六合，所憂何止一江南。

蓋寫此圖者，為日人清水董三，而求梁題詩者，為重光葵。重光為當時日本派駐南京偽府大使，聞一睹此詩，殊為驚詫！因有：「凡屬漢奸，均不可靠」之語，以報告於其政府。而在梁，以一傲岸不群之此人，供奴蓄犬使之役，其所茹含之悲苦悔愧，決不亞於汪氏，故不覺盡情傾露而不顧。

又梁氏曾出示所為〈爰居閣落成十絕句〉並笑稱：「魯語避風，莊生鳥養，吾將兼而有之，不問理亂，不假物役，徜徉一室，以書自娛，以終餘年！」

余細讀其詩，笑指其中一首曰：

避紂從來甚避秦，我來卜築海之濱。
伯夷呂望吾師事，不學桃源洞裡人。

如此詩者，敢問爰居閣主人，伯夷呂望，可得兼乎？不學桃源漁父，所謂：「不問理亂，以終餘年」者，又何所指歸乎？

梁大笑曰：「詩還是詩，我還是我，古人有言之者，今遇解人，請為下一轉語如何？」其坦白自承，竟如此可喜！

按梁氏爰居閣，築於大連，落成於民國十七年（一九二八），「爰居」云者，取魯語「海多大風，爰居逃災」之意！後來遼事既起，梁即南移津滬間以避之，殆因合肥健在，初固無投日之念也。

題《若定廬圖》有一段掌故

梁復示以題《若定廬圖》七絕一首：

漢運方興用俗儒，蕭曹功業亦區區。
危時諸葛成何事，只合隆中臥讀書。

「若定廬」者，陳孝威將軍鎮守泰寧時，所取廬名，鄭海藏（孝胥），首為篆書「若定廬」三大字，以榜其廬；名畫家蕭謙中氏，繼為之圖，以紀其勝；而梁氏則題此詩於圖上。當時陳氏名重幽燕，文人武士，賡續題詠，無慮數十百家，可與清初王漁洋「感舊圖」，後先輝映，此圖遂成為一時名蹟！最特殊者，聞鄭氏篆成此三字後，自喜其「天骨卓立」，「下筆有神」，而陳氏又為其素所稱重之私淑弟子，因復跋識二十二字於榜尾曰：「重功名者輕風義！葛公非徒功名之士也！賢者其知所擇？」

蓋「若定」二字，出於少陵「指揮若定失蕭曹」句。當時海藏以師長身份題此榜，固已心許其能「若定」；但決不欲如時人所為，不自稱諸葛，即稱人諸葛，故特抉發諸葛「淡泊寧靜」之旨，以勉陳氏，語重心長，恰如其分。至梁對陳氏，更推許備至！其題此圖，正當失意之際，故一面稱頌於陳，一面又疾怨於世。律以興觀群怨之旨，鄭題識合於興觀，梁詩則不免群怨矣！我當時不識孝威將軍，僅從梁眾異與曾雲沛煮酒論才之際，一聞其緒，蓋梁與曾，均眼高於頂，不輕許可者也。其後，偶以此段經過，詢諸陳氏，並告以所分感於鄭梁二氏者，陳氏亦頗以吾言為然；但太息海藏不作！而榜圖於抗戰中，香港淪陷時，已散落天壤間矣！後聞此榜，流存三島，擬設法收回云。今孝威將軍，已經故世，特附記經過於此，為此一時名蹟，留一掌故。

徐又錚輓孫聯共推第一

我每到天津，即寓楊公庶兄處（晳子先生長公子），或曾雲沛家。合肥左右，比較重要人物，猶及見者，除曾梁外，如王逸唐、如吳光新、如姚震、姚國楨兄弟等，亦常作晤談；至許靜仁（世英）輩，有暫已南下服官政府中者。獨惜才氣蓋世之徐又錚（樹錚），早已被馮煥覃殺害於廊房車站，不及見矣！惟其所著：《視昔軒遺稿》一書，幸獲卒讀，尚可想見其人！

徐又錚與吳子玉（佩孚），同屬秀才出身，吳所為詩、書、畫余尚存有其手蹟各數幀，又手札數通，其所造詣，如必語於作者之林，恐猶在成熟與不十分成熟之間，有時，甚至如唐蓂賡（繼堯）一樣，可吟出：「薄海風濤一劍擔」的句子來，彷彿乩筆中，某一大將下凡口吻！而徐氏對詩文一道，如肯經意為之，純無一般武人所不能免之穠纖俗態，有時，且挾其風雷之筆，出其奇氣，以吟成：「美人顏色千絲髮，大將功名萬馬蹄」的俊句，實頗耐人一誦！

再如其「挽孫中山先生聯」，及「挽張少軒（勳）聯」，則字字落實，語語盤空，久已膾炙人口，茲錄其挽孫一聯曰：

> 百年之政，孰若民先？何居乎，一言而得！一言而喪！
> 十稔以還，使無公在！竟不知，幾人稱帝？幾人稱王？

中山先生之喪，全民哀悼，舉國偃旗，挽詞之多，莫可紀極！而當時竟共推徐又錚此聯為第一！余後來曾分別詢諸李協和（烈鈞）、胡展堂、汪精衛、張溥泉（繼）諸先生，何以國民黨內，文人學者，盛極一時，而竟無一聯，能道出孫先生心事，以堪與徐氏抗衡者？李先生等答覆，雖各所見不同；但一致認定：徐之才氣，橫攬一世，為不可及！

徐對軍事方面尤為卓絕

徐氏卓絕處，尤其在軍事方面，如所擬訂之組軍計劃，及作戰草案，更能針對現勢，不落窠臼！筆者尚存有其手寫對直系作戰草案原稿一通，能兼容併包，而要言不煩，免了從士官學來，或陸大學來，那一套閉門造車，見風求穴的印板文章！直可與筆者所藏蔣百器（尊簋）在北伐稍前，預擬交李協和呈轉當局之《北伐草案》一書比重！此草案，後來北伐曾否採用，不得而知！但在北伐過程中，則每一戰略之運用，處處與此草案若合符節。不能不服其「獨制機先」，及「所見略同」也。

至徐氏對直奉作戰所擬之草案，據曾雲沛氏稱：「合肥極為贊許；但諸將領中，有不欲盡從其說者。到兩軍對壘之際，諸將強勉從同矣，而其意志與才力，又實不能相副，以完成此項草案所給與之任務，甚至有小數老邁而又跋扈之將領，見段之於徐，正猶劉備之於孔明，有『如魚得水』之契，乃亦效《三國演義》中之關羽張飛，作『何不使水去』之滑稽叫囂！至令堅定不移之最高統帥如合肥者，亦為之氣結。故合肥事後猶恨恨曰：『凡最庸懦之將領，表面為最聽命令之將領，實際，即為最不聽命令之將領！』蓋愚而好自用，驕而好自克，視徐氏此種草案，直為具文，以終於一敗塗地，不可復振！」

吾則獨謂此類戰爭，自相屠砍，孰勝孰敗，無關宏旨，所最難得者，能獲此等新奇草案一讀，一拓萬古心胸，真算「敗亦可喜」！

曾氏又稱：「大家失敗後，應為『抱頭痛哭』之時，又錚已獨盡其責，而殊無怨尤。乃奔逃諸將，竟猶反唇相譏，謂縱照徐氏所擬草案行事，擺好陣勢以待，又奈敵人之不肯入彀何？此種笑話，合肥聽到，惟有永歎！」

周天爵戰敗鬧出大笑話

曾與徐，一為安福系之閫籍首腦，一為安福系之皖派首腦，平時積不相能，而其對徐之評泊，推許實多於攻訐，此亦曾氏不可及之處也。余因戲語曾氏曰：「此類愚笨笑話，實有所本，且本諸寒家。」

曾愕然問：「有何根據？」

余曰：「當滿清軍與太平軍相持之際，吾家周天爵制軍，屢戰屢敗，清廷嚴旨斥責，周親擬一奏呈復曰：『我以速戰法，賊不如法而來！』其意亦猶上述逃奔諸將，以為非戰之罪，乃賊不如法而來之過。清廷覽奏，啼笑皆非，乃亦下一幽默無比之嚴譴朱諭，用八百里紅旗遞送於周曰：『爾之敗，賊之過，即諭限爾周天爵，速殲此賊，以懲其過。……』一時傳為笑柄！而寒家則永光宗牒，可見相互幽默，而能傳為千秋佳話時，雖以皇帝之尊崇，亦不肯放過大好機會；惜合肥素性，太過嚴肅，不能以幽默成就諸將。」

曾氏聽罷，為之失笑！

王揖唐對直奉戰作檢討

其實，合肥此次失敗原因尚多，曾氏不過見到我所藏徐氏此項草案，頓起人琴之慟，感而一發其凡！另據王揖唐氏語我，則純以軍人看法，專就此役軍事上之部署，作很客觀的檢討，其言曰：

「是役也，我方分東西兩路，以與直奉作戰，根本上，已犯兵家兩面作戰之忌。尤其專重東路奉軍，而忽視了西路直軍。在徐氏初意，以為萃定國軍精銳，置之東路，自為指揮，速戰速決，用全力擊破奉軍，然後回師對直，則西路不足平矣！是雖半涉險著；但亦不可厚非。可惜西路，則交由顓頇無能之段芝貴指揮，此為不可補救之失算。

「記當徐氏，正在東路告捷，擬越廊坊，而直薄楊村之際；而東路主帥段芝貴，方酣嬉沉緬於其發號施令之火車廂中。合肥雖迭令促其配合東路，迅速完成作戰軍備，以收夾擊之效。段始施施然照例下令，口喊進攻。此時直方統帥吳子玉，蓄其雷霆萬鈞之力，始則一槍不發，僅以爆竹齊鳴為誘脅；繼則龍拏兔脫，排戛而來，始終未嘗正式交綏，即一舉而佔有固始，以直趨京郊。徐氏正在東路追逐奉軍，一聞西路敗耗，知全盤已亂，挽救極難，影響所及，隨亦潰退，全般戰程，不過五日，即告結束。合肥憤極！又錚則無一言諉過於他人。」

重用段芝貴令人難索解

我聽聞梁眾異氏，當時曾在段芝貴處任秘書長，因以王揖唐所述詢彼，梁謂：「事實類近，當東路捷報傳來，我曾持以見段於火車中之麻將桌上，請其火速下令夾攻。伊正聚精會神湊定『滿糊』待和，若無其事應曰：『這一牌，關係極大，莫來溷我！』我為之氣急脈張，而伊卻輕裘緩帶。合肥明知其昏憒無能，又不能不用，而且重用，真令人難以索解？」

梁在安福系中，屬於曾雲沛之閩派，對皖派，甚至對任何人，多所輕視，惟對徐又錚，尚能不加橫議，故徐遇害後，梁避地大連時，所為感舊詩中，有悼念徐氏一首曰：

騎虎操蛇本至危，黨牛怨李亦枝辭。
長安道上桓元死，何與人間殷簡之。

此詩，雖微傷徐氏之過於冒險犯難，有其取死之道；但終伸惋惜之忱，且為牛李之爭，深致其辯悔！我曾戲詢梁氏：「殷簡之」之句，果何所指？又果作何解？梁渾渾然不答，此中殆有不足為外人道者！

張之洞以詩諷人極尖刻

久居政地，而能為詩，又喜用詩，以諷刺同時共事人物，及歌頌己身功德者，余於近五六十年內，得數人焉。其著者，在清末，為張香濤（之洞），在民國，首數梁眾異（鴻志）。如張香濤之於翁常熟（同龢），既借題斥之為：「最憐輕薄元才子，操縱英雄綠野堂！」又諷之以：「牛李紛爭攻執政，後來相業果誰賢！」盡情諷刺之不足，更指實於「送翁仲淵（同龢胞姪）侍父出塞」詩中，加以句解曰：「……後來叔平相國（叔平為同龢別號）一意傾陷，僅免於死，不亞奇章之於贊皇，此等孽緣，不可解也」等語。

按翁張交惡，據《楮齋隨筆》所紀，遠在張香濤出為晉撫時，翁惡其熱中富貴，背叛師門，夫以區區一麾，何能自比於有猷有守之李贊皇？而倔強常熟，更不能比於輕薄縱情之元微之？此一倫擬，徒令後之覽者，覺其妄自尊大，器小容狹，不反諸己，偏責諸人之可哂！宜乎閻文介（敬銘），面折其為呂惠卿（見汪海村致李合肥手札），而王湘綺（壬秋），則函責其為馬士英也！

《爰居閣集》更多諷刺篇章

梁眾異氏，以熟諳有清一代掌故著稱。與我縱談時，亦深覺《廣雅堂集》中（張香濤詩集名）不應多此數詩及一註；乃不自知其《爰居閣集》內，類似張氏之諷刺篇章，觸目皆是，而尖刻潑辣，尤有過之！胡展堂氏之為詩，亦是極諷刺之能事者；但能自知其：「疾惡無因恨太嚴，清光何處隱毫纖？」終於引起：「阿奴利火攻，同氣重相迫」之惡劇。而晚年竟能接受鄒海濱（魯）諸人之婉勸，以吐出：「痞口嘵音吾亦慣，有人猶戒勿多談」之悔懺語！以胡之氣節凜凜，夷險一致，供人諷刺之點特尠，乃猶自引以為疚，則行己學養，不及胡氏遠甚者，何可不加自省？

又梁眾異氏，曾對張香濤所謂「不可解之孽緣」，特戲作一解曰：「不結即解」。可稱一語破的，了無賸義！乃又不甘寂寞，明於責人，而昧於責己，倘此路走通，則不顧呼牛呼馬，相從「談貨殖」、「學臂鷹」（兩詩均見前段贈吳鼎昌、熊天翼詩，此不再錄）均無不可。迄此路不通，則高吟其：「君到鍾山應跨驢，南朝僕射莫輕渠，更休鄙薄能言鴨，饑鳳生涯或不如」的詩句來了。要知當前之所謂：「鍾山驢」與「能言鴨」，亦即不久之將來，梁氏所深喜接納，而相與從容「談貨殖」、「學臂鷹」之南朝僕射，或白下平章也！

詩才難得多人為梁緩頰

抗戰勝利後，梁氏以叛國罪受審，伊平生所認為驢也！鴨也！平章軍國重事之舊僕射也！據我所知，其中包括文人、武人，乃至學者詩人，確曾有暗中為其緩頰之者。其出於「愛才」之心，抑出於「愛財」之念？則不必深論。記得某一夕，大家因事聚舊僕射家，某部長偶然談及梁氏，我乘間戲言曰：「赦梁一死！留一詩人，以壯此零落文壇，亦甚盛業也！」另一某部長，不待畢詞，即示意緘口，我會意不再發言。僕射固素以寬厚見稱；但仍慍然曰：「此種無聊詩人，要他何用？」事後，此另一部長語我曰：「本來此舊僕射，亦有代為緩頰行動，會某次長，以梁所撰《爰居閣詩集》進，則特用紅簽，劃出三首，又加評註與圈點。僕射先看題目，再看內容，攢著眉，默無一語，擲諸地上而去。」

梁詩太刻薄令人起厭惡

我隨拾來一閱，則題目均標「金陵」二字，其第一首曰：

避兵張孔算完人，智井猶留舊日春。
楊氏諸姨翻笑汝，未妨歌舞閱胡塵。

其第二首曰：

虎踞龍蟠豈讆言，縱橫蹄跡滿籬門。
帝羓已污鍾山土，國狗啀啀晚更喧。

此另一部長，剛想唸第三首，我不禁對梁氏起了厭惡之感，而減了「惻隱之心」，請其不必再唸，而座中另一非國民黨籍之范君，則半笑半諷曰：「罵你們總理！又罵你們這班嘍囉！真正該死！我看，不如趁梁氏未死以前，以貴黨人才之多，抽取幾百名詩手，組成一個唱詩班，由于右老領隊，閣下作先鋒，一齊動筆，罵他一個死！不讓他招架！殺他詩威！則梁氏雖生猶死！豈不妙哉！」

余正色謂范君曰：「孫中山之於國民黨，黨人永遠尊之為總理；孫中山之於中華民國，國人永遠尊之為國父。梁氏此等詩，正如大樹蚍蜉，撼且不入，桀犬之吠，於堯何毀？君亦知當中山先生在北平逝世時，段合肥挽詞，曾由梁竄改最末一字，以盡其稱頌之能事乎？合肥原詞為：

共和告成，溯厥本源，首功自應推人世；
革命勇往，無間始終，大年不假問蒼天。

梁氏一睹聯末『天』字，即請合肥改為『生』字，謂『大年不假問蒼生』，由合肥以稱頌中山，庶可兩如其份；而譏黎黃陂挽詞中：『曠世為誰建設才』句，僅以『建設才』三字目中山，未免有自居於『開國一人』之嫌。合肥即從而改寫。」

上述經過，為梁親以語我者。同一中山，昨日稱之，惟恐不周，今日毀之，又惟恐不至。此梁眾異之所以為梁眾異也！又何誅？

剃人之頭者人亦剃其頭

俗諺曰：「剃人之頭者，人亦剃其頭。」君亦知此一代詩人，曾被周梅泉一剃其頭乎？當民國十三四年（一九二四、二五）間，合肥再起執政，以梁氏為執政府秘書長，此其一生最得意之時。乙丑（民國十四年、一九二五）修禊江亭，梁氏儼然以政壇新寵兼詩壇盟主。其宴客詩曰：

逋客生還今再來，江亭仍倚鳳城隈。
春寒尚勁蘆芽短，夕照無言烟柳衰。

四海笑余霜滿鬢，眾賓休負酒盈杯。
水邊蘭芍吾無取，亭角尋詩記此回。

此詩第一句，以勝利者自居，已倖倖然著乞兒相。第五句：「四海笑余霜滿鬢」，雖剽竊摭拾而來，而一鬢之微，干人底事？乃竟四海咸知？其躊躇滿志之概，已躍然紙上。其詩侶周梅泉覽之，戲為一詩相調。有：「鯫生亦有霜盈鬢，未必能令四海知」語。梁氏惡其文人相輕，為非忠厚。其實，即恨其大煞風景。因有：「江亭詩案三年事，自古相輕即見哀」句，且特加跋識，著之集中，以示不許「人剃其頭」。

梁氏以詩罵人，鞭辟入裡，何止入木三分！而周梅泉之於梁，頭雖一剃，鬢只小捋，梁逐唁唁不已，似乎欠恕！民初，汪辟疆所作《光宣詩壇點將錄》，比梁氏於《水滸傳》中之「守護中軍、馬軍驍將、地佐星、小溫侯呂方」。

吾謂：論梁氏個性，不如與其同鄉嚴復互調，改比於「天彗星、拚命三郎石秀」，為較切合。如更請范當世避賢，讓梁並坐「天猛星、霹靂火秦明」那把交椅；則拚命結果，準拚掉其命，又何煩髯公領隊？而廖化去做先鋒，以討此殘寇？蓋余與范君，疵梁儘管疵梁，然均極喜梁詩，以為梁氏唁唁一吠，亦勝過群傖叨叨十讚也！

抗戰期間最轟動的間諜案

司馬亮

蘆溝橋事變起，繼之又有「八一三」事件，中央為取得舉國一致的抗敵禦侮，特召開廬山會議，邀集各派領袖以及資深望重的社會賢達，濟濟一堂，共商國是。由於這是國家民族存亡關頭之所繫，因此，無論是與中央貌合神離的也好，甚至原來反對中央的也好，至此，都化除成見，共赴國難，即如當時久與中央疏遠隔閡的廣西當局李宗仁、白崇禧，也先後專程晉京，表示擁護中央抗戰的決策。其時人心憤激，士氣昂揚，可說是空前未有。

於是中央最高當局，乃有「和平未到絕望時期，決不放棄和平；犧牲未到最後關頭，決不輕言犧牲。」昭告中外的宣言發表。

小諸葛建議封鎖長江

等到和平絕望，淞滬戰起，中央最高軍政當局為研討政略戰略和對敵作戰的大計，乃一再召集重要會議，以資詢謀僉同，獲取一致的決策，但為著避免日機的轟炸，開會地點都是臨時通知。

據說有一次，最高統帥特在中央軍校官邸中，召開軍事秘密會議，出席的人有汪兆銘（行政院長）、馮玉祥（軍事委員會副委員長）、何應欽（軍政部長）、白崇禧（副參謀總長）等七人，席間除討論到有關政略戰略的配合問題外，那位素有小諸葛之稱的白崇禧將軍，即席建議著說：「日本悍然不顧一切，蓄意侵略我國領土，其曲在彼而直在我；現在敵軍留泊在長江各埠的兵艦，自上海以迄宜昌，不下數十艘，如果在江陰那一段江面最狹處，予以封鎖，然後逐個加以消滅，則敵軍雖強，插翅也難飛遁，必然成為甕中之 無疑，是則兩軍初交，敵人即已遭受一次嚴重的損失與打擊了。」與會諸人聽了白崇禧這一番計劃，大家同聲讚好。於是，計議決定，由負責會議紀錄的黃濬紀錄下來，交由軍事委員會執行。

會後，軍委會正連夜忙著，分別電令長江兩岸駐守部隊集中重武器，對準江心，沿岸截擊，見有敵艦即予以擊沉。一面又調集較奮的船艦，開赴江陰，沉於江底，加以堵塞。此外又通飭沿江各地方政府予以戒備。……那知電令發出之後，日本所有泊淀在長江中游、自武漢以下的艦隻，竟於一夕之間，衾夜全部撤退到吳淞口外了。當局得知這一消息後，大為震驚，這顯然是封鎖計劃的秘密洩漏了。於是，當局便密令「軍統」進行嚴密追查，務獲破案。而參加會議的諸人中，自當以擔任會議紀錄的秘書黃濬為最可疑。

「軍統」一面展開搜集有關資料，一面指派專人對黃秘密跟踪，在「軍統」全力偵查之下，經過了相當長的時間，終於將這出賣國家民族的秘密漢奸破獲了。

利令智昏黃秋岳賣國

原來黃濬號秋岳，文章詩詞，都頗負時譽，那時他任行政院簡任秘書，筦機要，地位雖不算高，職務卻極重要，但黃的為人，雖然出身寒素，卻有著揮金如土的名士習氣，是一個奢侈享受、物質慾極強的人。

那時一個文職簡任官，月俸最低可以拿到銀洋五六百元以上（約合現在港幣二千元），但他還是入不敷出。日本特務機關，因他掌筦機要，便針對他這一弱點，不惜利用金錢來收買他，這是近五十年來日本對華一貫的手法，自然很容易的一弄就上鈎，終於做出了出賣國家民族的罪行。

由於黃是中國政府筦機要的秘書，日本特務機關，也就指派高級特務經常負責和他聯繫。他們秘密聯繫和傳遞情報的方法很巧妙，彼此不須要打招呼，更不須要對坐交談，只要事前約定好時間地點，去某一處品茗或進餐，雙方面戴著同型同顏色的呢帽，從各個不同的地點去赴約，到達了之後，各將自己頭上的呢帽，向衣架上一掛，彼此若無其事的各飲各的茶或進膳，臨行時，對方便故意戴著黃的呢帽，大搖大擺的離開約會的地點去交差了。

如果有人發現，他們儘可說是偶然的誤會，何況同型同色，也無人能夠精細地注意到這上面來，這樣，神不知、鬼不覺的秘密勾當，也不知有過多少次了。

可是「軍統」派出的專人，跟踪了好幾天，雖然黃逆在公餘之後，進進出出的或赴約會，或探親友，卻始終找不到一點可疑的線索，也沒有見他和甚麼陌生的人接近過，可是在那些日子，中樞的另一秘密，又在日本的廣播電台公開宣洩出來。這一來，真使中央最高當局和戴雨農為之滿頭霧水、困擾迷惑極了。但對黃逆卻不能不加深了懷疑。

兩頂呢帽是破案關鍵

中樞在這困惑的情況下，「軍統」方面不能不尋求特別的方法加緊破案。

於是戴雨農一面晉謁當局，請求中樞再舉行一個同樣性質的會議，仍然由黃濬列席負責紀錄，用以試探其反應如何？一面又指示跟踪人員，加緊嚴密而深入的注視黃逆的一言一動，乃至衣服鞋帽的更換都注意到，果然這一嘗試應驗了。就在會議的當天晚上，黃濬獨自一人，坐著黃包車，到他常去的國民路一家小館子——「五味和」進餐了。「五味和」雖然是一家小館子，可是烹調廚饌甚精，經常是座上客滿的。黃逆到了以後，樓上樓下的小廳裡，已座無虛席，只外面的大廳還賸有三二個座位空著，但黃逆卻不立即走過去坐下，兀自站在大廳口等候著，這已使跟踪人員訝怪了。

不久，西邊的第二個小廳，已空出了席位，跟踪人員滿以為他總該進去了，誰知黃逆仍然兀立著不動，直到東邊的後廳有了空位，他才笑笑的進去，於是，跟踪人員也裝成食客模樣隨即走去，一面注意黃的行動，一面選了一個空位坐下。但見黃一進門便逕走到衣架旁將頭上的呢帽掛上，很奇怪的是，當黃掛帽時，那衣架上已先有一頂同型同色、一模一樣的呢帽在，兩頂呢帽擺在一起，簡直無法分辨得出來。那位跟踪人員看在眼裡，心中兀自盤算著，看他下一步行動怎麼樣？

黃逆入座後，照例熙菜吃飯。此時，另一座上已有一位個子不高的人，起身付賬，隨即走到衣架旁邊將黃的呢帽戴上，回頭向黃打了一個照面，黃亦微微點首示意，眼斜瞟著那人走出去了。

跟踪人員心下更加明白，這明明是黃的帽子被那人戴走了，而且在那人戴上帽子後，他們還打了一個照面，如果說是一時拿錯了，黃一定會打照呼阻止著，現在很顯然的，他們利用一模一樣的帽子，做著假包換的把戲來傳遞秘密情報了。跟踪人員本想立即追去出，將那矮個子加以逮捕及搜查，但一轉念間，覺得線索既已找到，人也認清了。不怕他們飛到天外去，還是將這新發現報告上級決定後，再下手不遲。

防諜肅奸軍統第一功

戴雨農獲得這一報告後，當即加派人員，並指示下手破案計劃。

數日後的某一天下午，黃濬又獨自一人到新街口中山路「安樂酒家」赴約了。這時跟踪人員已增至三人，黃一進入「安樂酒家」後，又和上次一樣的先將那頂呢帽掛在衣架上，更奇怪的是，衣架上又已先有一頂一式一條的呢帽在那裡，而且那個矮個子也又在另一座上，跟踪人員彼此交換了一個眼色後，其中的兩位卻也各將一頂和黃氏差不多的呢帽掛在衣架上，一時衣架上竟有了四頂同樣的呢帽了。

他們三人隨便叫了一些點心吃下，便匆匆地跑到衣架旁故意將黃等三人的呢帽戴著走了。出了「安樂酒家」，他們急急的將帽子一檢查，果然帽子裡面的皮邊上夾著一封信，拆閱之下，不消說，自然是秘密情報了。

他們三人得到真憑實據之後，立即會同埋伏在「安樂酒家」附近的行動人員，在路口守候著，不到半個鐘頭，黃氏和那個矮個子先後雙雙被捕了。

後來黃濬被解到法庭訊鞫時，由於證據確鑿，自然是俯首無言，甘願認罪。

可是那位承審的法官故意問他：「日寇侵略我們，無論男女老幼，都抱著同仇敵愾心情，一致起而抗日，你為何甘心作此出賣國家民族的勾當來?……」

黃的供詞是：「家裡人口多、負擔重，總是入不敷出，迫而出此下策。……」

以一個月入五六百銀元的簡任秘書，竟然會因生活而作漢奸，這當然是他的遁詞了。

黃的罪證經過審訊明確後，隨即宣判死刑，予以槍決。於是，這個哄動一時的封鎖長江日艦大間諜案，全部揭露了。這是抗戰時期，「軍統」在對內的防諜保密工作，所表現的第一功，而黃濬也就是漢奸中伏法的第一人。

物傷其類梁鴻志賦詩

當黃逆伏法後，他的好友梁鴻志還寫了幾首詩悼他。論梁黃兩逆的詩，在當時可算是一時瑜亮，但就其立言主旨來說，卻已很明顯地現出了漢奸的面目。

其一

青山我獨往，白首君同歸。
樂天哀王涯，我亦銜此悲。
王涯位宰相，名盛禍亦隨。
秘書非達官，何事而誅夷？
方君授琴頃，正我行樂時。
聞報輒蹶起，膚栗淚有縻。
不見才浹旬，別日猶談詩。
秋燈照無睡，詩面吾能思。

其二

京師識君始，我弱君未冠。
相知三十年，見君遽及難。
君才十倍我，海水無畔岸，
詩成眾皆眩，珠玉雜錦緞。
今年序我詩，儼語極褒讚。
君詩亦殺青，身死事遂渙。
收稿等君收，什襲防散亂。
一士此哀昔，如國有京觀。

當時梁鴻志尚未做漢奸，可是漢奸的語意已躍然紙上，對通敵賣國之徒，猶有哀悼之感，真是「物傷其類」，惺惺相惜了。

黃秋岳談「寇、賊、奸、宄」
——「劫人曰寇，殺人曰賊，在外曰奸，在內曰宄」

花寫影

亦囂庵主，避地香江，已三十餘載。以一失足之恨，參加敵偽組織者逾年，即自拔南來，毀棄原名，署曰「亦囂」，蓋取「人知之亦囂囂，人不知亦囂囂」義也！亦囂長居新界山中，鮮與外人通問，間常訪余論文；有時，更以小詩小詞相示，音節淡遠，殆已遺外世情，不共時兒爭長矣！

亦囂所藏黃秋岳詩簡

本年中秋後二日，聞老友臥病，特往探慰！亦囂喜甚，扶病劇談者久之，並出示所藏黃秋岳氏（濬）手書詩簡數通，則為寄呈梁任公（啟超）、鄭海藏（孝胥）、陳石遺（衍）、梁眾異（鴻志）、及朱芷青（聯沅）五氏者，皆民二十六年（一九三七）以前之作。詩句既極深秀，簡翰更饒書卷氣味，為分別錄刊如次；

（一）寄呈梁任公先生一律：

早憐盲俗須人紀，手挽頹流作世師。
此意震奇天所忌，江山搖落恨歸遲。
終身吾欲韓公望，盛德深慚叔度知。
一歎推書重惘念，斗杓默默夜何其。

黃秋岳氏之於梁任公，所謂私淑而兼親炙，正如半山（王安石）之於歐陽永叔，「他日倘能窺孟子，終身何敢望韓公」者是也！憶梁任公下世，楊皙子（度）曾輓以聯，有「文章久零落，人皆曰殺，我獨憐才」之句，則與「此意震奇天所忌」，同一說法。

（二）海上晤太夷先生賦贈：

斯人一別淪江海，猿臂真成歎數奇。
猶有光茫天所妬，固應肝胆世難窺。
淋漓元氣供神筆，檢點年華送短詩。
我道先生須憫世，危樓摩眼夕陽詩。

此詩對海藏（鄭孝胥），已極盡推許之能事。海藏讀到「淋漓元氣供神筆」句，當有飄飄然遺世獨立羽化而登仙之感！

（三）以詩代柬，寄石遺先生海上：

獨向迷途念本師，稽天大浸欲安之。
引瓶心井誠難涸，攬鏡霜巔已不疑。
甲乙籤除荷葉伴，蔿于歌教柘枝兒。
陸沉久屬吾曹分，肯問神州付阿誰。

記右題共有二律，黃氏祇手書一律，或偶爾忘之，亦未可知。又黃氏平生，寫寄陳石遺之詩尚多，蓋誼屬弟子行也！故其懷陳氏持，有：「酒腸別後都函淚，詩病深秋稍讀書」之句，於師弟情感，特見親切。

（四）雨夜寄眾異：

潑塑春陰勒峭寒，傷高長是怯凭欄。
難逢尺札風前讀，不奈珠燈雨裡看。

小別劇勝千日憶，此游應抵十年歡。
春江佳句勞頻拾，秉醉吾思借羽翰。

（五）柬芷青：

小立能生憶，思君髩影孤。
霜鐘催葉瘦，病骨入秋蘇。
身在心終熱，時難學愈愚。
儒冠殊懵懂，自喜尚姝姝。

蓋梁眾異（鴻志）與朱芷青二氏，與黃（秋岳）為同學，三人最稱莫逆。朱早死；但屬疾終牖下。而黃與梁，則同以通敵叛國，先後伏法。憶朱氏病逝時，黃梁各有詩為哭，且均倍極沉痛。記黃氏哭朱詩曰：

入門失慟聲先結，此士彫殘忍問天。
隔宿豈期成死別，躭書終以夭天年。
世間緣法君能了，去日朋尊倍可憐。
一諾九原吾敢負，強揮哀淚校詩篇。

記梁氏哭朱詩曰：

祝汝更生念已痴，作書訣我意尤悲。
天心自昔憎雙鳥，吾道端看失一夔。
平日笑言真恨淺，再來緣法故難知。
九原一諾期無負，會就昏燈與校詩。

梁鴻志哭黃詩極沉痛

二詩沉痛哀感，俱真情流露之作，黃默園稱其祛煩縟以見光晶者也！至黃梁之間，則相率為五七言體，以唱和標榜於詩壇者垂三十年，黃被捕時，其詩稿由梁氏設法取得，及服刑誅，梁又為五古四章以哭之。後梁又服刑誅，此稿聞由黃子劼之，刻印問世，署曰《聆風簃詩集》，惜未及一見。梁哭黃詩，尚能憶及，為錄如次：

其一：

青山我獨往，白首君同歸。
樂天哀王涯，我亦銜此悲。
王涯位宰相，名盛禍亦隨。
秘書非達官，何事而誅夷。
方君援琴頃，正我行藥時。
聞報輒蹶起，膚栗淚有縻。
不見才浹旬，別日猶談詩。
秋燈照無睡，詩面吾能思。

其二：

媚學同所趨，論政久殊鵠。
何嘗真我異，曲折赴微祿。
卑位本易容，食貧亦堪哭。
終焉殺其身，使我立於獨。
纖兒家自壞，寇至國屢蹙。
干卿果何事，縛去就駢戮。

亂邦不可止，惡名遂相黷。
死者而有知，何鶩嫁宜速。

其三：

京師識君始，我弱君未冠。
相知三十年，見君遽及難。
君才十倍我，海水無畔岸。
詩成眾皆眩，珠玉雜錦段。
今年序吾詩，儷語極褒讚。
君詩亦殺青，死事遂渙散。
收稿等收君，什襲防散亂。
一士此哀昔，如國有京觀。

原註大略謂：「君刻詩未成而難以作，余急設法收其稿藏之，備付其孤為刻刊也」云云。

其四：

生世亦寒素，用財猶泥沙。

世議每見侵，吾不汝疵瑕。
受金事有無，一瞑萬古譁。
古來娶孤女，婦翁恒見撾。
頗聞對簿時，牘背書如麻。
一死不相貸，巢覆兒連爺。
收骨久無人，國破遑問家。
城門眼雖驗，愁見孀妻髽。

梁眾異極負詩名，諸體皆工，余尤喜誦其五古。右哭黃氏詩，及其〈五十自述〉諸篇，皆佳構也。

黃氏父子均通敵有據

黃秋岳之服刑，為民二十六年（一九三七）八月二十六日，距蘆溝橋七七事變，不過四十九天，距上海八一三戰事，則僅十三天而已。與黃氏同時伏法者，連其子黃晟在內，計共有十八人之多，當時南京警備司令部公佈黃氏之罪狀，大略為：

「黃濬、年四十六歲，閩侯人。受敵方收買，將其職務內所管理之秘件，作為情報材料，供給敵人。敵某氏回國後，旋又與敵指定之專人，繼續活動」云云。（按：黃當時之職務為行政院秘書長，地位十分崇高，詎竟通敵，令人驚異。）其子黃晟罪狀為：「黃晟，年二十六歲，受乃父指使，利用身份，探聆機密消息，向敵方出賣」云云。

是黃氏父子所犯條款，為通敵叛國，罪不容誅；而梁眾異於哭黃氏四詩中，竟欲多方為之辯護，甚至以比王廣津（涯）之謀誅宦官，真所謂擬於不倫，十足漢奸口吻；其後來之甘心事敵，為虎作倀，蓋有由也！不知梁氏援琴之頃，又果作何感想？

引經據典談漢奸間諜

憶黃氏於抗戰之前，常在《中央時事週報》，大寫其《花隨人聖盦摭憶》，為專談近代掌故之作，距其死前約兩星期，猶引經據典，大寫其從華北戰事以論到漢奸間諜之分野與詮釋。此一煙幕之放出，不惟一般讀者，為其所騙，而以忠貞相許；即梁眾異氏，恐亦不知其為夫子自道之言。記其原文，約略如次：

「幽燕烽燧，北望驚心。事勢之亟，四五年前已然！強虜至今，不能免於相搏，亦意中事。此後併力致勝，在於當前委蛇時日，以收備戰之功；異時論功飲至，當有公言，唯此浩劫，為可磋閔。昔元人諭日本書云：『和好之外，無餘善焉；戰爭之外，無餘惡焉！』言簡意賅，三復詞令之妙，重為慨歎！元帥征日時，日本已利用間諜，本宮泰彥中日交通史云：『當時兩國關係，雖極險惡，而日本商舶之赴元者仍不絕。日本利用此種商舶，使弘安之役，被虜之宋人，潛作間諜，往探元之動靜，故得知一切情形。』竹林院左府記弘安六年七月一日條云：『異國之事，近日聞其候今秋可襲來。』讀此，可知彼邦早慣於勾買無恥，施技刺探，即世所謂奸細也！按『奸細』，又可作『奸細』，沈欒城詩：『一朝奸細竟南奔』，此指秦檜。……又奸字亦與奸通，書『寇賊奸宄』，注謂：『劫人曰寇，殺人曰賊，在外日奸，在內曰宄。』故『奸細』作『姦細』，義較長。」云。

真正虧黃秋岳解繹！援以「在內曰宄」之義，則由秦檜乃至黃氏，均屬內賊，必也正名乎？似應改「漢奸」為「漢宄」才通。

嚴嵩雖奸詩文皆峻潔

又按黃秋岳死時，陳石遺氏，已於一個月前下世，當時黃氏以所藏王漁洋手批明刻《嚴分宜（嵩）鈐山堂詩集》，廣徵海內名流題詠時，記陳氏曾造絕句四首云：

其一：

河豚有毒腴真美，孔雀雖華胆莫嘗。
顏色平常風味薄，尚勞諸老費評量。

其二：

格天閣上豚魚貴，偃月堂中隻字無。
錯把冰山當冰雪，新城低首接新都。

其三：

始終窠臼落明人，贗體唐詩尚隔塵。
未免於情加惋惜，祇應清秀李于鱗。

其四：

圓海工詩說矯情，虞山骨穢望溪評。
休論出拜安妃日，少日何曾唱渭城。

漁洋論詩，對嚴分宜（嵩）惋惜之意，多於菲薄之詞；蓋以《鈐山堂集》，多至四十卷，而詩與文，無一篇不峻潔故也！惟王弇州（世貞）輩，則極加醜詆，陳石遺詩，又步其後塵，而大肆掊擊，其「孔雀雖華胆莫嘗」，即本弇州所為樂府變：「孔雀雖有毒，不能掩文章」意也。惜黃氏不解陳詩原意，乃有「錯把冰山當冰雪」之誤，寧不可慨？

黃秋岳論詩要語不煩

又梁眾異哭黃氏詩第三首，有「今年序吾詩，儷語極褒讚」二語，不佞又頓憶黃序於論詩與論梁，均有其獨到之處，記序文劈頭即曰：「昔劉彥和有言：隱以複意為工，秀以卓絕為巧。卓絕之義，隱括靡詳。所謂超然直詣，妙擅終古，善發談端，精於持論。所謂鍊於骨者，析辭必精。深乎風者，述情必顯。以斯為詮，庶乎近之！蓋鎔冶易範，而駿逸難能，自非文舉，孰稱高妙？世無□幹，亦未知孔氏之卓卓也。」

此為論一般為詩之要，可稱要語不煩，一言中的。其論梁氏爰居閣詩曰：「梁子之詩，神鋒遒上，後有千祺，宜無間言！若其淵映玉穎，爽駿融明，自緣劬攻，兼荷天縱，身世悱發，用臻愉艷，夫豈耿衣以為章，鵰膏以為利哉？君以高門，少遭孤露。倚魁之行，胥出母儀。聖善之教，厲於初服。折□懷思，集蓼傷遇。其所吟思，燀然已遠。至如燒硯為學，抱經以求；觀川晨謠，度塞夕唱。客梁園而結歡，臨碣石而沾衿。詞賦漸新，芬芳有烈。及夫宣室方召，天衢忽巇，毀巢同於魯國，複壁厄於邠卿。琢壁瀞蘭，於焉已極。然後浮絕江海，間關干戈，情敏於多師，憂生於礁響。零雨行役，南浦將歸。翔雁有萬里之心，鳴蟬入繁霜之鬢。逮至斗枋載昭，垂棘效器，既領中書，行策補袞，秘有旋風之筆，溫室削稿之心，群望樞機，期能緝亮；而乃橫流肇於翟泉，沈猜吟乎短簿。投幘東閣，長揖軍門。嶔崎數州之間，支離異國之際，日光霜葉，照徹高情；星浦松濤，若鳴奇志。既辭魯門之饗，終□廡之歌。自是溯江禮嶽，稠適湛冥；佛悅俱忘，鈎鑴靡輟。哀時之意，銜風警於層霄；辨物之微，干將拂於秋水。蓋三十年間，余所知者，礱硎彌切，智慧彌完，觀於物者彌深，飛於聲者彌瑩！所謂跌宕昭彰，抑揚爽朗者非歟？」

一代詩人竟甘為內宄

此為論梁氏一生行誼，及治詩心得，而以「爽駿融明」四字賅之，可謂能真評梁氏詩者。最後又道及梁氏為詩之所本曰：「自唐以還，偽體滋盛，宋以澀稱，猶質之代文也！澀加以理，貴出圓融，長公天人，妙如瀉汞；而隱秀之用，未極其涯。君結言端直，孳甲清新。參曹洞於后山，緩咸韶於黃九。去弊救偏，浩得朗趣；心如一鑒，物呈萬殊。辛未春夏之交，訪予舊京。東棹方歸，述所覘識。微謂積恨已甚，事將在邃；彼童實訌，不可喻察。及今案索篇章，如見毫末。斯又明詩之前用，補史之弘功，綴文照世，淺深一揆者也。予少有所作，便就商略；及視君句輒睦目塵。郭璞之贈溫嶠，爾神余契；王濛之歎劉惔，勝我自知。方磋藝詣，真踰畛閾。今歲詩卷，竝可殺青。鸞翮之全，吾將用嬾。驥尾之附，赧於益彰。繞腸鍾山，冉冉易老；戢柮湖舍，悠悠思君。承命竭才，聊當息壤。丁丑四月。哲維黃濬。」云云。

按丁丑為民國二十六年（一九三七），序成於四月，距其死，不到半歲。及壬申（民二十一年、一九三二）夏秋間，黃居金陵，其懷梁氏詩，有「平生事事輸梁鵠，何止惜詩在上頭」之語。梁裁謝三絕，以「老我閒眠君乞食，相看同是不如人」等句為答；並附小啟戲之曰：「昔派東坡死，勞賦輓詩，今承郭盛之褒，寄來新句！」郭盛云者，因汪辟疆（國垣）所為《光宣詩壇點將錄》，差黃氏為《水滸傳》中之地佑星賽仁貴郭盛故也。辟疆評秋岳詩工甚深，天才學力，皆能相輔而出，有杜韓之骨幹，兼蘇黃之詼詭，其沉著穩秀之作，一時名輩，無以易之，近服膺散原，氣體益蒼秀云。而陳石遺則稱其最工儷句，出語驚人，惟惜久居都門，不能多得江山之助，以逞其奇，殆嫌其氣勢稍弱耳！

夫以一代詩人，而甘為內宄，即得江山之助，又何有乎奇？

「做官不做事」王揖唐妙語妙人——汪精衛對之搖頭嘆息稱為官僚之最！

桐城小史

在我的記憶中，大約是一九四一年夏天，汪政權正式登場後，在日人卵翼下的「華北政務委員會」委員長一席，王克敏被汪政權免職，改由王揖唐繼任。王克敏下台後，萬念俱灰，連在北京城內石老娘胡同的私宅亦不肯多作片刻留，倉皇奔往青島而去。

——成日無事忙

王揖唐原為南京汪政權的「考試院」院長，這次又出任「華北委員長」，職兼南北，可謂官運亨通；但此公是第一等的老官僚，尤其作了漢奸，可能在心理上愈益反常，汪精衛雖然對他甚為倚重，而他卻只求保全祿位，終年不作一件事，每日在北京外交大樓（即「華北政務委員會」）內的中西大小客廳八座，無一不座上客常滿；他每日清晨八時半必到會辦公，表面似甚勤奮，事實等於《紅樓夢》中之賈寶玉，可算無事忙，他在每一客廳必出入多次，周旋於眾賓客之間，週而復始，奔走匆匆。時屆中午，已是用膳時間，或邀賓客三五人同食會中不花錢之西餐，其他客人則作鳥獸散。下午例不會客，有事且俟明日。明日又復如是。自一九四一年五月至一九四四年十月，王揖唐共任職三年又六個月，果然未做一件事，雖前清腐敗官僚，亦決無此等作風，王揖唐則優為之，且自以為得計。

王氏某日宴請由重慶秘密來北京之國社黨領袖曾慕韓（按：這次曾慕韓北來，本有所活動，後以不得要領而悄然離去，此事知之者甚少，亦從無人道及，甚可怪也），因王揖唐之合肥鄉音，令人難懂，常須請人作翻譯，筆者是次被邀客串傳譯之任。曾、王兩人所談者，全係不著邊際的客套應酬之語，經過傳譯，實屬多餘！宴罷，筆者曾私詢王氏道：「何以你每日見客如是之多，而又未聞解決一事？勞神費時，不及正務，似此辦法，於行政效率，未免背道而馳！」

不意王揖唐的答覆可謂妙絕，他笑著說：「我就是要永遠解決不了任何一個問題，我數十年在官場打滾，行政經驗敢說比任何人的見地都高，認真作事與馬虎了事，不都是為人作嫁嗎？照我的作風，官是要做的，事就不必認真，這樣做人，才不會吃虧。」

筆者聽罷，為之啼笑皆非！

——受審不出聲

王揖唐確不愧為官僚中之狡猾者，死抱著做官不做事的哲學不放。直至抗戰勝利後，他以華北大漢奸身份在法庭受審，起初他亦採拖延政策。加上他在勝利前半年，已染沉疴，進入北京中央醫院診治，迨重慶人員進入北京，王氏即遭逮捕，出庭受訊時，他始終閉口不發一言，每次開審都是以帆布床將他抬上法庭，既不起立，又不說話，如此經數月之久，作風不變，法官對之竟無如之何。結果法庭上不能再忍耐了，最後一次審訊，已準備即使他不開口，亦為判決，等於缺席裁判。詎知王氏消息靈通，事前已有所聞，知此次已無可抵賴，於是在最後庭訊時，忽然坐起，有問有答，而且聲音洪亮，絕不類久病之人。他開口第一句便責斥推事與法官，他說：「你們不配審問我王某，你們本是我手下的北京高等法院推事，又不是重慶地下工作者，你既是我的部屬，你也是漢奸，小漢奸不配審問大漢奸，你快些迴避，讓政府另換法官再行審訊，我王某有的是話說。」

庭上的推事與法官，被他這麼搶白一頓，為之大窘，一言未發，即宣佈退庭，改期另審。此案又拖一月，不能了結，該法官終遭免職。王的一條老命，因此又苟延了一月有餘。王氏本意在爭取時間，以為或可僥倖免死，再行設法脫罪。不久之後，法官易人，一經審訊，王氏終不免一死，臨行刑前，尚口呼「蔣主席開恩」不已！且身受七彈，始告絕命，此或狡滑背信之報耶？

——有學惜無品

王揖唐出任「華北委員長」三年有奇，其可鄙可笑之處甚多，茲擇其較有趣之事，略為讀者言之。

某日，日本方面之渡邊中將參謀長來訪，臨行，王恭送渡邊中將至外交大樓大門口，竟對之作九十度鞠躬。此一動作，適被某報記者攝入鏡頭，翌日赫然刊出，成為可憐的花邊新聞。有人持報紙示王，並云：「此九十度鞠躬，豈不太失體面！」王氏卻莞爾而答道：「對付日人，愈恭敬愈表現服從，日人則愈滿意。將腦袋低下一點，於我並無損失，此非可恥，處外人勢力下如此方克保全，亂世為人是不容易的。所謂大智若愚，笑罵由他，君何不思之甚也！」可謂妙極！

王揖唐的前任王克敏，品性雖劣，但尚不如王揖唐之如是卑鄙。王克敏每對日人拒抗，常惹日人不歡，尚帶一點人味。是以當時日方軍人批評王克敏、王揖唐、汪精衛三人各有不同之點：王克敏能做事而不聽話；王揖唐能聽話而不做事；汪精衛既不聽話又不做事。

談到王揖唐的學歷資歷，則遠非一般官僚所可及。論學歷：他是前清進士，又是日本士官畢業，更曾遊學歐陸，對於英、法、德、西，諸國文字，雖未窺堂奧，但於普通酬應，差足應付。論資歷：文官曾任巡按使、省長、總長；在政黨方面且屬北洋段祺瑞的安福系黨魁。武職亦曾任過督軍、將軍，稱得上是出將入相。惜其人格卑劣如此，實為我國政壇上所罕見，可見不能以學問資歷論人也。

他在「華北委員長」任內，某日赴各處視察，御西方晨禮服而不打領結。或詢以故，不意他卻又有一番高論。據他說：「我蓄有一部大鬍子，即有領結，亦不為人見；何況此間並無歐美人士，日人亦多不習慣打領結，我又何必多此一舉呢！」

又一日，王揖唐召開行政會議，此乃他就任「華北委員長」後的第一次會議，席間他表示：「我王某素來以誠待人，希望諸位同仁亦以誠待我。」座中，「建設督辦」殷桐（按：汪政權登場後，改華北各總長為督辦）說：「委員長會有『誠』字嗎？」說罷哈哈大笑。同時「治安督辦」齊燮元亦附和殷桐的話道：「委員長就是缺少一個『誠』字，同仁等倒有不缺此字的啊！」殷、齊兩人，一唱一和，不覺舉座騷然，狂笑之聲，達於室外。左右之人，均代王難堪，深覺殷桐等太過惡作劇，未免有傷忠厚，令王難以下台。初不料王竟面不改色，反與同仁相視而嘻笑不已。如此厚顏，眾人反而無如之何！

——無恥無所謂

王在華北既尸位素餐，以往擁之者，亦大起反感，有人向汪精衛進言，先免去其南京考試院長兼職。汪聞悉後，亦為之皺眉；惟當時汪政權之考試院長屬選任官，政府無權無故免職。旋經汪氏決定設法諷令王立即辭職，完全是「霸王硬上弓」。王不得已，乃囑秘書廳擬具電稿，表示辭職。並另電南京某部長（為王之老友）轉呈汪精衛，希望能保留院長原領之機密費。未幾，王奉召晉京述職，為了那一筆機密費居然再向汪上簽呈，汪於懊惱之下，在簽呈上批了「無恥」二字。翌日某部長往謁汪，簽呈猶擱在案頭，汪以王之簽呈示之，並頻頻搖頭嘆息。是晚某部長晤王時，告以簽呈上批語事，王則毫不在乎道：「你以為我聞此批語，作何感想？」某部長答：「莫測高深！」王又道：「我比老弟痴長十多歲，社會經驗，敢稱豐富，須知『無恥』兩字也不易得，無恥也是我的手段哩！」某部長聞後，為之毛骨悚然！

越日，某部長又將王揖唐所云，據以告汪，汪在苦笑中亦嘆為官僚之最。不過究竟王正任「華北委員長」，總要稍予體面，對於機密費一節，乃由汪之名下特別費中每月撥給王二千元，總算敷衍了事。

當時的「華北委員長」一缺，待遇優厚，勝過南京汪政權中各院長何止數十倍。王克敏下台時，即曾獲得退休金「聯合準備銀行」紙幣二十萬元（按聯銀券與日金同價，有別於汪政權之儲備銀行所發行之紙幣）。王揖唐彼時居然接受此區區二千元特別費，可謂要錢不要臉矣！

——卸任如搬家

王返北京後，刻意搜刮，無微不至，當時「華北政委會」內部組織，原有「秘書廳」與「政務廳」之設。秘書廳長李梅庵，乃李鴻章之文孫，工詩文、精公牘，忠實可靠，對王聽命惟謹；政務廳長夏肅初，為前清貴州狀元夏同龢之子，曾留學日、德，習農科，夏又為王揖唐在考試院長任內之簡任祕書長，為人懦弱無能，奴性甚深，中、日、德文雖皆通順，但祇知做官，毫不辦事，與王揖唐可謂臭味相投，上下交輝！王用人多以此為標準，更喜用此種奴才。「政務廳長」之下設有事務處，會計、庶務、警衛皆屬之，事權自較各部為大，王則派四川出生不懂粵語之粵人羅韻孫為事務處長。羅之跋扈，人所皆知，其對付夏廳長，直如上司之對下屬，會內一切收支，從不令夏氏與聞。其實皆王揖唐授意為之。夏亦了解，乃聽由部下作弊，從來不敢過問。

俗語說：「猪怕肥，人怕富。」王、羅貪污之事，終為日方所悉，由「興亞院」駐北京機關長水磨上尉調查屬實，日方即有撤換王揖唐之意；惟王氏乃南京汪政權任命之第一任「華北委員長」，若要換人，似須南京同意。幾經醞釀，日方已感不耐，惟有毫不客氣地逼王辭職，並限以三日時間要交代清楚。王則要求三星期。日人不允，來往磋商，方允七日為期。王臨行果作最後之搜刮，舉凡會內所存糧食汽油及一切雜物等，皆搬運一空，日人亦未加深究。王揖唐的後任，南京又起用王瞎子（即王克敏），演成王來王去之局；不過王克敏東山再起，係得日本軍方寺內大將之推薦，非出汪之本意，此一九四四年杪事也。

王克敏既捲土重來，以「華北政務委員長」兼「全國經濟委員會」委員（按：地方長官為當然經濟委員）。王再起未及一載，即因病去職，「委員長」一職由「政委會」常務委員朱深陞任。朱就任未幾，又因黃疸病逝世，繼朱者為常務委員兼「實業督辦」王蔭泰。此時華北政局，已開至荼蘼，靜候勝利來臨了。

上海「三大亨」的張嘯林誤信土肥原

海客

抗戰初期上海被日軍侵入後（租界除外），當時滬上黑社會所習稱的「三大亨」，各有其不同的表現。在「三大亨」中排名第一的黃金榮，彼時已進古稀之齡，他在全民抗戰的大關節上卻能有所認識，操守頗正；至於排名第三的杜月笙，則於淞滬國軍撤退之後，悄然離滬，以行動表示其嚴正態度，八年之中，他確能堅守信念，輸財效力，以國民一份子的地位，完成其所應盡的天職。其中最可鄙者厥為排名第二的張嘯林，他彼時年逾花甲，家有餘資，猶自站在反派立場，幹其不可告人的勾當，以致畢命槍下，殊為不值。本節所記，即為當時張嘯林與土肥原勾搭的一番經過，並將其生平先作一簡介。

——稱霸西子湖

張嘯林為浙江杭州人。遜清末造，杭州所產絲綢，銷行甚廣，織造絲綢的工場號稱「機房」，張嘯林即為「機房」工匠之一。以出身論，他倒是道地的工人階級。惟當時匠人氣質，多習下流，經濟環境，又甚惡劣，一般行徑，原已接近於地痞流氓，初猶人少勢孤，為害尚小，嗣因「機房」行業不斷發展，雇工日眾，遊手集中，於是呼朋嘯侶，結黨成群，隱然具有無形組織，他們仗著人多氣壯，往往糾眾滋事，其間擾亂秩序，妨害公安，不一而足。張嘯林原為胆大妄為的角色，又識得幾個字，在機匠群中夠得上文武兼全，故能率領徒眾，發縱指示，儼如主帥！

「機房」原屬小本經營，最怕惹事生非，怎容得下這位闖禍的頭兒。機房老闆為免牽累，只得將他辭退。杭州其他「機房」，亦皆震於他的大名，避之則吉，不敢領教。因此，他雖挾技在身，卻難覓一噉飯之地；迫不得已，他乃夥同幾個小弟兄們，在杭州清波門一帶幹上「摜三和」的把戲。所謂「摜三和」原是一種欺騙鄉愚的簡單賭局，所需賭具僅為三個銅錢和一張草紙。其賭法為先將三個銅錢摜在地上，隨手急將草紙把錢遮蓋著，待賭客依照「青龍」、「白虎」、「進門」、「出門」分別落注後，再將草紙揭開，即憑銅錢的光面和麻面，作為輸贏的根據。鄉下人出城回家之際，他們便在路旁設局行賭，旋展騙術，使一般受騙者白受損失，還不能出聲。

在鼎革之前，杭州城內有一位杭心齋先生，其人為早期的革命者，又為幫會中的領袖，敢作敢為，極負時望。他一度因犯案被清廷官衙拘禁，曾在獄中相遇一位精通易數的死囚，將其心傳，悉意講授。杭心齋原鑽研過易經的，經過這番指點，印證其平日所學，愈益心領神會，豁然貫通。他於出獄後，遂將其強記得來的祕奧，寫成巨帙，故又成為「易理大家」，不徒以行誼名世。張嘯林不知以何因緣，得投拜杭心齋門下，這才放棄了「摜三和」的騙賭把戲，領導其在「機房」結識的徒眾，在杭心齋庇蔭下，成為杭州一霸。西湖上一般賣藝餬口的攤檔，他按月索取陋規，作為吃喝嫖賭的使費，坐地分贓，生活倒也優哉游哉！

有一天，西湖岳王廟內的看相老兒忽愀然對他說道：「張三爺！你臉上的氣色壞得很，也許這幾天有個關口，我看你的腦瓜兒好像拿在手裡走呢！」

張嘯林怎能聽得這些「觸霉頭」的話兒，一時豹眼圓瞪，左右開弓地直摑得這看相老頭連聲叫「救命」。說來也奇怪，這老頭兒的預言，竟是一些不假，幾天之後，張嘯林果然闖下大禍而不得不亡命江湖了。

──避高走紹興

張嘯林生就一副拗性，昂首天外，旁若無人。他明知杭州城內那批「拾鳥籠、坐茶館」的都是旗下人，他們都是天潢貴胄，惹不得的。但張氏卻恨透旗人欺凌漢人（彼時正是滿清末年，辛亥起義的前夕）。因此他一碰上適當機會，總要和旗下人鬧些小麻煩，藉以洩憤。事有巧合，就在他摑過看相老頭見後不幾天，為了爭座位、他又和旗下人在茶館裡幹上了。始而鬥口，終而大打出手。這些旗人平日養尊處優，沉溺酒色，大多原已掏虛了身子的，經不起他的一頓拳腳，已是遍體鱗傷，其中有一個因為傷重，且已奄奄待斃。猛可間他想起這場禍闖得太大，殺頭充軍都有份，於是拔步飛跑，倉皇離開杭州，直向紹興逃去。

其時紹興縣的警察所長薛軼塵、安昌鎮分駐所巡官翁左青都是他的熟人，為了隱蔽起見，他在紹興城內未便停留，當即藏匿在安昌鎮上，託庇於翁巡官之下，度其逃亡生活。所幸為時不久，武昌革命軍起義，各省響應。他在杭州光復後，才安然回到本土。大凡鬧過亂子，進過獄門，在黑社會看來都是屬於光榮紀錄，所謂「有種」「吃價」，高人一等。以故張嘯林的聲名，此後在西子湖畔越發響亮。鼎革以後，他又從杭州撈到上海，時勢造英雄，風生水起，成為滬上無人不知的「大亨」之一！

——綽號張大帥

在上海所謂「三大亨」中，張嘯林和黃金榮的結合較早；而張氏之認識杜月笙，則在其由杭州移居上海之後。

張、黃、杜三人在上海由掌握煙賭而創造其特殊地位，又由黑社會躋身於闤闠聞人，在此一過程中，黃金榮始為主角，杜月笙繼挑大樑，張嘯林於其間並無赫赫之功。可是他的功架兒卻不在小，手裡拿著鑲翠的湘妃竹旱煙管，大踏步地踱來踱去，滿嘴稠痰，隨便嘔吐，說出話來，無論喜怒哀樂，第一句定然是杭州口音的「三字經」；再配上豹眼環頭，高顴長頸，倒確有一番氣勢，因此大夥兒奉以「大帥」的諢號。他唯一的特點卻是：他所答允的事，無論是理是非，一經允諾，必定蠻幹到底，決不半途縮手。所以他也自有其一份人緣。至於從中取利，那原是他份內之事。

民廿六年（一九三七）抗戰以後，東南名城，相繼淪陷。是年十一月五日國軍從淞滬陣地全線撤退，十一月十三日放棄南京，十二月廿四日敵陷杭州，張嘯林在此一時局背景下，似在沉機觀變，待續而沽。有人拉他參加「市民協會」，他既薄而不為；土肥原託人拉線，他亦認為是空口說白話，而避不見面。

及至是年農曆將近過年之際，土肥原通過了張嘯林老友某君的撮合，才和張正式接上線頭。又因土肥原誘以浙江省長的高位，符合張「衣錦還鄉」的夢想，於是心猿意馬，躍躍欲試，遂有東湖旅館他與土肥原見面的一幕。

——夢想當省長

土肥原擬照中國習慣，以行客身份，前往上海華格臬路張公館拜訪，然後由張再去虹口公園附近「土肥原公館」答拜，互表敬意，以示隆重；但在兩國交兵之下，彼此與敵對的一方公然往來，都屬不便，乃以折衷辦法，免除客套，改在東湖旅館會面，俾能避人耳目，但又發生一個問題：東湖旅館位在戰後日方所劃的上海虹口禁區之內，守衛森嚴，中國人一到「外白渡橋」，便不准輕越雷池一步。張嘯林雖知土肥原自會安排，必能通行無阻；但以身入虎穴，究不免惴惴於心。於是，他提出條件來，要帶八名持械保鏢，隨身護衛。土肥原除託人向他約好通過「外白渡橋」的特定時間外，對其所提條件亦全部接受。至張氏所帶保鏢隨員，則除其老友某君外，並請到一位貴公子作為翻譯。屆時他們分乘三輛汽車，飆輪並發，張的座車居中，直向「外白渡橋」駛去。浩浩蕩蕩，儼然「大帥」出巡場面！

不料在「外白渡橋」站崗的，除了日本憲兵外，尚有海軍陸戰隊。土肥原忙中有錯，僅與憲兵隊洽妥，並未通知海軍，以致張氏車輛駛抵橋邊時，憲兵准予放行，海軍卻加攔阻。「張大帥」在此一尷尬局面下，不禁大動肝火，咆哮如雷，杭州「三字經」滾滾而來，口沫稠痰，隨而四濺。經過往返電話聯繫允於放行後，這才繼續前進，到達了東湖旅館。

——三晤土肥原

這是張嘯林和土肥原直接接觸的開始。他倆見面後，互相推重一番。接著土肥原則以杭州市面急待恢復，當即提出主張，請張氏即返西子湖畔，先行組織維持會，以桑梓為重。張對此，既未拒絕，亦未接受，而以從長計議為言，旋即告別。原來在張的意下，以為維持會不成格局，未便俯就；但大希望又在後頭，亦未使輕率放棄。於是，他想出一個折衷辦法：他本人不親出，卻派他的得力助手馬某作為他的代表前往。

此後經過一段期間，局面另有發展，維持會等個別組織已不合需要，所謂統一性的南京「維新政時」已由醞釀而逐漸形成，梁鴻志等已袍笏登場。於是土肥原和張嘯林又作兩度會晤。

一次是在上海大西路某宅，他倆正式談判浙江省長問題。土肥原一力表示，只要張肯「出山」，任何條件均可取得協議。張嘯林也就老實不客氣地提出他的方案：他要做一個有實權的省長，上馬管軍，下馬管民。因此，他要編練一萬名的省防軍，器械糧餉，統由日方供給，並聲明糧餉必須由他經理，不得假手他人。土肥原並不還價，悉予同意，並製成筆錄，各執一紙為憑；但稱最後決定須由東京裁決。

土肥原原是老特工，其所以一味遷就張氏，端在使張入彀。他又懂得中國人寧蝕裡子、死要面子的劣根性，如張氏真箇入彀，儘有擺佈法門，不須在初步斤斤計較。以故這次會面後，張嘯林大是躊躇滿志，以為浙江省長的寶座已是自己囊中物了。詎料張氏回寓後，那張筆錄，當時明明放進口袋的，卻已不翼而飛，疑神疑鬼，反而大不安貼。

另一次會面，是在前文所稱的某貴公子住宅。其時土肥原奉命回國，張嘯林為之設宴餞行，他倆席間所談，無非互申前約。彼此酣飲，皆大歡暢。

其實土肥原自調任軍職後，已不便參預特務工作；此次之事，雖然土肥原的野心不大，僅欲於東南方面掌握一個省區的傀儡政權；但支持南京「維新政府」的日方特務，卻是另成系統，決不容土肥原的勢力侵入。此番餞別後，土肥原調充航空總監，已無來華機緣；天各一方，形格勢禁，更無從為之推挽。但張嘯林仍自癡心妄想，以為鴻鵠將至。

——死於保鏢手

張嘯林與杜月笙在上海比屋而居，同在一個大門出入，當年彼此晨夕過從，猶嫌不便，又就兩宅第二進界牆闢一便門，彼比往來，不必出戶。自從張嘯林和土肥原打上交道後，其到訪客人又屬另外一流，為了做賊心虛，又因提防「惡犬」，張即把便門予以堵塞。所謂「惡犬」，指的卻是隔鄰杜宅的萬墨林（萬某以後亦為上海鼎鼎大名之人物）。此時萬墨林以「漢忠」姿態，自視為杜月笙的代表（杜氏此時已離滬赴香港），周旋各方，煞有介事。張為保密起見，故有堵門之舉。殊不知香港、重慶都已接到情報，杜月笙為謀抽薪釜底，先後派遣男女代表專程去滬，向張勸駕，邀其南下，但均遭拒絕。重慶方面亦密令駐滬地下特工對張氏加以制裁。某次張氏於行經福煦路慕爾鳴路口加油站附近，其座車車胎竟遭人擊穿，幸有驚無險，意在警戒。

及後張嘯林見到「維新政府」發表周鳳岐為「浙江省長」，土肥原迄無下文，以往圖謀，都成泡影，也就心灰意冷，不大活動。但其間卻做錯了兩樁事：

一是張嘯林不應雇用林懷部為其保鑣，致遭毒手。據說此人是由萬墨林輾轉介紹而來；又說是由法租界捕房所推薦，性情極壞，槍法卻好。

二是不應因隔鄰杜宅有人嘲笑其孫兒為漢奸後人，便不問青紅皂白，竟將萬墨林扭到院子裡，罰其在烈日下長跪達一小時。萬墨林當面雖不敢違拗，但其心頭飲恨，可以想見。

張之被殺，事出偶然，是因干涉保鏢林懷部與其司機爭吵而起。張氏當時在寓所露台上憑欄俯視，見林懷部與司機相罵，聲勢太兇，遂對林痛加責罵，並以林時常滋事，立予革退，著將隨身槍枝留下。詎林一時性起，舉槍上揚，砰然一響，張在樓欄間已隨聲倒下，鮮血直冒。林猶以為未死，縱步登樓，忽見有人站在電話機旁，意似報警，林便隨手一槍，又將此人擊斃；旋在張的身上再加一槍，然後返步下樓，以「打死漢奸」為詞，大叫大喊。其時樓下僕役多人，對林已取包圍形勢，林以槍彈已罄，棄槍就擒，被解捕房，憑官發落，這個名震上海灘的大亨，就如此不明不白的一命嗚呼了！

風流放誕記陳群

張叔儔

孫總理領導革命，以年少加入同盟會者，粵東有朱執信先生；福建有陳人鶴先生。二人皆具胆識，極聰穎。執信之革命史事及其著述，海內外刊物多有披露，惟人鶴的一生歷史，向少人知。茲特就筆者人鶴生前的交往共事之經過，錄而出之，事雖瑣碎，無不真實，或為本刊廣大讀者所樂聞。

人鶴名群，福建省汀州人。清末即追隨總理奔走革命，未幾陳氏行動為清吏所悉，四出偵緝，危險萬狀，氏計無所逃，乃在鄉出家匿寺內，求方丈剃度，方丈以其年少聰慧，頷之，遂受戒。故氏頂上仍存六枚火烙印，為顯明標幟。氏雖遁跡空門，然始終不忘革命，寺內紅魚青磬，天未亮即起赴佛堂誦經，實不耐此清苦。某日，俟方丈下山，乃將寺內袈裟法事等稍具價值之物，席捲而逃。方丈歸來，以為失竊，及尋氏不在，始知所為，亦無可如何也。

不做上大夫終為階下囚

鼎革後，氏曾為福建省道尹。袁世凱帝制自為，多以官爵籠絡各人。龍濟光在粵，以嚴辦黨人見賞於袁氏，迭封至王爵。當時袁曾給氏以上大夫名義，氏卻之不受。暇時與友人談及，笑曰：「袁批凱收買國民黨同志，無微不至，若干黨員受其利誘而變節。余區區一小官，亦為袁氏所垂青，其拆散國民黨手段，可笑亦可畏也！」

袁世凱以氏不為其所利用，乃欲除之而後快。時盧永祥方任淞滬鎮守使，袁乃密令盧永祥逮捕陳氏。蓋氏時方寓上海租界，行踪甚秘，盧氏無從下手。適氏有學生某，原為盧之走狗，氏不知也，一日約請氏便餐，飯後僱汽車送氏返寓，車經上海民國路時（按：民國路一邊屬法租界，一邊屬中國界），不料司機早經串通，將汽車斜駛往中國界一邊，守軍與偵探密伺已久，一見汽車駛來，即蠭擁上車，挾氏至淞滬鎮守使署，遂下獄焉。時監獄中有于永源者，亦以無辜逮獄，與氏為鐵窗難友，相與略談，遂成莫逆。永源於獄中情形較熟悉，對陳氏調護惟謹，氏在獄中不致受劇烈痛苦者，永源之力也。總理聞氏繫獄訊，大感不安，迭電北洋政府為之保釋，氏始得出獄。此後，氏每年於出獄之日，必召邀同志聚餐，以誌不忘。于永源出獄後，亦從陳氏奔走革命矣。

民十年北伐隨節赴桂林

自北京國會議員南下，舉孫總理為總統，中山先生遂開府廣州，以馬君武為總統府秘書長，氏為秘書。二人本極相得，不知如何，一次竟因細故，始而互罵，終至用武。總理調停兩者之間，爰調馬君武為廣西省長，另任謝持為總統府秘書長，而以氏為諮議。

民國十年，總理北伐，駐節桂林，氏亦隨同出發至桂，出任黨務處主任。當時氏稅居於桂林城內鳳凰街，與吳醒亞、費哲民同寓。該屋樓數楹，極軒敞，開窗則桂林山水俱呈眼簾。氏有暇即召集各同志為詩鐘之興，筆者亦無役不與，有時或至桂林城內越臺酒家為之。猶憶某次雅集，適輪到楊少炯為召集人（楊名熙績，湖南人，後被推為中央執行委員，不就），約赴桂林名勝「疊綵巖」酬唱，出題後，少炯方倚岩中構思，忽覺頸後奇癢，以手指染口沫塗之，愈塗愈癢；楊氏回首一視，則赫然一條小蛇由岩洞突出，昂首伸舌，舐吮不已，一時岩內詩人，群相驚呼，楊氏嚇急，鼓勇撲之，蛇迅即縮隱岩內。結果大家遷地為良，成為吾輩雅集之一趣聞。至今回思，恍同昨日。岩內有寺，寺僧製素豆腐極佳，斯亦桂林之最好風味也。

布庫街驚艷皮箱購不完

氏客居桂林，暇即偕友散步城內，某日行經布庫街，見一皮箱店，櫃面坐一女子，貌極娟好，方持算盤計數。氏時偕友人行，乃默誌其店名，翌日、獨自往，行經店前則女子仍坐櫃面，乃進購皮箱一具，藉故與女子攀談。嗣後隔數日即往購皮箱一具，與女子亦漸稔熟，氏愈樂之。女子曾詢氏：「先生購如許多之皮箱，究竟裝些什麼？」氏詭稱：「大本營方刊各種書籍，苦無庋藏，乃購皮箱貯之耳。」既而購皮箱愈多，鳳凰街寓室，堆疊皆滿，幾可開設一箱店矣。乃以賤值分讓與友人。氏一日妙想天開，擇一具佳質者，呈送總理，並云：「總理可用此載紙幣。」總理笑拒之曰：「余一生不事蓄積，縱有錢亦分送各同志之困乏者，何需此為？」氏立即改口曰：「現方印行三民主義，堆積各處，時虞散失，即以貯三民主義何如？」總理頷之，蓋其時總理以軍事餘暇，時召集各處軍政長官暨文官處同人，演述三民主義也。至於氏如此狂購皮箱，究與該箱店女子是否成為膩友，外人不知也，筆者當時曾不時追問，氏終笑而不言。嗣總理改道北伐，駐節韶關，氏亦隨往。

總理以事返穗垣，氏與李祿超先生又隨之行。是次總理駐節穗垣觀音山，乃洪兆麟、葉舉忽圍攻觀音山，總理以事先得林樹巍、林直勉報告，得以倉卒下山，幸免於難，孫夫人宋慶齡亦未及同行。總理初登同安艦，旋往永豐艦，氏與謝心準先生等始終伴隨。永豐艦駛經車歪炮台，該砲台發炮擊艦，而永豐艦亦發炮還擊，總理當時曾親上甲板指揮，態度鎮靜，忽炮台一彈飛來，遽中艦身，艦受彈微震，甲板亦略欹側，謝心準在旁駭然，遽抱總理足，大聲呼號。總理微笑謂之曰：「膽小如此曷速下艙。」心準手足戰慄，終於匍匐而下，面上幾無人色。而總理與氏，皆神色自若如平時。嗣後氏常取笑心準為胆小如鼠，而心準無以辯也。

入不敷出苦了宣傳委員

林子超先生為福建省長時，氏以閩人，因偕往。旋被任為福建警務處長。氏與子超生先因意見不合，乃回粵總理復委任氏為宣傳委員。時軍事緊急，稅務收入奇絀，故宣傳委員俸給不多，氏有幾位夫人，皆分居，家庭開支甚鉅，拮据之況，不足為外人道，而氏晏然也。其第四夫人寓穗垣舊倉巷聚星里，一日謂氏曰：「儲糧已罄，今晚即告斷炊，盍速謀之。」時氏俸給早已預支，不能再借，乃與友人商酌，借得五元，方欲歸家，行經司後街遇謝啟同志（四川人，謝持先生之侄）旋偕入聚豐園小酌，盡罄其所有。而室中璈璈待哺者率不之顧，共豁達有如此者！時氏方創辦「訶社詩鐘社」於光孝寺內，翌日為詩鐘期，社友畢集，拈字得「明過」二字，為第五唱，氏有一聯云：「夜半尚思明日米；天寒猶典過冬衣」。蓋紀實也。氏嘗云，作詩鐘要有生老病死苦意，方見天真。豈氏生於憂患，故發為此言耶！

民國十五年，師次武漢，氏與陳友仁先生，以外交手腕收回漢口租界，一時名動遐邇。時氏方在漢口任國民政府秘書長，以南洋煙草公司大樓為臨時辦事處。其時國府各員，意見紛歧，氏辭職返上海，任國民革命軍東路總指揮部政治部主任，並兼上海警備司令部政治部主任，上海政治分會委員。其時氏在上海，以一身兼十餘職，而應付裕如，嘗謂一日未得五小時安寢。其精力實有過人處。未幾，氏將各職一併辭去，赴日本休養，逾年始返。

做了「維新政府」的部長

民國二十年孫哲生先生任行政院長，而以李文範任內政部長，氏及吳尚鷹分任次長，時首都警察廳歸內政部管轄，廳長吳恩豫適離任，即以氏代之。氏在日本學警政，故對於整理警察，尤為特長，每日必召集廳內及各局人員暨警士，在露天體育講述警政之重要，及警察所負之使命。氏演說既動聽，措詞復要言不煩，備受聽眾之歡迎。咸謂首都警廳成立以來，向無廳長如此熱心，與廳內及各局人員暨警士如此接近者。氏復將各廳局行政事項，大加政革，首都警政，煥然一新。惜任事僅一月，因哲生辭行政院長，氏亦相繼辭職。使假以時日，首都警政，當可蔚然改觀也。

七七變作，國府由南京遷往漢口，復遷重慶，其時南京歹徒，大肆劫掠，烏龍潭圖書館，藏書最豐富，為中國有名之圖書館，宋元明本多庋藏，亦經歹徒劫掠一空。當時所謂「維新政府」登場後，日本人勢力已徧佈沿海各省，氏為環境所囿，情勢所迫，終於出任「維新政府」之「內政部長」，人多惜之。惟氏於暇時，必竭力搜羅烏龍潭圖書館已散失之書籍，並在南京山西路口購地建立圖書館，名曰：「澤存書庫」，蓋取禮經所載「父歿而不能讀父之書，手澤存焉」之意義也。

汪政權垮台陳氏仰藥死

南京秦淮河畔，多唱書樓，亦名茶社。每茶社各擁有歌女二三十人不等，歌女中之台柱，必為色藝均佳而捧客最多者。清唱盛行時，在秦淮河畔，以畫舫為唱書場所，每至晚上，笙歌不絕，其時「大陸茶社」有歌女名曹俊佩者，為該社台柱，荳蔻年華，姿首既佳，唱工亦妙，尤工《打鼓罵曹》一劇，其打鼓時，高下疾徐，抑揚動聽，不知吸引多少顧曲周郎。而該社復有歌女名蔡國斌者，唱花臉，姿首亦佳，惟稍遜於曹俊佩。氏獨鍾愛之，每宴客，必召之侑酒，氏既屬意蔡國斌，未幾量珠十斛，作金屋之藏，旋聞蔡姬已育子女，世變時移，又將二十載，未知其姬人及子女近狀如何耳！

自汪精衛赴日就醫，汪政權主席一職，以陳公博代之，既而日本投降，陳公博召集各要員開祕密會議，有主張挾軍權以反對還都政府者，有主張將政權交回舊日南京政府者。氏當時已知事無可為，遂仰藥死，在未死前，各夫人均不在京，僅一女子十四五齡，為氏之親屬，在其身旁。先一日，氏對其僕人曰：「我近日精神不甚佳，需要休息，明日午餐，不必喚我起來。」囑咐畢，閉門大睡，其僕待至翌日二時，仍未見氏起床，頗懷疑，敲門亦未見回答，乃破門入，即見氏睡床上，口流白沫，撫之已氣絕矣。桌上留書五十餘通，均分寄親友者。並有遺書，略云：我一生不受他人裁判，應赴九泉請總理處斷，遺體可用火化。我絕無所蓄，一生精力在正始學校（按：該校為陳氏所創辦〉及澤存書庫，死後送之於國府，冀得保存，使其勿替也。

風流自賞當眾常發妙論

氏之長公子名炎生，曾留學日本士官學校。在汪政權時代，炎生在任援道部下任師長，因剿匪失踪。嗣後氏任汪政權之「江蘇省長」時，曾飭參事往查下落，卒無結果。其第二公子名東生（在廣東生長者），以有嗜好，氏不甚喜之。以後尚有所出，以年幼未出而任事也。

氏一生最得意之事，除辦學校創設圖書館外，其次即為色事。總理平時對於同志不許貪污，惟與異性往來，絕不禁止。氏亦有此風，每談至異性相戀事，即議論風生，口若懸河，嘗對人云：「求自己快樂，須先求對方快樂，若對方視同鬼魔，即索然無味。對方既感覺快樂，則自己興趣悠然而生，控縱之法，蓋有術焉。………」

又云：「昔人謂有『潘驢鄧小閒』條件，方可出而問世，不知尚欠缺耐久之『耐』字，倘臨陣不久，即棄甲曳兵而逃，此種情況，最令對方痛恨，縱有上列五條件，亦消滅於無何有之鄉矣！故於五條件之外，不能不另加一『耐』字，此一字決不可缺也。」

從陳群服毒說到汪墓被炸

臧勺波

肅奸的理由與反效果

且說南京自六朝以來，即為東南文物之邦。所以祥和之氣，流風未沫。迨明成祖與建文爭位，殺戮過當！洪楊之亂，圍攻十載，始見凋殘。這皆有其歷史上不可避免之事實。抗戰初日寇雖一度攻陷南京，然自汪政府收拾瘡痍，已復舊觀；日本投降後，勝利還都，自是順理成章、普天同慶之事。但是因為肅奸問題，就不免枝節橫生。鄙意以為當時國府所以大張旗鼓，劇興大獄，當不出左列之理由：

（一）對國際盟軍方面，證明抗戰期間，渝方並無與日謀和的迹象。

（二）對中共方面，表示誠意肅奸。

（三）昂揚抗戰同袍之志氣。

（四）藉此肅清黨內外一切反政府份子。

但同時也發生相反的結果：

（一）中了共黨的圈套，收編偽軍，因而坐大。

（二）助長勝利軍人之驕氣，鬆懈鬥志，影響爾後勦共軍事。

（三）失去淪陷區的民心。

當勝利之初，我在北平，深居簡出，對於當前種種，每喜有所論列。一場春夢，輒為啼笑皆非；今雖事過境遷，猶覺舊痕在抱。茲值小極初癒，先寫三數則，續予前稿，容再委曲言之，以當茶餘之談助。

以下係勝利及還都前南京所發生的三件事，特先表而出之：

因題《猛虎圖》初識陳群

陳群，字人鶴，滬上稔者習稱之為陳老八而不名，是否為幫會中結盟之次第，亦無知者。初以陳氏早年隨中山先生革命，北伐之役，隸東路軍政治部，以執法處處長在滬奉令清黨，行動果敏，嚴於執行，時楊虎（嘯天）為淞滬警備司令，與陳氏拍檔，敢作敢為，滬人士因有「羊虎成群」之號，蓋取諧音以惡之也。

筆者於民十六、七年即耳陳氏之名，後雖與楊虎有往還，而與陳群固始終未謀面也。南京既陷落，陳氏與梁鴻志率先組織「維新政府」；迨汪府成立，「維新政府」瓦解，陳加入汪府為某院副院長兼內政部長。筆者之陸軍小學同學陳健君（字祖彝，後曾留學法國研究哲學），時為軍事參議院軍事廳長，與陳群素相得，嘗為筆者力贊其為人。既有江湖俠義之風，亦具書生愛國之實；早年見知於胡漢民，以是鬱鬱不得志。淪陷後，陳氏曾搜購市上殘存書籍數十萬卷，設澤存圖書館於南京山西路，藉以保存國粹，深信其為非常人。一日，健君出所製《猛虎圖》，囑余依其意題詞以贈陳群，並謂自知體弱，將不久於人世，冀以此圖與陳群作永訣之紀念；蓋兩皆憤世嫉俗之傷心人也。余悲其意而心儀其人，乃為之辭曰：「嗚呼大王之雄風！踞泰岱，宅崆峒；劃然長嘯，振聵發聾；磨牙吮血，盤馬彎弓；威撼山嶽，氣蓋元戎；當吾者道窮，敵吾者終凶；弱肉強食兮，今古攸同。世溷濁而不清：生靈懵懵，鬼影憧憧；吾將奮希世之餘烈：齊善惡，一生死，寃親一例，膏吾腹而一本乎大公。世與我而相遺兮，亦何惜乎大野之通紅。吾將悉彼恆河沙數，蚩蚩氓氓，渾渾噩噩，而歸之窈窈冥冥之太空。無垢復無怨兮，迺從容嘯傲於北山之北，東海之東。赫赫乎不世之功！巍巍乎一世之雄！」

健君看了我的題詞，認為此種偏激之言，頗適合陳群的口吻。遂將此題好了的大幅中堂，親自送交陳氏，陳見而大樂曰：「我將以此殉葬！」並促健君邀余晤談。健君乃陪余晤陳氏於內政部。當和平路線死氣沉沉之頃，乃有此瘋瘋傻傻高談闊論之一晤。實為余與陳群建交之始，同時亦為永訣之終。時距抗戰勝利不及一年，而健君亦以病謝世。

民卅四年八月十四日，日本宣佈投降，陳群即寫好幾十封信，處理家事，編好號碼，包成一包，交與其親翁李文濱，一同在南京城內怡和路私宅院子散步，陳謂李曰：「我無路可走，先行一步，敬辭！」

蕭叔宣死得不明不白

八月十八日下午二時，陳群即服青酸鉀而歿。由日人小剛田青在南京殯儀館成殮。同時，並在南京報紙發表一篇陳氏自白書，約七八千字，分登兩天，大意謂：「功罪不容私人審判，將上至天庭，向總理申訴，以求公道」云云。這也不過是最後快意之言，一吐胸中塊壘。但其人其事，勇於自決，求之和平陣營南北諸公，似尚無第二人。以視王揖唐之舊京繫獄，逞口舌於法庭；齊撫萬之白下重來，辱旌旗於帥府（齊燮元曾為江蘇督軍及兩江巡閱使）。不更見陳老八之高人一等耶！

其次說到蕭叔宣。蕭氏是日本陸大畢業，閩侯人，曾任東北講武堂教育長，平昔高自標致，頗有軍人學者之風度。參加汪政府後，初任軍訓部長，轉任陸軍部長，備位而已，無所短長。在汪政府成立第一年期間，某日，忽傳其夫人暴卒；又未幾，其滬上之新夫人姍姍其來儀矣。種種迹象，初無可議。迨抗戰勝利來臨，南京各高級官或自首、或就逮，惟蕭氏則死於亂槍之下。或傳係地下特工所為，或謂「寃有頭、債有主」，蕭固死得糊塗也。

所謂「寃有頭、債有主」，係指其大夫人之暴卒，與新夫人之姍姍其來，係蕭氏有計劃之行動。此種傳說，雖無佐證，但蕭夫人既死得不明不白，結果蕭氏自己亦死得糊裡糊塗，相信因果報應者，遂不免言之鑿鑿耳。

梅花山汪墓被燬重述

我間嘗涉想到：假如汪精衛先生不於和平前一年身死，到了抗戰勝利之時，有沒有奇迹的發現呢？共黨方面，是不是來一次整套交易呢？在山窮水盡的情況下，汪氏是決不會忍受任何侮辱的，又將何以自處呢？自決呢？抑聽人宰割呢？抑放之離島終其天年呢？此皆不可知。然以汪墓被炸、汪屍被燬之由謠諑而成事實觀之，則有乖於天理、國法、人情者，遠非吾人所得而想像及之矣。

汪墓被燬，傳之已久，但在勝利之初，秘密舉行，其時汪府職員，或繫囹圄，或介流亡，對此始終成了一個謎。多年以來，汪宅親屬亦無從探聽，偶爾詢之一二要津，亦皆諱莫如深；只傳言移棺他去，不知所蹤而已。

金雄白先生所著《汪政權的開場與收場》，對於各項問題，無不推闡詳明，尋根究底；誠可謂當代唯一的信史。其原著第五冊目次（二〇二）〈汪墓原來是這樣被燬的〉，內載：

「偶閱一九六二年四月九日的香港《大公報》，以『十六年前的大祕密首次揭露蔣炸汪墳紀實』為題之記載，對汪墓被炸經過，寫得歷歷如繪。懸想寫此文者，若非中共口中所謂『蔣幫』的舊人，至少亦為與『蔣幫』有深切淵源之人。其所寫時間、人物、談話極似確曾身歷其境者。因將原文節錄如下：

「一九四六年一月中的一個晚上，在南京黃埔路陸軍總部的會議廳內，何應欽召開了一個會議，南京市政府、陸總工兵部隊、南京憲兵司令部、第七十四軍等單位的負責人均出席。何對他們說：『委員長不久就要還都，汪精衛的墳墓，居然葬在梅花山，和孫總理的陵墓並列在一起，太不成樣子！如不把他遷掉，委座還都看見了，一定會生氣，同時也有礙各方的視聽；你們仔細研究一下，怎樣遷法，必須妥慎處理！』他並再三叮囑，此事要嚴守秘密，不得洩漏出去！何應欽說完，即行退席。以後他的參謀長蕭毅肅引伸何的意見：『總司令接到重慶的指示，這個問題，關係到國內和國際的視聽，限我們在十天之內，把它措置好。』當即指定由第七十四軍派工兵部隊執行遷移；憲兵司令部在遷移期間，派兵擔任內外警戒，斷絕行人交通，不許任何人接近；在遷移時，南京市政府（按當時南京市長為馬超俊）要派員協助。

「工兵指揮官馬崇六說：汪墓的工程已偵察過，是鋼筋混凝土的結構，墳墓不太大，但相當堅固。他問七十四軍的邱維達，最好用什麼法方搞開？邱說：工兵有的是炸藥，還怕弄它不開？馬還說：『總座的意思，時間愈快愈好，因為還要整理和建築別的東西；最好在一切充分準備的條件下，乘一個夜間，就把它處理好。』由於時間的短促，當時就決定，只能使用爆破，再使用其他聲響來掩蓋。

「爆破的工作，在一月廿一日執行。三天前，中山陵與明孝陵之間，斷絕行人來往，禁止遊覽。關於爆破墳墓的任務，邱當面指定五十一師的工兵營姓李的營長負責，估計用一百五十公斤TNT烈性炸藥才可以把它炸開。爆破時馬崇六、馬超俊、邱維達等均在現場監督。

「據一位姓孔的工程師曾向邱維達等指出：汪墳的圖案，是照孫中山的陵墓設計的，造價約計五千萬中儲券。墳墓剛把核心工程初步完工，日寇即宣佈投降，施工就此停頓下來。工兵爆破這個核心工程，第一步炸開外層混凝土鋼筋部份，第二部炸開盛棺的內窖。

清涼山火葬場的一幕

「內窖炸開後，發現棺木，揭開棺蓋，見屍骸上面覆蓋一面青天白日滿地紅旗，屍身著文官禮服，係藏青色長袍與黑色馬褂，頭戴禮帽，腰佩大綬，而部略呈褐色而有些黑斑點；由於入棺時使用過防腐劑，所以整個屍體，尚保持完整，沒有腐爛。揭開棺蓋後，馬崇六指揮不必要的人員，暫時退離墓地，由馬超俊進行棺內檢查，主要是尋找有甚麼殉葬物。而檢查結果，除在馬褂口袋內發現一張長約三吋的白紙條外，別無其他遺物。這張紙條上用毛筆寫『魂兮歸來』四個字，下款署名陳璧君。據說這張紙條是陳璧君從日本接運屍體回國時所寫。

「馬崇六當即吩咐工兵營長把棺木裝上陸總所備的卡車，並即晚把墓地平掉，務使不留原來痕跡。據邱維達事後對人說，他當時見馬指揮開棺，覺得事甚突兀，因為開會時，何應欽明白指示將汪墓遷移，並沒有說要開棺查驗。現在把棺木搬走，又沒有遷移到那裡去的打算，不知他們在搞甚麼名堂。為了弄清楚這個謎，他想叫姓李的營長去看個究竟，以目示意，故意對他說：『為了負責到底，請你隨同汽車護送一趟，以防中途發生意外，這裡的任務，交給你的副營長就行。』同時向馬崇六力言李營長為人誠實可靠，一切問題都可放心。馬乃同意讓李同行。

「這個李營長上車後，還不知道目的地何在，汽車停下來時，才知道到了清涼山。那裡有一個火葬場，馬崇六吩咐把汪的屍體交付火葬，只費了半個小時，棺材連同屍體，全都焚化，並沒有遺留甚麼。以後，但見一座新築小亭，屹立於原來汪墓所在之處，山之南北兩面，還開闢了兩小徑，添植各種花木，周圍修飾一新，與中山陵的景色遙遙相映對，而汪墓已經無影無綜了。」

金雄白先生所得的寶貴資料，足以證實汪墳被燬的詳細經過，世人讀過金先生汪政權的著作，當已明瞭一切。我此次病後，正要寫到這一問題，只得將全文重錄，以為不知者告。金先生當不以為掠美吧！謹此附謝！

汪政權從一抹斜陽到黃昏

白松子

提起林汝珩、汪屺兩人的姓名，在廣東人聽來，當不十分陌生。因林汝珩是陳璧君的誼子；汪屺是汪精衛之堂姪也。抗戰初期，汪精衛乘機離渝，經昆明、至河內，於民廿七年冬末，發出豔電，主張對日媾和。汪氏旋在河內被愛國份子行刺，汪的親信曾仲鳴，誤被刺死。是役汪屺亦隨從乃叔之後，同住一起，幸未及於難。

陳璧君在粵為太上省長

民廿九年之三月卅日，汪精衛號稱組府還都，在南京成立「汪政權」，其構成份子，除汪之親信左右，如陳公博、周佛海等之外，兼容納各黨各派及社會賢達；如外交部長徐良，是康門高足徐勤之子，隸民社黨。交通部長諸青來、銓敘部次長關楚璞，均隸青年黨。其他如梁鴻志、溫宗堯、江亢虎等，以前多是國內有名人物。故當日的汪政權，其構成份子頗複雜，唯獨廣東一地為例外，因廣東象徵是汪夫人陳璧君的「湯沐邑」。由民廿九至民卅四，在這六年之內，先後任過廣東省長者，是陳耀祖、陳春圃、褚民誼三人。耀祖是璧君之胞弟，春圃是耀祖之堂姪，褚民誼則是璧君的丫姑爺（褚妻陳舜貞，原是璧君之婢女，認為義妹嫁與褚民誼）。兩陳一褚，均是由陳璧君所提出，經由汪政權任命來粵任事者。故當時廣東區內，陳璧君有「太上省長」之稱。

除了這三位省長之外，在廣東政海中，炙手可熱者，當數到林汝珩與汪屺這幾個人了。林汝珩是廣東省政府委員，兼教育廳長，尋又兼廣東大學校長。汪屺則歷充廣東全省警務處長、廣州市長、廣曾民政廳長等要職。民卅二年，陳耀祖被重慶份子謀刺於穗市之文德東路，是日汪屺實與之偕行，不特倖免於難，翌日耀祖死，且由汪屺代理廣東省長職務者逾月。後來陳春圃蒞粵接事，汪乃交卸。

林汝珩與汪屺皆已早作古人。林氏於十餘年前，患肝癌，死於美國；汪屺亦早卒於本港，墓木已拱。筆者與林、汪兩人皆屬老友，偶感舊情，特將林汪二人過去之略歷及趣事，敘述於左，或為《春秋》廣大讀者所樂聞。

林汝珩當廳長不可一世

林汝珩，字碧城，廣東中山縣人。曾在某大學畢業。他與汪精衛之長公子汪孟晉，是同學友好。民廿八，是汪政權醞釀組織時期，陳璧君往來於港滬之間，常在港寓策劃一切。汪之外甥沈崧

（字次高）替她奔走，擔任連絡工作，亦被重慶份子在香港中環鬧市用斧頭將沈崧斬死。陳璧君有意羅致人才，充實班底，汪孟晉乃介紹林汝珩謁見其母。林氏生得一貌堂堂，精神飽滿，他見了陳璧君，口若懸河，滔滔不絕，講出推廣教育的辦法與方案，甚有條理。陳璧君為之大悅。此後林氏遂成為夾袋中人物。

民廿九年春初，汪精衛在上海召開汪派的國民黨第六次全國代表大會，除宣佈「和平」、「反共」、「建國」三大政綱之外，由大會選出第六屆的中央執監委員，先成立國民黨中央黨部，林汝珩得陳璧君的大力支撐，竟提名被選為中央執行委員。

是年三月卅日，汪政權實施組府還都，第一次召開行政會議，首先提出改組廣東省政府一案，林汝珩以中央執委身份，被簡放為廣東省政府委員兼教育廳長，尋兼廣東大學校長。在廣東淪陷區的政壇上，此時林汝珩可謂紅到發紫。

林汝珩於大學畢業後，剛剛放下書包，他不特未曾擔任過政界的秘書或科長，就連小小的科員，亦未做過，乃一躍而為廳長兼校長，當然趾高氣揚，不可一世！其所提出之教育經費，預算非常龐大。當時廣東財政廳長汪宗準，以淪陷時期，省庫收入有限，以負擔不起為理由，在省務會議席上，請求林汝珩節省不必要的開支，修正預算，俾得省庫可以收支相抵。林汝珩卻堅持原案，分文不肯減少，與汪宗準在會議席上，爭論到面紅耳赤，會議無結果而散。

假借奔喪之名溜之大吉

林汝珩不愧是聰明人，他自己知道陳璧君對他的印象後，乃將會議情況走告於陳璧君，聲稱辭職不幹。陳璧君當然予以慰留，一面下條諭給財政廳，命令准予照他所提的預算案發給。有了這樣的高壓力，汪宗準只得「欽此欽遵」了！

汪宗準是汪精衛之胞姪，來頭也不小，經過此役之後，宗準對於汝珩，亦顧忌三分。嗣後教廳對於財廳，凡有經濟上的要求，無不順利到手。不久，林汝珩又認陳璧君為誼母。由民廿九至卅三，在任足足五年，不用說，林汝珩的宦途生涯是相當愜意了。民卅三年汪精衛病逝於日本名古屋，遺體由專機運回南京治喪。林汝珩遂以誼子身份，以赴南京奔喪為名，約同汪屺，聯袂南飛，待至汪氏喪葬事畢，林汝珩與汪屺避居上海作寓公，兩人同時分電京粵，懇切辭去本兼各職。人人皆知日本是注定要失敗的了，林汝珩與汪屺兩人懂得三十六著，走為上著的道理。

陳璧君在南京喪居，聞得二人同時辭職，逗留上海，為之大怒，一再命人赴滬，敦促二人返回原有崗位。林汝珩與汪屺，均置之不理，陳璧君亦惟徒喚奈何。

在粵之財政廳長汪宗準，以任事五年，勞怨交集，此時亦致電陳璧君，請求准予辭職，並推薦其主任秘書何惺常以自代。陳璧君答覆汪宗準之電文有云：「林汝珩、汪屺二人之行徑，願汝勿效之。……」這電文筆者曾親眼看見的。

林汝珩與汪屺二人，從此居住上海，優哉游哉，直至翌年抗戰勝利為止。

汪面諭陳周與重慶連絡

汪衛衛於民卅三年之春，因九年前背部所中子彈生銹，銹毒發作，其毒入血，背部發生奇痛，特飛往日本名古屋就醫。汪政權之國民政府「主席」職務，交立法院長陳公博代拆代行；行政院長職務，則交行政院副院長兼財政部長周佛海代拆代行（所謂代拆代行，事實上即是代理）。那時筆者正充任浙江省政府委員、兼社會福利局長，汪氏逝世後，筆者有時因事晉京，道經上海，小住數天，不免與林汝珩及汪屺見面。有時亦會與他倆聯袂到歌壇舞榭消遣一番。

以下簡單略述當時淪陷區政局的大概情形，俾讀者容易明白其來龍去脈。

陳公博之參加汪政權，是出於不得已而來，絕非其衷心所願。故汪政權諸首要之中，陳公博雖然似乎是一人之下，萬人之上，其實則六年的長久時間內，陳公博的態度異常消極，日日惟陶醉於醇酒婦人，不甚負實際責任。這是鐵一般的事實，許多人皆知道的。

周佛海則不然，他是一位苦幹硬幹的人，肯負實際責任，於汪精衛出國治療期間，佛海既然代理行政院長職務，自然是大權獨攬，陳公博象徵是「半個傀儡」而已。

汪精衛未出國治療之前，大約事在民國卅二年間，已接近我國對日抗戰的末期，日寇軍事的頹勢畢露，有識者皆知其注定了失敗。汪精衛曾當面諭示陳公博與周佛海兩人曰：「我是南京政權的首腦，不便出面與渝方連絡，你二人可分頭派遣親信人員，潛往大後方，向重慶當局密切連絡，商量如何合作的途徑，茍利於國家，我們任何犧牲，在所不惜。你倆所委託之人選，宜謹慎銓衡，更須切實保密，勿使洩漏，給日本人知道」等語。

陳周二人奉命後，遵諭分頭進行。據筆者所知道的，陳公博是派其親信陳孚木為代表；周佛海則派其岳丈楊某為代表。取道屯溪前往大後方。陳孚木雖然入了內地，因找不到門徑，無結果而回。楊某確有本事，他走通軍統局長戴笠的路，卒能將周佛海的心事與計劃，傳達到重慶的最高當局。民卅三年汪精衛氏逝世前後，淪陷區的政局就是這樣的。

周佛海一連串重要措施

我在上海見著林汝珩、汪屺二人之時，曾詢問其何故違令，不返回在粵的崗位？林汝珩答我曰：「此時明知日軍必敗，倘仍回粵，豈非眼白白賴尿嗎（粵諺：賴尿即是撒尿之意）？我勸你亦不必再返浙江，辭去本兼各職，在上海休息一下吧！」

我答林汝珩曰：「我不同意你們這樣的做法！」

林汝珩笑曰：「你當一名小小的浙江省府委員，兼社會福利局長，無權無勇，試問有何能力，於國家有所貢獻？」

我答曰：「我現在正要去南京，分別謁見陳公博與周佛海，我亦準備辭職，但我不是完全卸去責任，我請求調任別職，俾得替國家盡一點力。」林汝珩與汪屺，當時均不甚相信我的話，相對一笑而別。

上文曾經敘過周佛海於代理行政院長職務時，已經大權獨攬，他明白汪政權直接的權力，是管轄三省兩市。三省即指藍、浙、皖；兩市即指京、滬。換言之，這三省兩市方是汪政權最可靠的地盤。周佛海既與渝方的軍統局長戴笠有了密切連繫，他便不能不調整蘇浙皖三省軍政的負責人事，俾得配合大後方未來的軍事行動，必要時可以打擊敵人。佛海當時乃利用代理行政院長的權力，將原任江蘇省長陳群內調為考試院長；以第二方面軍總司令任援道兼任江蘇省長；又將原任浙江省長傅式說，內調為建設部長；以第十二軍軍長項致莊繼任浙江省長，兼杭州綏靖主任；提拔山東籍軍人張衡（字耀辰）為十二軍軍長。十二軍統率三個師，全軍由蘇北調防浙江。又以其最親信且最接近的羅君強為安徽省長。這是汪精衛在日本療治期間，周佛海代理行政院長任內的一些重要措施。

請求調任行政督察專員

周佛海這樣的人事佈置，尤其是蘇浙兩省，重用軍人主政，其腹中的藍圖，顯係企圖為國家建立汗馬之功，我是料到八九成的。所以我到南京，分別晉見陳、周兩人，我要求調充浙江省第四區行政督察專員、兼區保安司令。浙江省長項致莊亦致電南京中樞保薦，第十二軍軍長張衡與我亦有了默契。南京中樞立予照辦，明令發表。我以目的已達，準備走馬上任，道經上海時，我又往訪林汝珩及汪屺。汝珩已看見報端所載南京汪政府的明令，竟嘲笑我曰：「日落西山了，你尚且如此熱中，要去做司令嗎？」

我正色告之曰：「浙江省第四區專署，有保安隊五營，所屬海寧縣治，是杭州灣所在地，倘美國軍隊要登陸向日作戰，無疑將是選擇杭州灣，我老早已與第十二軍軍長張衡有了聯絡，將專署所轄保安隊，改編為十二軍的特務營，張衡軍長亦曾向我表示，俟我接事之後，所轄保安隊改編完竣，發表我為第十二軍司令部的少將參議，兼特務營指揮官。我認為這是正合孤意，試問誰人願負漢奸的臭名？我此去等候機會來臨，待國軍與美軍會師攻擊敵軍之時，我在項省長與張軍長領導之下，要幹一番哩！」

林汝玳與汪屺兩人聆聽我的說話，方始明白，後來日寇接受無條件投降，我們不必費吹灰之力，乃是出乎意料之外的事。在當時，周佛海、項致莊、張衡諸人（包括我在內），乃是滿肚密圈的，腦海中憧憬著，以為必有替國家出方的機會，可能戴罪圖功，洗去漢奸之名。不圖事與願違，終難逃肅奸厄運！項致莊本是軍人，勝利後被軍法處判處死刑。周佛海算是行通了軍統局戴笠的路線，仍然瘐斃獄中。張衡和我，亦不免被通緝，而流亡海隅。回首前塵，周、項及筆者，可說都是第一等「傻瓜」！林汝珩、汪屺兩人，早些置身事外，既未有嘗牢獄之苦，亦未被明令通緝，真是聰明人也！聰明人也！

難賞西湖月不見海寧潮

猶憶民卅四年時，筆者站在浙江省第四區行政督察專員的崗位，專署設在海寧縣的長安鎮。昔日京滬官商各界人士，每年中秋後，赴海寧觀潮者，長安鎮是必經之地，因此該地有相當繁盛的商業。是年中秋前半個月，日寇尚未宣佈投降，林汝珩和汪屺二人，因我服務的崗位在浙江省，時值秋高氣爽，他倆在上海住得太膩了，希望改換一下空氣，想到杭州遊西湖，要我為嚮導，我以情難推卻，只得答允。我替他倆預定的節目是在杭州小住兩星期，遊山玩水，打算中秋之夕在西湖之「三潭印月」置酒賞月；一俟渡過中秋佳節之後，然後赴海寧觀潮。這樣的安排，真是相當愜意的了。林、汪兩人是農曆八月初間到杭州，大約是陽曆的九月七日或八日，我記不清楚了，我則由長安鎮趕到杭州，和他倆會齊，初步當然是遊湖，玩了僅兩三天，某夜方在樓外樓酒家小酌，飯後返抵旅社，即見馬路上的報販，高聲叫賣號外，日寇已宣佈投降，時局有急轉直下之勢。

翌日，我在杭州分別晉謁浙江省長丁默邨（默邨繼項致莊之後出任省長）和十二軍軍長張衡。丁默邨告我，他已奉到重慶方面委任他為浙江地區軍事專員。張衡則謂他已接受第三戰區司令長官顧祝同委任他為第三挺進軍司令。張軍長並發出手令，將我統帶的特務營，更改番號為第三挺進軍第一支隊，囑我立即返回防地，負保境安民之責，勿在杭州逗留。丁默邨亦作同樣之指示。我返旅社，通知林汝珩及汪屺，因職責所在，要立即返長安鎮，請他倆自由行動，恕我不再奉陪，他倆亦能諒解，和我一齊登上滬杭鐵路火車，我到長安鎮便下車，他倆逕返上海的旅邸，於是，中秋西湖賞月和海寧觀潮，兩件事均告吹。

三方面人物相聚在一堂

我國八年抗戰，一旦日寇宣佈無條件投降，凡是中華民國之人，無不同感欣慰與狂歡的。記得當日駐防長安鎮的日軍首腦是某團長，平時倘有公事需要連絡，十次之中，有六七次是我去訪他的，他來專署訪我，僅三四次而已。今日他們既已投降，我要表示出我是戰勝國的地方官之姿態，不再去看他了，反為命翻譯員傳該團長到專署，用命令式，諭令其約束所部，維持地方秩序，保護滬杭鐵路線的安全，照常通車，不准稍忽，俾利便國軍的運輸。該團長唯唯聽命。我在浙江省服務三年之久，此時自我陶醉，是最感愉快和興奮的一回。

不久，果有第三戰區派來的國軍一連，開到長安鎮，我步出專署視察，竟喜極而為之熱淚盈眶。我命令所屬的營長胡延夫，設筵為國軍的連排長洗塵，士兵亦酌予犒賞，聊盡地主之誼。他們八年在抗戰陣營，我們是應略為表示慰勞之忱的。

再過數天，接丁默邨省長的長途電話，約我赴杭州，我不知有何公事，遵命到杭。原來因第三戰區的副司令長官某君，偕同幾位軍、師、旅長等到了杭州。此時之丁默邨，雖已交卸浙江省長職務，仍新負有浙江地區軍事專員之名義，他也要盡地主之誼，在西湖邊之中國大酒家，大排筵宴，為這位副司令長官，及國軍各軍官洗塵。最妙者，丁默邨邀日本方面的司令官以下各人，列席奉陪，筵開二十餘桌。這一次的大宴，集合三方面的人物，聚於一堂；一為國軍的軍官；一為日本的軍官；一為汪政權的軍政人員。可說是一爐共冶，蔚為奇觀！

好景不常，我在杭州住了若干日，忽然有人來報告，說丁默邨已被扣留，其屬下之「民、財、教、建」四廳長、警務處長等，亦皆被逮。我知道情形不妙，不敢稍待，立即化裝平民乘搭滬杭鐵路火車的三等位，避往上海。後來有人告訴我，我登上火車十分鐘後，即有大批軍警到旅社找尋我云云。

我到了上海，將在杭州的狼狽情形告知林汝珩及汪屺，他倆當然更加嘲笑我，我到了這步田地，然後佩服林汝珩和汪屺二人，真有先見之明，的確比我棋高一著，我不能不承認我是一個真正的「傻瓜」。

我從此在上海居於浙籍某大紳家中，始終平安無事。

林汪送大禮有要人保護

當日寇尚未宣佈投降之前刻，由上海到香港的海路航線，久已中斷，因可供日人運輸用的輪船，已遭受盟國海空軍殲滅殆盡。那時由京滬至港穗的交通，僅靠零星的空運，每月僅得一兩次航行，且專供給日人的軍事運輸，客運已早斷絕。林汝珩與汪屺，經年逗留在上海，無法南歸。是年九月，日寇宣佈投降之初，海運尚未恢復，十月，國軍陸續復員，重慶黨政軍各級要人，先後返抵京滬。不久，國府公佈懲治漢奸條例，軍統局遂展開大捕汪政權人員的活動，凡是選任、特任、簡任反薦任首長，均以漢奸論罪，皆在被逮之列。林汝珩及汪屺原來的崗位在廣東，未有在京滬任過事，且因離開地頭之故，不為軍統局人員所注意；後來他倆聞得陳璧君、褚民誼和廣東各單位的首長等，在粵已被扣留，乃大起恐慌，要想辦法覓人包庇。剛有軍統局某要人到滬，林、汪有友人某甲與之有交誼者，某甲介紹其互相認識，林、汪懂得「熟性」之道，送了一筆很厚的禮物與某要人，某遂擔任保護兩人的安全，收容其在自己的住宅寄宿，林、汪均大喜過望，以為從此可以安枕無憂了。

林汝珩與汪屺，平日喜歡到跳舞廳消遣的，此時看見有要人關拂，故態復萌，事為某要人所知，警告他倆，謂倘不檢點，若給軍警拘去，便無法庇護矣。兩人從此遂不敢再到公眾場所。惟滬港交通未恢復之前，他倆終日枯坐無聊，有時仍聯袂到茶樓酒家品茗。有一次在茶樓上給一軍佬認出他倆的面目，軍佬俟林汪茗畢下樓，尾隨其後，意欲偵知其住所，然後逮捕；原來他倆是逕返某要人公館，戶外有軍士守衛著，始得平安無事。從此，他倆再也不敢出門一步，結果終得某要人保護之力，平安返抵香港，此是民卅四年冬間之事。

林汝珩不忘本汪屺鬧窮

抗戰勝利以後，凡是在汪政權服務過之人，旅居本港者，生活均不甚富裕，尤其是汪屺，竟至貪無立錐，攜眷住在新界的木屋，靠「賣、當、借」三部曲度活。單獨林汝珩一人，是一枝獨秀，生活優裕，而陳璧君在上海提籃橋獄中的用度，汝珩亦隨時有所接濟。十餘年前他曾出巨資，在港印行汪精衛遺著《雙照樓詩詞稿》，委託本港干諾道西五十七號四樓蘇記書莊發行，售得款項，全數匯給陳璧君在滬的用度。林汝珩總算是能飲水思源，不忘本的人。

林汝珩之為人，尚有一件可取而值得表彰的事，此即：革命老人陳鴻慈，字芑村，前清末年，與國民黨元老胡漢民、汪精衛同時留學日本，加入同盟會。民國成立，久歷仕途。民廿九，汪精衛號稱組府還都，南京司法行政部長一席，當初屬意陳鴻慈，陳以其母年老，不願遠離，乃屈就廣東高等法院院長，在職六年，汪精衛每年回粵巡視一次，必訪陳鴻慈，款款深談，良久乃別。抗戰勝利後，陳鴻慈被判徒刑，在獄三年，大陸將近易手，被疏散來港，因平日居官廉潔，兩袖清風，林汝珩認為汪精衛的老友，生存者已無幾人，乃甚關切陳氏的生活，隨時均有款項接濟，十多年中皆未有間斷，可算厚道，可以風末俗矣。陳鴻慈於七十八歲高齡時，病逝於香港東華東院，雖然老境堪憐，總算獲得善終。

敘完林汝珩的其人其事，以下再敘述汪屺其人。

汪屺，字彥慈，廣東番禺縣人。父名兆銓，字莘伯，前清光緒乙酉科舉人，著有《惺默齋集》、《莀楚軒集》等書，詩名甚盛。生二子，屺居次，早歲由其堂叔精衛資助其赴法國留學。民廿一年汪精衛氏出任行政院長，以屺為隨從秘書。其人富服從性，是一名好好先生，終其身唯唯諾諾，並無若何主張。廣東淪陷時期，他雖出任過幾個重要職務，但碌碌無所表見，換言之，他一世是靠著乃叔喫飯。

汪屺居然有挨罵的經驗

如所週知，陳璧君是有「罵人癮」的，不管你是汪精衛的老朋友也好，或是黨國元老也好，只要她的威風發作時，即破口大罵，毫不客氣。

記得民十四年夏間，我有一次去訪謁我的老師古湘芹（應芬）先生，古先生告我曰：「剛才我曾往訪精衛先生，交換軍事政治意見，談話談得相當投機，不意陳璧君忽然走了出來，大發脾氣，所以我立即起身，告辭而歸。」查古先生年事較長，比國父僅少六歲，胡、汪均比他年輕，故黨人咸以湘翁稱呼之，以示敬老。陳璧君比古氏要年輕二十歲，如此的對待老前輩，似乎太煞風景！

汪屺是要靠著陳璧君伉儷，然後才有飯吃，那麼，其命運注定是要「捱罵」的了。陳璧君責罵汪屺的次數，是摘髮難數的，大抵都是無理鬧，茲舉其一則於下：

汪衛伉儷皆是不吸香烟的，民廿二年汪精衛以行政院長兼外交部長，職務上不能不與外國使節交際往還，汪精衛陪著外賓，開始學習吸烟，命汪屺出外採購最名貴的香烟回來，備作應酬外賓之用。香烟店看見是汪屺來買上貨，當然殷勤招待，成交之後，特另外贈送一罐香烟與汪屺，完全是自動，不是汪屺所需索的。

汪屺曾極力推辭，不肯接受，乃該店東希望顧客下次續有交易，為表示好感起見，隨後竟遣專人送上上好香烟一罐至鐵道部一號官舍，寫明汪秘書收字樣。汪屺覺得無法再謝絕，只得接受。正在打開烟罐，與眾同事狂吸，適遇著陳璧君撞入來，見狀大怒，罵曰：「這香烟是招待外賓用的，不是買來給你食的，荒唐！糊塗！」

汪屺粒聲不敢出。陳璧君罵人，時常是滔滔不絕的，最後，她自己表示：「我罵到口乾了。」汪屺乃急急端上清茶一杯，陳璧君飲畢，方始停口。後來我聞得有此事，便問汪屺曰：「是香烟店所贈送，你應該辯明，可免她如此嘮嚇生氣。」汪屺答曰：「我有受罵的經驗，四嬸罵人時，能夠做到粒聲不出者，是為上策；待她罵到夠，她自然會收聲。倘若稍為辯白，大可能罪上加罪，火上加油，便無法收科了。忍氣吞聲，方是大事化小、小事化無之上策。」當時我覺得，汪的處境如此，未免可憐！

記得四川人李宗吾有一本名著，名為《厚黑學》，指出撈世界之方法有二：一為厚臉皮；一為黑心肝。又指出三國時代之曹操是「黑」；劉備是「厚」。所以天下英雄，惟使君與操耳！汪屺能訓練到自己肯捱罵，也是「厚」之一。他以平庸之才具，終能高坐粵省府委員兼廳長的寶座，便完全是靠如此得來。此誠非我之所能及，不能不甘拜下風了。

汪屺在粵雖迭任要職，惟「刮龍」則非其所長，環境亦不許其貪污，頗能做到清廉兩個字，故財富遠不逮林汝珩。生平獨喜收藏古董字畫。抗戰勝利後陸續沽去，十餘年間靠此為活。

汪屺生於光緒廿五年己亥八月廿九日辰時，據說他的八字，壯年不錯，到了五十歲後，走木運，即一蹶不振。他十餘年前在港逝世時，可能患的是急性心臟病，好端端地，無病而終。若此者，古人稱為「考終命」，為五福之一。享年六十歲以上可稱「壽」，五福之二。一生未作惡事，名為「攸好德」，五福之三。生平健康無恙，名曰「康寧」，五福之四。五福之中，汪屺取得了四項，獨欠一個「富」字而已。至於林汝珩，死時年僅五十外，不能稱「壽」，疾篤時相當痛苦，臨終時痛楚尤難堪。以財富論，林勝過汪！以福論，則汪在林之上矣。

我的三個晚節不終的師友：諸青來、趙厚生、袁履登落水記

瑀翁

抗戰期中，我常啣命潛往上海，勾當公務。當汪精衛準備組府還都時，渝中消息相傳，某將合流，某已失節，我適有上海之行，親友聞訊，堅囑我到滬後必須與其關心的友好，設法面洽，力勸懸崖勒馬，以保晚節為重，倘因生活困難，為貧所迫，並授我以補助辦法，俾安其心。下面所說的諸青來、趙厚生、袁履登三人，即為我到滬後必須面洽的主要對象。青來與我原處於師友之間，厚生與我為相知甚早之人，履登則為我的業師，在此一步蹉跎、終生遺恨之際，即其在渝親友不予關心，我既有去滬機會，亦將懇切規勸，以盡我的責任。所以我在抵滬後，明知出面活動，於本身極為不利，亦所不顧。無奈他們三人，或則抱有成見，或為群小包圍，執迷不悟，粉墨登場，終致身敗名裂。舊事重提，不勝感慨繫之。

留學日本、長經濟學

民國九年，上海證券物品交易所的籌備，已極緊張。這是新興事業，籌備處內部懂得交易所的，除掉日本顧問林茂如外，尚無他人。其時《新聞報》的經濟欄和《銀行週報》，所刊的文章中，不時有關於交易所的論著，文字淺顯，說理透澈，署名諸青來。我忝為籌備交易所的一員，特加注意。惜不悉其為何許人，無從拜訪。《銀行週報》編者為徐永祚會計師，我因念諸既為該刊物的撰稿人，徐必與之相識，當浼徐作介，與之交往，使我有請益的機會。無如徐的城府極深，唯唯否否，殊不痛快。以我推想，諒因徐的學識，遠遜於諸，徐已為交易所所羅致，如我與諸直接發生關係，則在相形見絀之下，諸將以後來居上，顯屬於他不利，因是推三阻四，使我不易與諸會面，亦未可知。惟我以事業為重，此路不通，另走一路，在多方探索中，得到該刊另一編輯徐滄水的指引，我終於單刀直入，闖門求見。諸是一位爽直的人，並不以我冒昧為嫌，坦然接待，及既聞悉我的來意，更有空谷足音之感，從此一見如故，與我成為終身之交。交易所借重長才，旋聘諸為顧問，直到交易所倒閉為止。

寧捲舖蓋、不肯低頭

諸的經濟學是自修得來的。他和他的胞弟文綺原是在日本學染織的，日文相當好，故他能從日文原本中探索高深的經濟學。他是苦學生出身，東渡前友人借給鷹洋二百元，折合日金一百四十餘元，旅費學費，盡在於此，抵日後身邊僅賸日金四十元，東移西補，熬過三年，才補官費，完成學業。他是民社黨發起人之一，決心反對黨治，寫了好多文章，批評國民黨，並以其經濟觀點，批評孫中山的民生主義。而且他的言行一致，向國民黨決不低頭。當淩鴻勳任上海交通大學校長時，他受聘為教授，每逢紀念週，他雖不得不參加，但當向中山遺像行禮時，全堂師生，鞠躬如儀，他獨昂然直立，決不俯首折腰。事被校方質問，他就提出辭職，寧願捲舖蓋，拒絕妥協。後來還是淩校長提出變通的辦法來，將他的名義由教授改為講師，不一定要出席紀念週，其事始解。

抗戰後，他來香港，與我時常相敘。他說，在香港久居，非有職業、事業、或產業不可，倘然身無一「業」，那就是「自作孽」了。戰前廬山會議，他在被邀請之列。參政會在漢口成立前，他也被提名為參政員，但為黃炎培所播弄，發表前突將他的名字刪去，這是他最憤慨的一件事。他以在港居既不易，而所謂團結抗戰亦只是門面語，因結束其流亡生活，回到上海。

狡兔三穴、左右逢源

廿八年我離渝去滬時，汪政權的組織已有箭在弦上之勢，成行前張公權約我談話，他說：「你到上海後，務須力勸青來，堅守立場，勿為環境所支配，最好拉他仍回香港住，所需生活費，由我個人負責。等他到港後，我再設法，請他到重慶來。」我到上海，即將張的說話，一字不易地轉告他。他起初很怪公權，以為幾十年來，公權一直沒有幫他的忙，怎麼忽在此時，想起老友，千里帶口訊，如此關切。我說：「以前公權雖是財權在握，可是你亦沒有非他幫忙不可的地方。現在到此關頭，人鬼之分，只爭一線，公權念及故人，殷殷致意，正是他幫你大忙之處，何必以往事衡量。再說，眼前上海已是一片歹土，地下工作份子，相當活躍，你已成為被注目的人，危邦不入，亂邦不居，你還等待些什麼呢？」他見我說的太露骨了，忽發為道德論，謂已與汪先生有約在先，不能食言而肥，做出對人不起的事。我見他已有成見，難於扭轉，也就無法再談下去了。

後此他出任汪政權的交通部長，據深知內幕的人說：他的落水，最大原因為配合國社黨的政治路線，其時該黨巨頭張君勱與重慶抗戰陣營合作；張東蓀與延安中共暗送秋波；南京汪政權雖不足道，但中原逐鹿，天下事究未可知，遺此缺口，難免有失，於是由諸青來辱身填補，作為一枚棋子；將來只須一方「成功」，國社黨總能分到杯羹，正與狡兔三窟，用意相同。至謂青來因不滿於國民黨而寧失節，那是皮相之談，因汪精衛的政治資本也是靠著國民黨這爿老招牌的呀！

劃線不靈、一敗塗地

抗戰勝利後，青來見機而作，溜進了蘇北新四軍的地區，隱姓埋名，逃避法網，但終為新四軍所識破。他們並不難為他，要他出來，用其所長，計劃財經事業。他如何應付，不得而知。惟他因聞其弟文綺在港，意欲南來相晤，而由新四軍以助其行，則為事實。

以前青來在上海，常跑交易所，買空賣室，經營投機。此項買賣，大致可分兩種：一種是「搶帽子」的，當天生意，當天結束，即使虧負，亦寧割棄，決不過夜，以防風險。一種是做「長線」的，買進或賣出後，預定一箇限度，或漲或跌，非達預定限度不予交割，風險自大，獲利亦較鉅。以是做長線的大多做一種「劃線」的工作，將買進或拋出的股票，列為一表，按日將漲落價格在表內劃成起伏的線條，作為預測走勢的根據。質言之，即在統計中探求其漲落的規律。青來做股票，屬於後一類，講究劃線，大有斬獲，他的少君游學美國，所需資斧，即從劃線得來，故嘗自許，一生縱無多大出息，但還有「一線希望」。所謂「線」者劃線之謂也。

可是這番來港，從事標金買賣，看漲看跌，他的「劃線」卻不靈了。其弟文綺撥給他數萬金，作為資本，經不得幾番風雨，虧折一空。垂暮之年，海曲竄身，窮愁欲絕，以致一病不起，可悲也夫！

露水姻緣、不計其數

我與趙厚生（正平）相知很早，約在民初，就知他與黃膺白交往甚深，而且是一個虔誠的基督徒。北洋軍閥統治時期，他曾任暨南大學校長。北伐後似不甚得意，一直未在政治文教兩方面擔任過獨當一面的職務，僅於抗戰前在黃膺白所辦的中國建設學會任秘書長，這是一種近於學術性的民間團體，寫文章、辦雜誌，對於具有政治慾的人是大不過癮的。

他是一位不修邊幅的人，矮而胖，肌膚黝黑，一口沙喉嚨，私生活卻很浪漫，床頭人時常更換。我們在三餘敘餐會相遇時，已是他的晚年了，又與一位小學教師某女士結婚。攀談之下，她還是我的小同鄉。抗戰初期，他來香港，沒有帶太太，客中寂寞，無以為歡，便和一位蘇州小姐結成露水因緣。蘇州小姐是在灣仔修頓球場對面一間樓房上賣湯圓為活的，他以吃湯圓為名，時常光顧，積久兩情款洽，彼此都解決了性欲問題。他還假撇清，自稱住在青山禪院，清心寡欲，箋註老子道德經；其實大半日子，住在樓房裡，和蘇州小姐大參其歡喜禪。

苦言相勸、充耳不聞

迨汪精衛離渝出走，在河內發表艷電，我適在港。他對我說：「日本對和平運動是有誠意，否則儘可倣照滿清入關時的辦法，將天皇搬到北京去，君臨中國，坐上龍廷再作道理。」又說：「這場馬將，××一個人當莊，搓了十年多，也得結結帳、扳扳位，讓別人露出幾手，怎能一直的連下去呢？」不久，他便回上海去了。

嗣我因勸募戰時公債到滬，聞他與諸青來都有偽組織的部長的呼聲。我約青來密談時，也約他同來，我對他說：「重慶對你很表關切，你如回到香港住，生活費用，不須躊躇，當局已有表示，負責供給。」不意他充耳不聞，反想拉我參加政權，他說：「你在財經兩界是有相當的經驗的，新政權創立伊始，正需你這樣的人才，既來之，即安之，不必再回重慶去。我們是老朋友了，多一個，好一個，與其東奔西走，不如大家留在此地，老實說，我是不會輕易放你走的。」言次，又屢屢問我，幾時得暇，由他陪我去見影佐禎昭。

青來見他胡纏歪扭，大不是路，猛拍枱子，向他大聲喝道：「兩國相爭，不關來使，他背著風險，身入虎穴，傳達重慶意旨，勸我們重回香港，聽與不聽，其權在我，你要把他強行留下，這是什麼意思，如再胡鬧，我諸某人是不會答應的。」旋轉臉向我說：「走，走，走，我送你回到滄洲飯店去。」如此，我才擺脫了這箇尷尬的場合。

過其官癮、自甘墮落

汪政權成立，厚生「榮任」教育部長，據說他是以「社會賢達」的身份參加偽組織的，其實他是政學系的一員，並非無黨無派的人物。教育部從來是箇冷衙門，他只能過官癮，撈不到油水。旋調「國府委員」，又在上海辦「上海大學」。民十一年，于右任、瞿秋白等在上海亦曾辦過上海大學，他襲用其名，魚目混珠，以前的上海大學培養革命青年，他所辦的上海大學則為奴隸教育。

勝利後，他隨其最後的太太回到寧波娘家，生了一場傷寒症，就此一命嗚呼，總算逃了罪刑，實為不幸中的大幸。

厚生在光緒末年，即已加入同盟會，並於革命事業有所貢獻。其時趙伯先任三十三標標統，駐防南京，與同盟會互通聲氣，負有聯系黨人的秘密任務。伯先離職時，他適受聘為南京師範學校教員，因將秘密任務，交他接辦，臨行並以詩相勗，有云：「桃紅柳綠江南道，一片春陰好護持。」所謂「桃」「柳」，指的是黨人；所謂「春陰」，指的是他，意思是勉勵他對於同志，善加維繫。可見他在少壯之時，也是一箇有血性的男子，不意年老智昏，墮落到如此地步，良可慨也。

一生忠厚、難免胡塗

袁履登先生是我的業師，一生忠厚，晚年則由忠厚淪於胡塗。

上海淪陷後，他仍是公共租界工部局的華董，寧紹輪船公司的總經理，雖非富有，生活是相當優裕的。這兩項職務，多賴虞洽卿提挈而來，所以他在人事系統方面，向即隷屬於虞的旗下。虞是一箇空心大老倌，名氣響亮，債務纍纍，但他是有幾度散手的，利用當前機會，由救濟難民而大發難民財，又由辦食糧平糶而變為米蛀虫，儘管別人因戰禍而家破人亡，他卻因戰禍而改變其經濟環境，從破產邊緣一躍而為春申鉅富。同時他對日本人也有一套，虹口六三花園常見他的踪跡。和日本人相處得很圓滑。方寸之中，卻定下一箇界限，如要他掛名義、負任務，他便耍出手腕，推宕搪塞，始終不肯搭鉤。民三十年，他覺得局面益緊，再躭下去，難免不討好，而其令婿江一平在渝已有佈置，力促離滬，他因決心去港，轉往重慶。

他在成行前，嚴守秘密，以防有人留阻。登輪前夕，他於履登雖未漏有口風，但曾叮囑他於晚間必須到其住宅一談。詎袁於是夜適為友人證婚，喜筵中貪杯過量，酩酊大醉，回家後納頭便睡，竟致爽約。及至夢回酒解，憶及此事，趕赴虞宅，則郵船早經鼓輪南駛，已近浙江洋面矣。事後有人猜想，洽卿臨走，必有贈言，使袁如約往晤，或能得到一顆定心丸，日後不致隨風披靡，亦未可知。

寫到此處，作一插筆。履登在滬，向有大眾證婚人之目，親友請託，或慕名請託，無不接受，欣然承諾。有人謂其以證婚為副業，雖不免於唐突好人，但其汽車司機，在同行中視為肥缺，則當年上海小報，曾經列為趣聞。因證婚一處，司機賞封，至少不致低於法幣十元，結婚旺月，每天證婚二三家，並不希罕，司機所得賞封，不知超過其月薪若干倍了。

重重圍困、粉墨登場

言歸正文，洽卿到渝後，晉謁當局，報告上海近況，提到袁履登。當局以上海公共租界工部局華董，多已離滬，惟袁獨留，希望他能硬挺下去，作為耳目，當著洽卿設法帶信，轉告履登，除於工部局華董及商會工作外，勿作其他活動。又著洽卿按月由上海墊付六百元，補助其生活費，將來由國庫歸還。洽卿知我有上海之行，乃將此項經過，覼縷以告，囑為代達。

我到滬後，征塵甫浣，便忽忽往謁袁先生，將洽卿託帶口訊，坦誠奉告。洽卿的大公子順恩，亦遵父命，按月送往六百元。袁先生於名利兩字，興趣向不甚濃，經此安排，精神物質兩方面均有所寄，以我想象，當能堅心困守，不致為時會所動搖了。那知事實並不如此，待我回渝，他的消息亦已接踵而至，竟然兼任兩項偽職，僕僕於京滬道上，儼為一個紅員了。

他所擔任的，一是糧食統制委員會的主任委員，一是上海保甲委員會的主任委員；前者為日方搜括軍用食米，後者為日方壓制人民，以供奴役，任何有辦法的人都不敢輕於嘗試的，他卻以忠厚人頂著石臼做戲，縱其居心不願為虎作倀，然而事實上已被日本人牽著鼻子走了。

據說他本人是無意參加偽組織的，無奈家屬包圍，左右慫恿，臥雪樓弟子（他以袁安自況，題所居為臥雪樓，所收門徒，自稱為臥雪弟子）又多方攛掇，巴不得老頭子早日落水，他們可以混水摸魚。處此境界，他這個忠厚人怎經得起諸般誘惑，便渾渾噩噩地被他們勾臉抹粉，以白鼻哥的姿態登場串演了。

在我復員返滬時，袁先生已被逮捕，無從相見。大陸變色後，袁先生一度來港，困於經濟，不久返滬，於年前病故。他出生於基督教的家庭，自就讀寧波斐迪小學起以至上海聖約翰大學畢業止，所受全為基督教的教育，亦為教會所資助。上海人所稱的三老，即為他與聞蘭亭、林康侯兩人。

（原刊於香港《春秋》半月刊第221期，一九六六年九月十六日）

我所認識的「日本通」李擇一

水一亨

霉雨累月，寂處無聊，翻閱台灣出版《傳記文學》，消磨長晝，忽然看到章君穀君執筆的《杜月笙傳》中，涉及李擇一的一大段，細閱一過，不禁為亡友大抱不平。事實總是事實，立傳應力求存真，「諛墓」之作，未嘗不可，但加厚誣他人，烘抬死者，則其態度大可商榷。

日軍方要與杜月笙連絡

章君在記述「一二八」淞滬中日戰爭時稱：日方統帥由鹽澤中將換為野村中將後，一天，李擇一遵從日本特務頭子土肥原的指示，跟杜月笙接洽，表示他「可以想個法子，約一位野村中將的高級幕僚來談一談，從他的談吐之中，也許摸得出他們的停火方案。」「假使杜先生能以抗敵後援會的身份，蘄求避免上海人民生命財產的損失，而想從中玉成的話。」

杜月笙揣知「他是得到日本軍方同意而來的」，表面上不動聲色，只說「讓我考慮一下。」事後杜月笙判定，「東洋軍這兩天損失太大，這一定是他們要增援了，在用緩兵之計」，於是將此經過，通知吳市長（鐵城）和蔡軍長（廷鍇）。但「我國官方對此保持極審慎的態度，決不介入杜月笙和日方私人間的接觸」，認為「這個問題應該由杜月笙自己決定。」「杜月笙懂了」，以後「他便不再請示官方，私下部署會晤日本軍方的事。」

章君續說：「杜月笙實在不愧黃金榮交口讚譽他的聰明絕頂」，他在取得法國總領事甘格林的充份合作後，將李擇一找來，表示前談之事，

不妨一試，但地點要在法國總領事館，甘格林總領事要到場參加。擇一問他何以要如此做，月笙答道：「道理很簡單……我的名譽地位必須有所保障……萬一將來事情弄僵，對於我有不好的影響，甘格林可以挺身而出，代我洗刷。」「從民國十六年起……我擔任（法租界）公董局華董，和華人納稅會會長，已經有五年了。」這些話的含意，據章君解釋，在必要時，他可請甘格林出而證明，杜月笙於某月某日，並不是以「上海抗敵後援會」常委一份子身分，而係以法租界華董、華人納稅會長的立場，與日本軍官某人晤談。李擇一聽了這番話，毫不猶豫的回去報告，野村也就同意了。

不久，李擇一陪同幾位身穿便服的日本軍官來到法國總領事館，和杜月笙面談，甘格林也以主人的身分參加。關於雙方晤談的經過，我不消引用原文，免費篇幅，總之一句話，杜月笙是機警地揭破日方的陰謀，理直氣壯，把日本鬼訓斥一頓，談話是沒有結果的，以後也不再約晤了。

一頂漢奸帽子尺碼太大

於是章君以其椽筆，對李擇一作出：「安福系出身的福建人李擇一，從小政客而成為土肥原麾下的第五縱隊，賣國漢奸」的斷語。我的天呀！這可把擇一看得太大了，他這位花花公子，根本戴不上這樣大頭寸的帽子，同時又把中華民國看得太小了，像蘿蔔青菜一樣，誰都可以隨手出賣。我在這裡，不須為他粉飾，只說出幾句簡單而扼要的話：不錯，擇一是一輩子和日本人混在一起的，他能說三教九流的日本話，又能結交上中下三流的日本朋友，像上面所引的故事，由他出馬向杜月笙打交道是有可能的，但自九一八起以至抗戰勝利，他從沒有為日人擔任過什麼工作，也沒有在「臨時政府」、「維新政府」及汪政權下擔任過什麼名義。他當然不夠純清，但也不至於混濁，所以勝利復員後，上自行政院長，下至方面大員，都曾借重於他，聘為顧問。他一生總是喝日本人的，花日本人的，要日本人的，但最後又總是對準日本人的屁股尖，猛可地踢上一腳。這不是我一人的阿私所好，而是認識他的朋友的公論。

過去，我和擇一僅為泛泛之交，於稠人廣座中，相逢頷首，從未深談。及「滿洲國」將近成立，我因商業關係，久客長春，家中原雇有一位好廚師，能燒南北名菜，配材用料，又皆上乘，於是食客聞風而至，有時中晚兩頓，開席至六次之多，陳寶琛、鄭孝胥均為座客。其時擇一作東北游，遂亦成為食客之一。他嗜酒，我亦喜杯中物，往往座客均散，我倆猶在舉杯對酌，由此沆瀣一氣，成為莫逆之交。關於他過去的事跡，頗有所知，而於大陸變色後，他的遭遇，以訖於死，則因彼此未失聯繫，所知尤詳。

留學日本與日人交情厚

李氏為福州望族，他的大哥拔可先生，以名孝廉邃於經義詩文，前輩後輩，一致尊重。三哥釋戡，與馮耿光為鄉友又為密友，耿光為梅蘭芳老斗，釋戡故亦為捧梅健將，梅的新劇及應酬文字，多出於他的手筆。六哥律閣，以風度勝人，在牌局上遇巨萬輸贏，視如等閒，贏不動心，負不皺眉，大有阿堵物不足以供一盼之慨。北洋軍閥官僚，如張作霖、張宗昌、王克敏、潘復、吳鼎昌等聚賭時，有他參加，才覺過癮。擇一在兄弟大排行中為第十一，照北方習慣，稱為「十一爺」，但暱者輒呼為「阿土」。他是一個瀟洒漂亮的漢子，絕無泥土氣息，所以呼為「阿土」者，因「十一」兩字聯寫為「土」字，而其性格又帶幾分「土匪」氣味也。

擇一為人，雖跅落無檢，不遵禮度，而在大哥督教下，亦嘗折節讀書，早歲負笈東瀛，畢業於慶應大學。歸國後僅於民初一度當過鹽務署主事。這是芝麻菉豆的小京官，非其所志，不久辭去，投身商界，由三井洋行跑街升至買辦。三井為日本大財閥，北洋政府向日本借款，擇一便是居間人之一。由於他與各階層的日本人，多有往來，曾雇用三個日籍秘書，辦理書啟，接洽交際。其前後所得回佣，據我所知，不下二百萬，如與今日港幣比值，至少為千萬富翁。無如他的手面太闊，嗜好太多，不禁幾番風雨，依然不名一文。

錢財如糞土到手都花盡

那時天津來了一位蘇州佳麗，英文名字叫做 PEARL，屬於南班子，在京津一帶是很吃香的。何況她的艷色照人，風華出眾，吐談雋俏，動作溫柔，嫖客們把她當做牡丹看待，鴇兒娘卻把她當做搖錢樹看待，不道孽緣暗繫，給擇一碰上了，他不理鴇兒娘肯與不肯，憑著日本人的力量，扔給兩萬元，霸王硬上弓，把她娶去，作為專寵。此時他的運道亨通，不知在那筆借款項下，從日本人手上拿進佣金三十萬元，數額不小，日本人卻不給本票，也不給支票，而是現款交易，整整的三十萬個滴溜滾圓的「袁大頭」。他實苦無法安頓，便一古腦兒塞進床底下，把牙床轉為銀臺。以後他倆出門一次，便隨手在床下抓個三百五百，作為遊宴之資，朋友沾光的數亦不少，未經幾時，床底下已是一掃而空了。

他在北京禮士胡同經營一巨宅，佔地甚廣，草坪花塢，無不具備，崇樓傑閣，更屬精工，單是那兩扇朱漆獸環的大門，就顯得氣派非常，行人側目。據老北京說，如在前清，他再有錢也不許如此建置，居官非到當朝一品，而營繕王侯甲第，事屬踰分，將獲僭越之罪，民國共和，舊時體制全被打倒，荷包飽滿，你愛怎樣，便可怎樣，誰也不會多句嘴了。可是擇一費了如許心血金錢，卻始終未曾住過一宵，北戴河的一場大賭，把他輸得天昏地黑，在巨宅將次落成時，他為急填賭債，已把它賣給梅蘭芳了。擇一嗜賭，但不精於賭，朋輩相謔，皆呼為「三光」碼子。三光者：籌碼光，人走光，賸下他一個。東方發白，天也光了。

北伐以後，擇一南來，因海軍部在日本購買軍艦，由他居中接洽，撈進不少，故有餘資在上海稍置房地產。一二八戰事結束後，十九路軍調防福建。廿二年冬，陳銘樞、李濟深、蔣光鼐、蔡廷鍇等突然叛變，成立「中華共和國人民政府」，經過三十天的俶擾，其事始平。當時台灣總督為松井石根，和擇一向具交誼，當局風聞十九路軍將領擬由海道遁往台灣，謀與松井聯繫，拒絕登陸，惟說客人選，徵選為難。黃郛瞷知擇一與松井的淵源，乃加舉薦，擇一因啣密命渡海，與松井接觸，完成使命。所以後來十九路軍將領，寧捨台灣，遠竄香港，即因此故。據擇一告我，當局曾撥卅五萬元作為酬勞，始終一文不曾到手，橫檔裡究竟被誰截去，他也懶於查究，可見他對孔方兄是不過分認真的。

「塘沽」協定李為牽線人

《傳記文學》第十二卷第六期，刊有〈塘沽協定前奏曲〉一文，作者為當時隨侍黃郛（膺白）先生在北平的張楚（寓鋒）先生，其中有關擇一之處，摘錄如次：「民國二十二年中日長城之戰後，……日人謀我益亟，……黃公膺白奉命赴平，安定危局。五月…廿一日情勢至為迫切，日機竟日盤旋於三海上空，兵隊已越灤河，膺公終日外出接觸開會，下午五時返行轅（海豐澤園），召園中僅留之何其鞏、何傑才、傅孟及余指示曰：情勢太緊了，……萬不得已我們擬先退至定興，再觀後效。我擬今晚再作最後之奮鬥，你們可稍作準備……辦理結束。……七時即出，至十一時左右，李擇一先生忽來電話，余正擬告以黃委員長外出，忽聞履聲橐橐，乃囑稍待，而以話筒授膺公，僅聞莫帶人，請一人速至某處，膺公反身即行，至次晨六時天明歸來，形容憔悴，精神極疲，苦笑曰：『可以不走了，這個味兒不好受呀！』此或即塘沽協定之前奏曲耶？」

梁敬錞先生在《傳記文學》發表〈華北停戰秘幕與塘沽協定真相〉一文，亦有涉及擇一處，略稱：「華北停戰接洽，始於一九三三年四月十九日，終於五月廿二日，發動於上海，結束於北平。黃郛固為始終其事之中心人物，……而最後與黃郛牽線之人，則日方為海軍武官藤原喜代問，我方為黃郛顧問李擇一。」

按塘沽停戰協定的簽訂，其作用為使平津轉危為安，而日軍侵略華北的攻勢，亦得以暫時遏止。觀於張寓鋒、梁敬錞兩先生的記述，黃膺白先生正苦勢無可挽，準備撤退，卻由擇一居間拉攏，卒底於成。是功是罪，自有定論。如必斥為漢奸，則此類「漢奸」，恐當時只懼其少，不嫌其多吧。

德官員對菜肴讚不絕口

全面抗戰發生前，我因業務南移，長川駐港。擇一由重慶某有力者的指示，亦常來港，於和談暗盤中從事奔走，生活所需，即由某有力者予以供給。及太平洋戰事發生，我回上海，彼此又獲聚首機緣。其時擇一於日人方面，交遊自廣，於德國人方面亦常周旋。一次，他在虹橋路住宅招宴德國派駐上海官員，全桌十二人，連主人在內僅有兩個中國人陪席。虹橋路的住宅，地方既好，陳設更屬考究，吃的是福州菜，色香味俱全，令人印象最深的，為盛菜的器皿，與菜的本身，同為一樣色素，菜有十色，器皿亦為十色，隻隻不同，又皆為古色古香，絕非新製。這批納粹官員認為這是生平僅見的宴會，大快朵頤，且盛讚中國文明不置。然而擇一並非一味揀飲擇食的人，有時光顧舍間，酒興發作，適值廚空竈冷，肴核缺乏，我倆就以腐乳佐酒，略沾鹹味，而為長夜之飲。

抗戰勝利前後，宋子文為行政院長。勝利後，台灣光復，陳儀受命為行政長官；上海、廈門、青島的日本海軍艦艇基地，則由中國海軍總司令部接收。當時情形，日本雖已為戰敗國，而「日本通」的人材仍屬需要，擇一又由此抖起來了，宋子文、陳紹寬、陳儀、分別聘為顧問，經常於上海台北之間，飛來飛去。

故態復萌旅費全部輸光

及至大陸易色，全國人闗入竹幕，擇一為腐化分子，按說他應從此打入地獄了。然而事情並不盡然，中共亦因其為道地的「日本通」，剩餘價值，尚可利用，於是派他來港，準備東渡，和日本人搭線。其時為一九五一年（？）我早來港，海外重逢，恍如隔世，欣慰無量。他抵港的一天，適為閩籍旅港巨商吳希之先生的生辰，親友假銀行俱樂部設宴慶祝。這消息被他聽到了，約我於晚間同去闖席。我應允了他，但叮囑他只能飲酒，不能賭錢，今非昔比，一切以謹手為要。他唯唯以應，「遵辦遵辦」。不料到了那裏，那批福建人看到了他，就像看到了鳳凰一樣，異口同聲地說：「我們正在想你，不道你竟來了，喜出望外，應是天意，好！好！好！我們今宵大樂一場。」我看這場面要他不賭是難的，飲酒數杯，便先告退。

次晨，我還在床上，他的電話來了，劈口一聲，就是「糟糕」兩字，要我出去代他籌款。他說，不僅他把大陸帶來的錢全部輸光了，在牌桌上還欠下不少賭債，僅經一夕，征塵待浣，旅費已成問題。我只得披衣出門，為之區處。此後他便在騰挪應付中，在港住了相當期間。

自承聲色犬馬無所不好

他既然負了秘密任務，為什麼不依原定計劃，由港東渡，轉往日本呢？這是有原因的，他所預定的搭線對象，為日人松本。此人與吉田茂交誼甚篤，戰前吉田任駐英公使時，他是倫敦正金銀行行長。戰後的日本政局，吉田為一重心，擇一擬走松本門路，與吉田搭上關係。松本之婿山之內，為上海正金銀行襄理，戰後由我國政府指定他保管日商在滬所設銀行，故其雖為俘虜，尚能自由，迄未遣返。擇一為取悅松本，要求中共遣返他的女婿，作為贄見之禮。中共曾予同意，但為避人耳目起見，囑擇一先行，然後再遣山之內，經港取齊，同去日本。可是松本卻不領情，堅持中共有誠意，應讓其女與婿偕返，若釋其婿而留其女，顯為要挾，他連這個女婿也不要了。由此事成僵局，擇一因在港住下，以謀轉圜。他是一個口沒遮攔的人，三杯落肚，雖於所負任務未嘗洩漏，而在中共取得政權後的身所遭遇，則昌言無忌，不虞隔墻有耳。他最得意的是背誦他寫的坦白書，他說：「別人總是藏頭縮尾的，我李擇一這塊料，誰不知道？所以我坦然寫上『聲色馬犬，無所不好』八個字。當然，這是總帳，不是細帳，而中共是連雞毛蒜皮的小事都注意到的，這樣寫法，自非所喜，無奈我的事情太多了，有些實在想不起來。此中苦況，幸蒙相諒，我總算過了此關。」這些話不久便傳進了大陸，而他所負的任務又難達成，中共羞惱之餘，於是將他召返，送進監獄，一關五年，這時他已是望七的老人了。

八十老翁飽嘗甜酸苦辣

他在上海所置房地產，早經售脫，價款所得，出獄後所剩無多，但他精力充沛，老興淋漓，不甘獨宿，竟揹進了一個女人。嗣去福州，出賣祖產，又再接再厲，揹進了一個鄉女，持同返滬。兩雌爭一雄，醋礶翻倒，那個先進門的女人為求洩憤，悍然向法院提出控訴，指責他亂搞男女關係，因此他又飽嘗鐵窗風味。據我所知，他第二次入獄，尚有另一因素，即蔡廷鍇等的乘機報復是，宿仇深怨，事詳前文。這次他關了兩年，才獲釋放，光陰荏苒，已是望八老翁了。

出獄後，花花葉葉，皆已辭枝，他被限令，與原配夫人同住，不許亂動。未幾，原配下世，剩下他孤家寡人，年事既高，磨折復重，蕭然環堵，活計大艱，我常代向旅港親友告幫，匯款接濟。大約中共對他管制綦嚴，款須經轉手，才能達到，其他苦況，可想而知矣。

去冬接其女僕來信，云擇一以癌症於十二月廿四日謝世，享壽八十一歲。翹首北望，我的悲哀成分，老實說並不過多。論年齡，耄耋老翁，死是當壽。論世界，甜酸苦辣，皆已嘆夠，有什麼捨不得的。

女僕信中又提到他易簀前的情形，里弄幹部見他是個孤人，在他氣未嚥、眼未閉的前兩天，早就將他的衣服傢具取去變賣，據說是為他預辦後事。殯葬既畢，剩下「人民幣」一百元，他的那位離去的女人意欲承受這筆「遺產」，里弄幹部斷然拒絕，其理由為她已失去資格。結果，一百元落進里弄幹部的荷包，據說這是「人民的財產」云。

唐有壬夫人拒受汪精衛贈金記

秋柳

民國廿四年間，中日外文關係，漸呈複雜微妙之局。一方面日本軍閥的侵略勢力既已深入內蒙及河北區域；另方面汪精衛等則在南京國民政府中力倡一面抵抗一面交涉的口號。這一年十一月一日，老汪在南京中央黨部被刺幾死，隨即辭職出國到歐洲就醫，而到了十二月廿五日那天，他的外交得力助手卸職不久的外交次長唐有壬，終於也在上海租界裡被「愛國份子」所槍殺。這是近代中國政治暗殺史上的懸案之一。

汪精衛賞識唐有壬

唐有壬，這位出身於湖南名門的世家子弟，父親唐才常，原是革命先烈，也是與康（有為）梁（啟超）譚（嗣同）等齊名的維新志士，庚子那一年曾號召同志，倡義漢口，不成而死。其遺詩有「臢好頭臚酬死友，無真面目見群魔。」（所謂「死友」也者，是指譚嗣同等已於戊戌政變後就義了。）

有壬是唐先烈的小兒子，他有兩個哥哥即唐圭良、唐卜年。圭良是日本士官畢業生，前幾年病逝於九龍沙田。有壬在諸兄弟中最有才華，少年時即嶄露頭角，就學燕都時，更以善於演講、撰文，馳譽一時。他與寫《西瀅閒話》的陳源教授，都是「現代評論派」的健將。自從被汪精衛賞識以後，踏進政治舞台，儼然為國民黨新進的外交人才之一。原來那時汪氏已決定採取親德意日的外交路線，汪的夾袋中，正缺少主辦對日外交人員，唐有壬在那一個時代脫穎而出，正是汪所需要的一個得力助手，不料後來也成了汪的犧牲者。

唐有壬被刺以後一年多，中日之間的蘆溝橋事變終於爆發，成為全面性的民族戰爭，國人對於有壬的死，自然很快的便已忘懷了。現在，筆者所要追述的卻是民國二十八年夏天唐氏的遺孀歐陽立徵女士所經歷的一幕事蹟，也是唐有壬死後的餘波，由這件事情來看汪、唐之間的恩怨與微妙的關係，不免令人有變幻無常之感！

不速客送來生活費

抗戰發生以後，唐夫人歐陽立徵和她的家人（包括她的老母和子女們），因為她們在上海江灣的寓所毀於戰火，乃自香港轉道回湘（歐陽也是湖南大族，她的哥哥便是現已靠攏的戲劇家歐陽予倩，予倩原名叫做立袁）。未幾戰局西移，湘省亦告緊張起來，唐夫人又和她的家人再從香港回到上海，稅居於法租界。這時已是民廿八年的春天了，沒有好久，汪精衛便乘了「北光丸」偷偷到上海來。

就在汪氏到上海之後數日，唐夫人的家裡來了一個不遠之客，原來是唐有壬的老同事某君。他神氣十足的對她說：「我今天是代表汪先生前來慰問你的。汪先生很關心你們，想供給你們的生活費。這裡是我第一次帶來的法幣一千元，以後按時接濟。汪先生如此念舊，你能想像得到嗎？」

唐夫人驚詫得半晌說不出話來。她這時自然已經知道汪到上海來，已經決定要與日本人合作，斷送自己的政治生命了。但還極力鎮定著，淡淡地說：「我怎好受他的錢呢！我們暫時並不需要他的幫助。」

「什麼，你不要錢？還個世局誰不需要錢？那有人不要送上門來的錢？你嫌少，這是第一批，以後源源有。我可能向汪先生說，補給一個數目以滿足你的希望。你能拒絕領袖的善意！」客人的神色很詫異，語調也有些不大自然。

唐夫人氣得發抖說：「請你把這筆錢趕快拿走吧！」

「我怎樣可以拿回去呢，我怎樣回答汪先生呢？」

「那是你自己的事，與我有什麼相干！」

她們推來推去，總是沒有一個結果。最後唐夫人說：「請你莫再糾纏我，我今天還要看朋友去呢。」

不料來人倏地拔起腳步來，飛一般的跑下樓去，把錢扔在桌子上。她自後趕著、叫喚著，當她氣喘喘地趕下樓時，那裡還有那位客人的影子呢！

歐陽立徵電呈重慶

事後，唐夫人不得已就將這一筆錢解交上海亞爾培路中央銀行充作抗戰經費；同時電呈軍事委員會及行政院分別說明解款的動機，原文如下：

立徵自先夫為國事捐軀以來，寄跡滬濱，奉母課兒，以度淒涼之歲月。前年八一三戰起，江灣首當其衝，蝸居毀於炮火。立徵感懷國難，淚竭神傷，遂息神經衰弱及失眠等症。爾時為老母及兒輩安全起見，舉室繞道回湘。未幾戰局西移，湘省亦頻驚風鶴。立徵個人雖不足惜，而高堂弱息，付託無入，何忍見其陷於鋒鏑。故又扶老攜幼，轉徙播越於飛機轟炸之下，初則移居九龍，繼則轉道來滬。返滬未久，驚瑰甫定，忽睹汪精衛離渝赴越之報，不禁瞿然而驚。立徵一介女流，對國事無置喙之餘地，所不能已於言者，先夫在生之日，嘗受知於蔣汪兩公，以奉行國策，折衝樽俎，精神上備受刺激。每與立徵言：國事艱危至此，政府當前國策，必待最後關頭始捨和平而言犧牲，吾輩外交官處境至艱，用心至苦，而局外人或不見諒；與共貽譏而無裨國事，曷若引退以早遂初衷。立徵輒加慰解，謂：當抱定國家至上主義，一時之毀譽不是縈懷，千載之是非終須大白。熟意先夫以勇於任事之一念，終以不見諒而獻共微軀於國家。今者汪忽於抗戰國策之下，中道乖離，妄倡和議。立徵恐因是而先夫之志不能大白，其不見諒於生前者，仍將不見諒於身後，用是繞室徙倚，夜不交睫。竊念先夫所居者國家之公職，非受一人之私恩，所努力者當時之國策，非受一人之私意。倘先夫生存於今日，必在最高當局之領導下，抗戰建國之旗幟下，竭其股肱之力，繼之以忠貞，一伸其報國之志，一吐其過去抑鬱難宣之氣。此立徵所敢斷言者也。乃立徵正抱難言之隱痛，而事實忽有奇特之發展：日昨某君以汪命餽法幣一千元，經立徵一再推卻，其人強委而去。在汪眷懷舊屬，惠及妻孥，人非木石，寧不知感。然汪先生恐懼流言之日，立徵不當受其一介，以傷先夫之志，而增立徵無涯之戚。憶先夫飾終之際，承最高當局親臨致唁，殷殷以身後事垂詢，高誼慈懷，存歿俱感。立徵以朱亡人之身，對國家無所干求，惟祝抗戰勝利，使我中華民族巍然屹立於世界，則先夫死亦瞑目。倘政府對先夫殉難事實，昭然曉示於國人，則立徵與兒輩有生之日，永為戴德之年，必以報國家者報我賢明之領袖也。除將餽金繳呈外，謹此電呈，敬希明察。歐陽立徵叩號（二十八年五月二十日）

明令嘉獎加倍贈金

這電報去了不久，便接得當時行政院孔院長庸之的回電云：「大義不屈，至堪敬佩。……除將該款交同庫並予明令嘉獎外，特電知照。」

隔了不久，行政院明令嘉獎也下來了，內容為：「故外交次長唐有壬之妻歐陽立徵出自名門，深明大義。堅卻汪逆贈金不獲，乃將所贈法幣一千元悉數呈繳充作抗戰經費。紹前徽於漆室，巾幗楊休；繼遺志於泉台，藁砧含笑。核其行事，合予褒揚，宜諸國人，用資矜式。……」

那時正值敵人縱橫於國境之內，奸逆份子蠢然思動的時候，為喚醒國瑰，為表彰正義，凡每個國民的細行小節，其能適應抗戰環境有利於宣傳工作的都在政府嘉獎之列，所以一件不算動人的事，竟能產生一種不可預期的後果。同時，政府還提出二千元來補助唐家的生活費，不多不少，恰恰是汪的贈金之一倍。

汪陳認為恩將仇報

這件事既然傳了開來，不免驚動了汪氏夫婦和他下面的人。一天下午，那位上次奉命而來的某君又跑到上海亞爾培路唐氏所住的公寓來，一進門便破口大罵：「你，你這個女人，竟敢恩將仇報，做出犯上作亂的事！你知道你這樣做破壞了汪先生的名譽嗎？昨天汪夫入看了報，氣得把桌子都踢翻了，大罵你不是人，是忘恩負義的東西！汪先生手下的人要一槍打死你！這件事你將何以善其後呢？」

唐夫人的態度倒顯得冷靜、堅強，鐵一般的堅強：「要打死就打死，我自己做的事，我自己負責。」

這樣有力的反擊倒出乎來人的意料之外，一時反覺得收不下蓬來。虧得他臨機應變，馬上換了一副柔和的面孔向她說：「事情做錯了不是沒有方法挽救。你聽我的話，登報否認發電那回事，聲明這個電報是偽造的，附帶聲明汪先生沒有贈款的那回事。你照這樣辦，汪先生對你還是好好的，一切和好如初。」但是他又拖了猙獰的尾巴：「不如此辦呢，後悔要來不及的，會使你們兩家流血，唐家流血，歐陽家也流血！」

說完了這些話，他又像上次一樣拔起腳步來飛奔下樓。他邊走邊布叮嚀：「明天來討妳的回信。」

第二天，某君又來了，身邊帶有手槍，大肆咆哮，要唐夫人表示態度。她大聲的向他說：「這是我最後一次的答覆：要我登報否認是絕對不可能的！我既然做了這件事，早有一死的決心！你只有兩條路可以選擇，或一槍打死我，或從此不再來糾纏我。」

這樣，足足鬧了一兩個鐘頭，那人又懷著滿腔怒氣走了。

《海上春秋》風行一時

後來唐家在無法離滬的客觀條件限制之下，只得採取遷居的辦法以避其鋒。於是，第一次由亞爾培路搬到拉都路；第二次再搬到辣斐德路；第三次又搬到亨利路。備嘗一月數遷之苦。而唐夫人在此時間中，總是過著杜門不出的單調生活。

上面這件故事發生在孤島時代的上海，但卻早已傳到抗戰陣營的大後方。民廿九年十二月十二日，南社詩人柳亞子從重慶寄了一首詩給唐夫人，詩曰：

浮雲富貴已無求，天遣松筠勁節留。
張楚劉齊都媿死，一编孤島有春秋。

重慶的劇人，更根據報紙上所載唐有壬夫人拒受千金的一段新聞，抓住了適應抗戰環境的題材，編了《海上春秋》一劇。當然，劇情與事實是不盡相合的，編劇者只根據他的推想，以為唐夫人必定在上海和汪精衛、陳璧君都見過面，當時這對夫婦表示願接濟唐的生活費，被唐大罵了一場，頗像舊劇中《擊鼓罵曹》及「罵毛延壽」之類的故事。可是，在事實上，唐與陳璧君雖是舊識，但自汪氏搞「和平運動」以來，她和他們卻是始終未見過一面的。

《海上春秋》一劇，在民廿八九年間曾在內地風行一時，飾演唐夫人的女主角，以故電影明星英茵演來最為出色。後來英茵以私事折回上海，想揣摹劇中的神情態度，特請唐槐秋介紹，還與唐夫人見過面哩。

（原刊於香港《春秋》半月刊第89期一九六一年三月十六日）

吳佩孚汪精衛何以不能合作？——從孔祥熙派專人赴北平謁吳說起

劉泗英

民廿七年秋，我國對日既決計抗戰到底，當時抗日各軍，轉入山嶽地帶，作持久戰。遂放棄武漢，而以長沙為據點，一時日軍方面大肆宣傳，以為我已潰不成軍，不堪再戰。一方面製造和平空氣，首以息影北平之吳佩孚將軍為談和對象，多方勸誘吳氏出山，主持和議；同時又假借吳氏名義，成立所謂「綏靖軍事委員會」，以西北軍宿將某代行委員長職權，招收舊部，擴大編制，號稱三十萬眾。此為軍事佈署，悉由日酋土肥原賢二負責。

土肥原曾一度來北平謁吳氏，氏以置身虎口，且欲一窺中日戰事究竟勝員誰屬，暫時不免虛與委蛇，藉延歲月，詎知日人估計錯誤，以為計可得售，至耗費日金三千餘萬元之鉅。復一面使偽滿洲國外交部長張燕卿氏，入居北平什錦花園胡同某舊王府（吳氏寓邸即在什錦花園），朝夕出入吳氏私宅，又組織所謂「和平救國會」，多方誘惑各方知名之士，加入為會員，甚至遠在西南各省之遺老紳耆，或在職軍人，亦被牽涉，偽造通電，發表談話，有如洪憲前夕，群疑滿腹，莫可究詰。

潛赴北平、密謁吳帥

民廿七年十二月上旬，重慶國府行政院長孔祥熙氏因知筆者為吳氏舊屬，適筆者從業於四川省銀行。孔氏乃再三要筆者潛赴北平，密謁吳氏，報告我國抗戰實況及計劃。

筆者遂於十二月上旬由渝飛港，取道滬津，於民廿八年元旦抵北平。吳氏一見筆者即問曰：「汪精衛豔電主和，是否出於蔣公授意？」筆者對此，力證其偽，並云汪之出走，確係私奔，絕非蔣公所預知！蓋蔣公主張作戰到底，絕不中途妥協等語。

當是時也，日方百計欲結束對華戰爭，亟亟於爭取談和對象。惜在汪精衛氏離渝走河內以前，國人太不覺察汪氏之動向，僅僅注意到遠在北平息影已達十年之吳氏。實則吳氏始終一秉其至大至剛之氣，見危授命，臨難不苟，與汪氏正好成一絕對的反比。孔祥熙氏當時力挽筆者密赴北平謁吳氏時，筆者即認為那時北平環境雖極端惡劣，吳氏可能飽受日方威脅，但吳氏絕不致為環境所移動，而遷就於萬一，故政府派不派人前往，或派人去能否到達吳氏前，均無若何絕對關係。而事後之事實證明確屬如此。但筆者彼次幾經險阻，始得謁晤吳氏，共結果僅促成吳氏之提前殉國而已！

當筆者答允離渝北上時，孔氏再三以吳之生活為念，囑向天津中央銀行取款十萬元贈吳氏。筆者動程之日，允帶密緘而不帶現款，如吳氏真有所需，再囑人往津密取，以掩人耳目。迨筆者搭乘英輪抵塘沽，日偽派軍警登輪大索，船泊二晝夜，時朔風吹凍，白河結冰，船行至遲，檢查時，日憲警高坐堂皇，如鞫獄囚，不問歐美亞籍旅客，一律嚴行檢查，稍有吾其詞，即予扣留上岸，尤以南方人口音，不易放過。筆者所有行裝被枕，概被施以細密而繁複之檢查，並將筆者之通信地址手冊，一一盤詰。似此情形，度不能免，乃佯稱為齊爕元舊部，北來投奔老長官者（時齊氏正任平津衛戍總司令偽職）。於是同行華警，代為解說，復經日憲警多方查問，幸獲放行，始得脫險。

皮袍夾縫、取出孔函

及抵天津，筆者先以電話通知吳宅，得覆囑往天津曹錕宅先晤吳夫人，隨其入北平，或可免於檢查。筆者住候三日，始同往平。與吳氏相見之下，吳即囑左右仍呼筆者為政務處長（此為筆者當年追隨吳帥時之舊職銜），並下榻東齋原政務處長室，秘書侍應，一如往昔。翌晨早起。吳氏即倩人迎入會室，屏去左右，筆者乃剖示所衣皮袍夾縫中孔氏密函陳閱，蓋在塘沽舟中，詭託齊爕元舊部，而得免於檢查者。孔氏原函云：

子玉先生道鑒：久違至念，前年弟因華北環境複雜，日趨惡劣，曾托譚君敦請尊駕南來，共商國事，不意去春弟奉使海外，及歸國後，又值戰事緊急，復經多方設法，托人輾轉致意，未知能達清聽否？邇來道路流傳，奸人妄思假借名義，以資號召，遂致愚氓揣疑，謠諑繁興，弟及中樞諸同仁深知先生正氣凜然，不可侵犯，惟念居處困難，輒為懸繫不已！昨朱騮先兄過訪，報告先生來電，並由報章得悉先生熱誠愛國，力主正義，共不屈不撓之精神，非惟同仁心折，尤為中外欽仰！所慮者，華北環境惡劣，先生對於此間真象恐未洞悉，屢擬設法奉聞，苦無妥人可托，適晤劉君泗英，知其曾隸麾下，關懷亦甚殷切；且願間道北上，親謁階前，特托代為奉候，並將此間一切情形詳細面陳。素稔先生精忠貫日，肝胆照入，封於救國大計，有何高見？即祈賜予指導，俾作南針！近來國際情況好轉，益為有益於我！只須國內精誠團結，則抗戰建國必有成功之一日也。掬誠佈臆，務希垂察為幸！北地苦寒，並望為國珍重。專此敬頌

道綏。

弟孔祥熙手上　廿七年十二月八日

土肥原來迫吳出山

吳氏閱悉之餘，復檢其字紙簍中殘紙以示筆者，乃蔣公之電函也，因避日人索閱，撕為粉碎，文意略同。筆者此時遂當面詳陳我國對日作戰經過，及今後作戰計劃，引敵深入山嶽地帶，予以殲滅戰術。先生唯唯曰：「此即余昔年入川之計劃也，但須十分忍耐苦拼，不可中途妥協，日人必敗無疑！然川民苦矣！煩寄語西南袍澤，擁護蔣公，抗戰到底，一洗當年內戰恥辱！須知余與蔣公雖屬兩人，而對國家責任，原無二致，假令當年余能統一中國，則對日抗戰，即由我負責，今日則當

由蔣公負責，共責一也。余當竭其力之所能至，以助蔣公成功，西南袍澤亦猶助余之成功，共義一也。」

筆者抵北平不久，聞日酋土肥原將再度來北平謁吳氏，並在津小住。筆者稔知土肥原此來主要任務即為逼吳氏出山，乃請於吳氏曰：「我在北平早晚必為敵人覺察，恐將增加先生應付上之困難，不如早日南歸為愈。」吳氏不忍遽別，堅留兩日。翌晨，吳與筆者正坐東花園閒談，有一舊部某銜土肥原之命，持一電稿逕呈吳氏，吳怒擲於地曰：「何人所擬？豈我尚無人擬電文耶？」立呼左右請秘書長來！及秘書長陳廷傑至，斥問為何不經由秘書長主稿？陳氏莫明所以。吳氏遽起入室，以示拒絕。筆者益知形勢逼緊，吳氏之處境危矣！次日黎明，余密謁吳氏辭行，吳出帛親書一函覆孔氏，文曰：

庸之仁兄惠鑒：泗英間關萬里，齎到手書面述尊旨，慰甚！惟剛柔相濟，古有明訓，似相反而實相成，我兄公忠體國，計當出此！弟處境安如泰山，應付綽有餘裕，請釋遠慮！一切詳情，統由泗英面達，惟照不既，此頌籌安！

弟吳佩孚手啟　一月十日

惜別依依、詩重心長

書畢，復囑其夫人張佩蘭氏親將帛書密縫於筆者所著皮袍夾縫中，並書太公語錄：「純剛純強，其國必亡，純柔純弱，共國必削，能柔能剛，其國乃昌」等語句於紙條，以為覆函下一注解。並囑筆者返渝後，面陳蔣公三事：一、修明內認政；二、運用外交；三、嚴防共黨。又對局勢詳為剖析，謂：「自政府遷渝，貪污斂跡，尚須徹底肅清，以收人心！關於外交方面，尤須加強運用，英美必不坐視日本亡我中國，將來攻東京者，必美軍矣！至於共黨乘我抗日，已在華北坐大，日本早晚必敗！蔣公對於共黨，必妥謀善後之策！」筆者一一恭聆緊記，遂辭出，瀕行，吳氏復會一絕贈筆者曰：

颯颯西風裡，秋聲動地哀；
斯民何所恃，端仗大英才。

吳氏送至大門，緊握余手而別！

不久，土肥原抵平，力逼吳氏就偽職，並通電主和。吳氏堅持日本先撤兵、後談和，並須親往重慶商得政府同意！僵持數日，迄不能決；日酋允先撤出北平，以為就職條件。至於武漢前線，必須吳氏就偽職後，親往武漢緩衝，始能逐漸撤退。吳氏深滋不耐，乃允招待新聞記者，意圖借此表明抗日拒和態度，以絕敵人妄念！

及筆者由津經滬抵港，即見《大公報》載「吳佩孚已落水了」的消息，余知為敵人偽造，乃與《大公報》社長胡政之作一席談話，並電渝闢謠。

和平主張、吳汪不同

閱數日，外國記者報導，事乃大白！據云：當日吳氏在北平什錦花園寓邸招待記者，語極簡單，意謂：「恢復和平，必須是全面的、平等的，惟平乃能和，和必基於平，故必須日本先撤兵，然後與重慶政府商談全面和平」等語。一面令其秘書叢大經君正確翻譯為日語，並當場散發所著〈大丈夫論〉與各記者，遂遽退去。日人大驚，乃不惜歪曲捏造錯誤翻譯，並封鎖外國記者消息，一時真相莫明，淆亂視聽。殊事隔數日，馬腳盡露，日酋土肥原自承失敗，備受上層斥責，遂不惜重演皇姑屯一幕，故有民廿八年十二月四日吳氏殉國之事。

土肥原遊說吳氏失敗後，日本又續派大北、川本，先後來華遊說，皆無所獲。甚至川本不惜執弟子禮以事吳氏，冀以師生關係，做到談話沒有顧忌地步。詎知吳氏反以師生關係，發揮其訓教態度，川本終無所用其技。

時汪精衛曾赴北平訪吳氏，擬約在日本華北軍總司令公館見面。吳氏則以為：我們都是中國人，商量中國事，應該在中國人家中。因地點未洽，終至晤面無從。至於先決條件，吳氏主張抗戰要全面的，言和也應該是全面的，日本應無條件撤兵，中國應保持主權領土的完整。汪則主張改組國民政府，仍以林森為國民政府主席，不負實際責任，汪主政，吳主軍，平分春色。一為篤守道義，以關岳自期之人；一為感情用事，急功近利之人，如何可以言合作？

汪函吳帥、暢論大局

茲將吳汪兩人彼一時期來往函信各一通之原文摘刊如次：

子玉先生勳鑒：中孚兄來，獲誦九月二日大教，敬承一切，並諗福履綏和為頌。竊念銘之與公，為國為民，心事相同，而立場不無稍異，數月以來，雖屢通函札，而胸懷容有未敢遽吐者，顧國難日深，事勢日急，茹而不言，將來必有失人之悔。素仰公忠鯁正直，能受盡言，故終以一吐為快。十五六年間，公嘗與國民革命軍為旗鼓之周旋，勝負兵家之常，而公對國民政府始終抗節，天下共見，今者一旦以參加國民政府之說造於公前，誠有冒昧之嫌，此銘前此格格不吐之所由也。繼而念及國民政府統一中國，於今已十餘年矣，蘆溝橋事變以來，軍事挫敗，和平運動隨之以起，不惟國民黨人力持恢復國民政府，以收拾時局，即國民黨以外之人，平日不滿於國民黨，不滿於國民政府，不滿於青天白日旗者，至今日而擁護之熱，不下於國民黨人，其故何哉？蓋對內為一事，對外又為一事，甲午戰敗，乙未議和，未聞易政府換龍旗也。庚子戰敗，辛丑議和，亦未聞易政府換龍旗也。上次歐戰，德國戰敗，議和亦僅威廉二世退位而止，易帝制為共和，待德國人民之自決，而國旗之換，則遠在國社黨得政之後，蓋對外戰敗之結果，至於易政府，換國旗，則內政干涉，國將不國，不可不懼也。為今之計，國民政府急須恢復，以當收拾時局之大任，林主席地位，在法律上明文規定「不負實際政治責任」，故軍事當局宜引咎辭職，行政機關宜改組，而主席地位不宜更易，以省糾紛而利進行，至於國民政府之職權及名稱，以暨種種制度，如有更改之必要，於國民大會中議定之，如此則對外不相混淆，國權民意兩得顧全矣。由是言之，今日國民黨人主張恢復國民政府，其為國民政府謀，忠也。非國民黨人亦主張恢復國民政府，其為國民政府謀，俠也。一忠一俠，其立場雖異，而為國為民之心事則同，銘竊願公以一忠字對民國，以一俠字對國民政府，則公之風節必昭映宇宙，而旋乾轉坤之功業，亦必成於公手，銘之與公並未謀面接杯酒之歡，而於公之人格，夙所傾仰，故敢以率直之詞，貢其誠悃，惟垂察之，幸甚幸甚，專此，敬請勛安尚祈霽察不宜。

汪兆銘謹啟　十月九日

再啟者：昨晤陶星如先生，暢談一切，因託帶此函，藉塵　清聽，尚祈　亮察為荷

兆銘又及

吳覆汪函、促返四川

精衛先生執事：星如兄北來，再荷十月九日手書，兼聆種切，辱承掬示中情，意氣勤勤懇懇，令人益深感仰，大難同膺，救亡圖存，為舉國一致之心理，漏舟風雨，舊事寧復堪言，因公之坦懷，遂亦不得不稍攄固陋，民國初建，英俊雲興，同氣相求，政團蔚起，政策政論，亦即丕振於時，先進國家數十年乃至數百年經營締造而始獲者，吾皆咄嗟便辦，未幾隙末凶終，互相排陷，一星之火，馴至燎原，政黨政治，本憲治國家共由之常道，吾所取則，乃不惟未進國家於隆平，甚且導人民於塗炭，淮橘為枳，適反所期，乃悟國人既無政治之修養，復少道德之薰陶，國民教育抑又未徵其普被，憂時之彥，遽欲以民治精神，期諸人人，懸鵠相招，冀平其流，意非不善，特齊其末耳，往鑒毖及此，頗謂黨治非急，人治宜先，假令全國人才，能集中於統治大權之下，不任分野，盡天下才，為天下用，鼎盛之局，庶幾日暮遇之，此亦公與海內豪傑共謀之意，非於其他有所嫌也。公以此次之變，主席不負實際政治責任，軍事常局，宜引咎辭職。國家經百餘年之積弱，曩函曾以國民黨不過適逢其會，初不必有所歸咎，然若作法理上之討論，抗戰基於政府之政策，且國以黨治為幟，今因軍事之挫敗，惟軍事當局是問，似不免稍失其平，願公持寬大之論，藉免內滋不協，外復示人以間，大難未夷，尤以共相諒解為宜也。聞公發自重慶之日，關於和平論列，已得政府多數之贊同，近在南中於友邦研討意見，更日趨於接近，謂宜趁此時機，委曲求全，與重慶為全面之商洽，用使內外交融，悉歸一致，若能駕返西蜀，與友邦開談判尤妥。公以國民政府當收拾時局大任，則於法律方面，即不能同時有兩政府之存在，萬一外內未經協調，和議已臻成熟，一方即組織政府，而重慶之政府依然健在，聽之則屬非法，或致有礙和約之履行，反之則西班牙殷鑑不遠，而人民益將不堪其命！自接大札，關於此節考慮數四，深恐遂如所料，誠國家不幸中之尤不幸矣，弟與公曾為同心斷金之約，公誠於主權領土之保全，悉得其把握，於弟所諰諰過慮者，並得確實解決之法，不至重生枝節，則其餘之一切悉可迎刃而解，不煩計矣。餘託星如兄面罄，不復一一，敬頌

勳綏。

吳佩孚拜啟

紛紛勸進、四面楚歌

吳氏蟄居故都時，勤於寫作，著《春秋正義》一書未竟而歿，書中詳述當時諸侯縱橫捭闔之經緯，影射時局，已刊印一部份。謂讀此可以明瞭其對時局之態度。不常作詩，偶作亦多傷時語。讀其〈春感〉九首有「臨流顧影羨游魚」及「遙望南天淚已垂」、「江南偏多劫後灰」等語，共處境之難，內心之苦，可以想見一斑。

中日戰事愈緊，日人逼吳氏出山之念愈急，他們知道吳汪既不能合作，便又提出劃湘、鄂、贛，及豫、魯、冀六省之地盤交吳氏，希望於民二十九年元旦就職。又逼吳氏左右分批進言，外面六省之人亦紛紛到京勸進。吳氏此時四面楚歌，內心急燥，常對勸進的人說：「你們去找日本人好了，只要他們肯同意而履行我的條件，我是自然會出來的，不然我何以對國家交代呢？」吳氏過去在五四運動時，曾通電贊成學生的愛國運動；主張罷免親日的曹、章、陸！取消中日密約；反對簽字巴黎和約。民國十年通電反對梁士詒的魯案直接交涉。以上種種都是他一貫的主張。平居時以雪國恥自誓，所以他曾手書所填和岳武穆的〈滿江紅〉詞送他的朋友曾琦，原詞如下：「怒髮衝冠，憑欄處、瀟瀟雨歇。抬望眼、仰天長嘯，壯懷激烈！三十功名塵與土，八千里路雲和月，莫等閒白了少年頭，空悲切！甲午恥，猶未雪，國民恨，何時滅！駕長車，踏破三韓地闕。壯志飢餐島夷肉，笑談渴飲倭奴血。待從頭，收拾舊山河，朝天闕。」他是最先反日者，他是言必顧行者，他是倔強者，他是以關岳自期者，焉能作張邦昌、石敬塘一流人物。加以當時他之了解，認定日美必出於一戰，縮果日本必敗，並以是密語筆者。有此因素，吳氏如何能靦然事仇。於是乎吳氏之死運便注定了！

當吳氏出山之說甚囂塵上時，若干北平市民相與言曰：「大帥果真要出山嗎？我們想是不會的，如果他真要出來，他必有他的辦法。」短短數語，足證北方人民對他的瞭解與信賴。

牙疾轉劇、以身殉國

吳氏素有牙疾，一日晚飯與幕友會食時，飯中一粒石子傷及牙齦。其張夫人無意中請一日牙醫師伊東來，先生頗不欲，但醫師已來，姑強治之，伊東遽將痛牙拔去，次日左頰全腫，又改延中醫外科，敷治無效。又請天津郭內科中醫，處方中用石膏二兩，謂一分也不能減，食後腫痛愈甚，旋延德醫史蒂福斯來診，謂尚可治療，但必須赴東交民巷醫院施手術。吳氏云：「東交民巷等於租界，我不能往。」並告其夫人曰：「萬勿趁我昏迷時，送在東交民巷，如違反我『三不主義』，非夫婦也。」病七日而益劇，十二月四日午後三時，由中國方面之齊燮元、符定一，日本方面之川本與日本之駐軍軍醫處長石田等四人密議於其會客室內，遽行上樓至吳氏臥室，強施手術，傷及喉管，因而致死，謀死歟，病死歟！此真不辯自明矣！

綜吳氏一生，在政治方面之主張，曾倡議召開國民大會及廬山國是會議，聚各方俊彥於一堂，以求政治上之協議，謀國家之統一，但不得各方諒解。又主張恢復舊國會，歡迎黎元洪氏復，以解決南北法統之紛爭，雖勉強實現，而又不得各方之贊助。支持王寵惠之好人內閣，不及三月，又遭打倒。雖不贊成曹錕之賄選，苦於部屬關係，僅僅垂涕而道陷於孤臣孽子境地。此一國人寄望之民族英雄，終受各方牽制而不得行其道。

吳在軍事方面：一戰安湘，再戰敗皖，三戰定鄂，四戰勝奉。雖有常勝將軍之名，徒以政治上之牽制，黎倒曹繼棋錯一著，遂致全盤皆輸，無可補救。

在自律方面，則以「不駐租界；不積私財；不借外債」之三不主義昭示國人，欲以「有所不為」，擁護國家領土主權之完整，雖顛沛流離，絲毫不變。真是富貴不淫，貧賤不移，威武不屈。古之所謂大丈夫者，吳氏有焉。

（原刊於香港《春秋》半月刊第73期，一九六〇年七月十六日）

北平太和殿上受降紀實

凌雲

北平有兩所宏偉的建築物，一個是中南海的「懷仁堂」；一個是西城的「慶親王府」。前者的位置坐落在光緒帝飲恨以終的瀛台對面，門臨中海，古柏參天，在滿清時代為御苑禁地，民國以來，一面是軍政首腦們辦公的所在。後者的位置在西城定府大街，這裡原來是「慶親王」的府第，滿清遜位以後，主人家道中落，就把它賣掉了。這所房子，屋宇寬廣，氣魄雄偉，畫閣雕樑，僅次於帝王所居的深宮內院。

自抗戰勝利日本投降以後，懷仁堂和慶親王府，同時換上了兩位新王人：一位是李宗仁將軍，他是國民政府主席北平行轅的主任，行轅就設在懷仁堂；另一位是孫連仲將軍，他是十一戰區司令長官——後來改為保定綏靖公署主任——長官部就設在慶親王府。

呂文貞少將先抵北平

為了接受日本的投降，那時全國一共劃分為十六個「受降地區」。在這十六個地區中，屬於第十一戰區的，包括了北平、天津、石家莊、保定等地。以上這四個地點，都屬於河北省境，日本的投降代表，是華北日本駛屯軍總司令根本博中將。

說起來，華北方面當時處理日軍的受降事宜，比較其他各地，確實要多些困難。第一、因日軍自從一九三六年「華北特殊化」以來，已經囂張了十幾年，還沒有受到什麼外來的打擊，也就是日軍的威風還未被壓抑下去。

第二、這裡面還滲雜有共軍的因素，他們自從日本宣佈投降以後，一直是在從中搗亂，挑撥離間，無所不用其極。因此也在無形中助長了日軍的「好亂心理」。

雖然當時華北日軍的動態，最值得注意，但事實証明在華北整個受降的過程中，除了極少數的日本軍人，如酒井隆中將輩，因受共黨的煽動，有所異動外，其餘的人，大都能夠接受我軍事當局的受降命令。

十一戰區先遣人員，於是年九月九日正式進入「慶親王府」辦公，當午就將日軍投降的「備忘錄」先行送達日本駐屯軍總司令根本博中將受領，以作為參考。同時，並在「備忘錄」中規定著：次日（十日）上午九時在十一戰區「前進指揮所」禮堂，由前進指揮所主任呂文貞下達正式「受降命令」。通知書上大書特書：「右令日本華北軍受降代表根本博中將」；末署「十一戰區前進指揮所主任呂文貞少將。」（按：這是正式受降典禮的前奏）。

不知道起自何時，人類開始懂得「面子」問題。以日本軍人來說，那時他們的政府、他們的最高統帥，都已經公開的接受投降，並且開始見諸行動了。而華北日軍參謀長高橋坦中將這些人，還想在他們投降前的那一剎那的時間裡，要替「皇軍」保持一點「面子」，而且不惜付出任何代價，這真如俗語所說：「棺材裡擦粉，死要風光」了！

何其鞏轉達日方意見

事件的發展，非常迅速，就在當天晚上，日方已經策動了那位一臉三等政客派頭的何其鞏，漏夜造訪呂文貞，轉達日軍方面的意見。

何其鞏跑來向呂文貞表示：日本軍人，對於國家及軍人的尊嚴，都看得很重，要求他於第二天下達受降命令的時候，把尺度稍予放寬，准許他們佩帶勛章及軍刀，以示體面。

何其鞏當時還恐說得不夠透澈，並再三的對呂氏解釋道：「你初來乍到，國軍也還沒有消息何時開來，一切還要藉重他們（指日軍），就拿治安來說吧，就非仰仗他們維持不可，憑了這一點，凡事我們就應該看開些。」

何氏說了半天，看看呂文貞並沒有什麼表示，於是便壓低了喉嚨再說：「只要你肯稍稍給他們一點面子，其他的一切便利，都可不言而喻，連蔣主席都宣佈了以德報怨的寬大政策，我們又何嘗不可以寬大為懷呢。」

何其鞏說這些話的時候，當然是極其卑躬屈節的，呂文貞那時實在太看不順眼，便很莊重地答道：「他們託你轉達給我的話，我不必答覆，我倒有幾點意見，請你回去轉告他們：第一、日本已經宣佈投降，這是他們整個國家的決策，他們應以服從本國政府的國策為軍人天職，又何必斤斤計較於個人的榮辱？第二、我個人此來，是代表我們的最高統帥執行命令，對於備忘錄中所規定的事項，不但他們要絕對的遵守，毫無考慮的餘地，就是我個人也只能監督執行，沒有擅自更改的權力；第三、他們胸佩勳章，腰掛軍刀，自以為還是日本軍人的光榮，但他們要知道，在相反的方面，這就是中國軍人的恥辱，請他們不必再存任何幻想。」

呂氏說完這番話後，唯恐何氏吃不消，於是又心平氣和的對何表示：「我此番北上，雖是單人匹馬，但我的身份，是代表著勝利的中國，至於你剛才所說的什麼給我便利的話，那更有損我個人的人格，請你千萬不要再行提起。」

呂文貞將軍這一番「義正詞嚴」的話，只把何其鞏說的面紅耳赤，掃興而去。

次日上午就要下達「受降命令」了，這個儀式，雖為受降典禮之前奏，但以其為中外觀瞻所繫，故在簡單中必須寓有隆重意義。因此，呂文貞就動員所有人力，漏夜籌備，恰好在這所王府的西院，有一座小型戲台，當年是王府內演戲和遊宴之所，略為佈置，就可使用，據估計可容納一千人左右。

高橋坦一行徒手而來

禮堂的佈置，係仿照南京受降的形式，桌子正面是受降官代表，和隨員的位置，對面一列擺著三把椅子，是給日本受領命令的代表們坐的，兩旁則設有來賓席，和新聞記者席。

禮堂上面，則掛著黨旗和國旗以及盟國旗幟，上面的正中央，懸有一方用紅緞子寫著的「勝利和平」四個大字。

那兩天，繼續從後方飛來的人，也一天比一天的多了，如中央社的特派員丁履進、鹽業銀行總理理張伯駒、第一戰區軍事代表高卓東、軍事委員會北平軍事特派員許惠東，以及海、空軍方面的將校等。

此外，在北平擔任地下工作的人員如英千里等，也應邀出席觀禮。至於中外記者，已到北平的人，也不下數十位之多，他們當然把這項課目，做為主要採訪資料。

按照儀式程序單上規定，日軍接受「受降命令」的代表，應於舉行儀式前十分鐘到達，到達後，先由我方聯絡參謀接待他們，進入側室休息，隨即向受降官代表報告，一俟得到受降代表的命令，才引導他們進來。

他們進入會場之後，先向受降代表鞠躬致敬，然後才准許他們循序入座，等候接受「受降命令」。

據說，這種情形，就同戲台上的「報門而進」，一模一樣。

這還只是下達「受降命令」，並非正式舉行「受降典禮」，所以根本博中將本人用不著來，只派他的參謀長高橋坦中將，率領著一名參謀，一個翻譯人員，準時到達。

果然，他們一行數人，都是徒手而來，所有勳章、戰刀，一律沒有佩帶，這都顯示著他們有承認現實的勇氣，立即予人以同情的感感。我方除了由呂文貞將軍擔任下達受降命令的主官外，另由高級參謀兩員充任陪侍官，還設有翻譯和紀錄員的席次。

一切都按規定儀式進行，時鐘上就噹噹的敲了九下，下達「受降命令」的儀式，於焉開始。那時全場肅靜無譁，所有與會人士，都向這幾位的投降代表注視。他們則「正襟危坐，目光平視」，顯得很惶恐的樣子！

嚴肅氣氛中有問有答

首先，由呂文貞將軍發言，問：「請日軍代表說明自己的身份，和來此的任務。」

翻譯傳達之後，由高橋坦中將站了起來，回答說：「本人是日本駐華北軍總司令部參謀長高橋坦中將，代表敝軍司令官根本博將軍，前來受領受降命令。本軍司令官根本博將軍，因病不克親來受領，特請受降代表呂將軍原諒」等語。

以上的話，報告完了之後，高橋坦又指著他帶來的隨員們職銜，分別加以介紹，就坐下來靜待後命。

雙方介紹完了之後，再由呂文貞將軍提出下列問題，要高橋坦一一作答。

問：「中國戰區陸軍總司令何應欽一級上將頒發的備忘錄，收到了沒有？」

答：「收到了。」

問：「對於內容，完全瞭解了嗎？」

答：「完全瞭解。」

問：「關於受降事宜，準備好了沒有？」

答：「準備好了。」

至此，問答告一段落，接著由呂文貞將軍宣讀「中國戰區最高統帥命令第一號」。

這個命令是全國性的，內容共分為六項廿二款，無非是劃分區域，指示日軍應遵守事項。計劃周詳，巨細不遺，命令雖然絕對嚴厲，但卻措詞得體，並無諷刺漫罵字樣，不失勝利國應有的風度。呂文貞將軍在宣讀這項命令時，高聲朗誦，一個字一個字都念得沉著有力。

高橋坦中將，則注視敬聽，狀至嚴肅。呂氏宣佈完畢，再由譯員傳述一番，然後又由呂文貞將軍問高橋坦中將：

問：「對命令內容完全瞭解了嗎？」

答：「充份瞭解。」

這樣下來，呂氏即把原命令摺好，裝入封套，交給陪侍官之一——劉大楷少將，依次再遞給日軍參謀，由日軍參謀，再交到高橋坦手上。

在桌子上早已預備好紙張筆墨，由高橋坦中將，親筆在「命令回執」上簽字，表示他收到了這項命令。

「第一號命令」下達之後，接著又下達「第二號命令」。「第二號命令」是代表十一戰區司令長官孫連仲上將下的。內容是規定日軍投降應遵守的細則，特別指示他們，對於軍用物資，要完整移交，不准破壞轉移，否則，將惟日軍投降代表是問，決不寬貸。

「受降命令」下達完畢之後，才由呂文貞將軍，以主人的身份，招待參加典禮的來賓，以及和新聞記者們舉行了一個簡單的談話會，以資留念。

高橋坦故作驚人之論

儀式完畢之後，高橋坦中將仍坐在那裡不動，並經由傳譯員向呂文貞將軍提出下列意見說：「報告貴官，小官有一點意見，可以向貴官提出來報告嗎？」

呂文貞將軍略一思索，就對高橋坦中將溫和的說：「限於受降事項的可以講，否則不能講。」

高橋坦中將答：「有關。」

呂文貞將軍說：「你說來試試看。」

高橋坦中將說：「據我們接到的情報，蘇聯軍隊和外蒙古軍隊，已經越過華北國防線，向平津疾進，似有威脅平津模樣！」

高橋坦中將說完這段話，在座的人，都在似信不信之間，因為那兩天，外面的謠言很多，不是說共軍準備攻下通州，就是說蘇聯軍隊要進入關內。機據國軍方面所得的情報，也証實蘇聯的軍隊，曾經侵入到長城各口等地，掠奪人民的粮食和牲畜。不過，在此時此地，從日軍參謀長口中說了出來，而且說蘇軍有威脅平津之說，是否應該承認，倒很值得考慮。

呂文貞將軍知道高橋坦中將說這番話的意思：一方面是在挑撥盟國之間的合作；一方面他們要以保護華北的資格自居，用心相當毒辣！

呂氏先不答覆高橋坦中將的話，於是暫時避重就輕的再問高橋坦中將：「此外，貴官還有沒有其他的意見？」

高橋坦中將說：「另外還有兩點意見：一點是本軍以後向前進指揮所呈報的文件，準備以日文本做為正本，中文的做為副本；另一點是保証他們接受的命令，絕對執行。」

呂文貞將軍的答覆，認為高橋坦中將提出來的最後兩點意見，可以考慮接受，但須以中文的做為正本，日文的做為副本。惟對於高氏所提出的頭一點意見，暫不對情報的真實性予以正面的答覆，只笑著對高氏說：「蘇聯是中國戰時的盟友，我相信它們絕不會做出來不利盟國的事，請貴官不必再提此事。」

高橋坦中將幾個釘子碰了下去，便怏怏而退。此後，便在他們情緒不快之下，接二連三的，又發生了幾件小事。

一件事是：由日本退役的酒井隆中將做為日軍代表，在北平西山附近，和共軍的代表郭天鳴接觸過，聽說他們所研究的，是如何佔據平津問題。

另一個傳說是：高橋坦中將，時常在背後發牢騷，說呂文貞少將性情固執，手段厲害，事情太不好辦，這樣下去，將來出了亂子，他不負責。

又有一說是：戰時在延安蟄伏多年的日本共黨代表野阪參三，現在已經到了北平，就住在根本博中將的司令部裡，和延安方面，互通聲息，以策動叛亂。

將酒井隆押解赴南京

隨著這些情報傳播的同時，故都城內的秩序，也非常紊亂！有些娛樂場所，常常發生爆炸事件，弄得市民一夕數驚，只有在白天才敢出來活動，入夜以後，便成為死城。

一切關鍵，似乎都在日軍身上，使呂氏坐在辦公室中，大有四面楚歌之慨！他考慮的結果，認為有加以阻止的必要。於是，便立刻給根本博中將下了一道緊急命令，在命令上寫著：

「第一、據報有日軍代表，在西山和共方開會，此種情形，絕對禁止，此後如再發生此類事件，惟貴官是問。

「第二、請把過去和共方在西山開會的全部開會經過，和所有檔案，一併呈報本部，以憑核辦。

「第三、文到貴官應即來本部，俾面詢一切。」

命令下達之後，根本博果然應命而至，呂文貞將軍一見面就問他：

問：「命令接到沒有？」

答：「接到了。」

問：「有無此等情事？」

答：「此等情形，請貴官特別原諒！我們奉到投降命令以後，許多方面來和我們接頭，叫我們實在無所適從！也許因為這種原故，使本人部下有誤會的地方，容小官回去後予以調查。」

呂文貞將軍聽了根本博的話，很不高興，立刻很不客氣的指責他說：「請你注意：第一、日本政府是向中國國民政府投降，除了何總司令應欽、孫司令長官連仲下達給你的命令，和由我轉達給你的命令以外，別的方面，都無權給你下達命令，你也無權予以接受，這一點你應當明白。第二、國共之間的爭執，那是我國內政問題，與你們毫不相干，你們也根本不用考慮。第三、酒井隆這個人，你應當立刻限制他的活動，從今天開始，不准他離開北平，這個人我隨時要他，你都要立刻送交過來。」

第二天，呂氏又下了一道命令，叫根本博把酒井隆移交給前進指揮所，聽候詢問。命令下達之後，根本博奉命唯謹的，就把酒井隆送交過來了。這個傢伙，身穿一套西裝，看去有六十餘歲的年紀了，臉上光光的，兩鬢間夾著許多白髮，走起路來，昂然闊步，顯著有不在乎的樣子。

呂氏問他在西山開會的事，他推得一乾二淨，而且很憤慨的說：「你們究竟是誰代表中央政府？我們到今天還弄不清楚！」

呂氏一聽不覺大為光火，立刻把他申斥了一頓說：「酒井隆！你對你的行為，應當負完全責任，你這種驕傲狂妄的態度，再也不適合對付今天的中國軍人了。」

呂氏說完以後，當時下令把他押了起來，隨即電告南京。何總司令也立即覆電叫他用專機把酒井隆解送南京，交由國防部戰犯法庭審訊。到了後來，終於被判處了死刑，葬身在南京雨花台畔——這是後話。

受降地點選定太和殿

就在呂文貞將軍飛抵北平的第十一天——九月二十日——早上，一架美國軍用飛機飛抵北平，降落在南苑機場之上，載來的是美國海軍第三兩棲兵團司令部參謀長華登准將，他是由塘沽飛來的，目的是來向呂氏作業務上的聯繫。

這時，呂氏才知道該兵團是應我最高統帥之邀，已開抵塘沽海岸，即將在青島、秦皇島各港口之間，分別登陸，請我方予以協助。

該兵團一部份軍隊，首先進駐天津，這是盟軍第一批進入華北的軍隊。同時在天津地區對日軍的受降事宜，也交給美軍第三兩棲兵團司令勒基中將負責處理。

到了十月六日美軍已在天津舉行受降典禮了。呂文貞將軍亦被邀參加。呂氏此時認為我們的「受降典禮」，實有趕快舉行的必要。

他迭電孫司令長官，請他趕早飛來北平主持「受降典禮」，而孫氏始終遲滯西安，沒有動身的確訊。後來一打聽，才知道是空軍沒有飛機派給他乘坐的原故。這使呂文貞非常奇怪。那時駐節西安的胡宗南不是每天都乘坐飛機到各地去視察嗎？何獨對孫連仲趕往北平主持日軍「受降典禮」這樣的大事，沒飛機可派？

呂氏在不得已情況之下，就給何總司令去了一封電報，痛陳目前華北問題的利害得失，請他顧全大局，速飭空軍司令部撥派飛機，載運孫氏速來北平主持日軍「受降典禮」。

呂文貞將軍這一炮，居然放響了，何應欽在回電上表示，已經命令空軍司令部尅日派出專機，載送孫長官來平。

呂氏把日子算了一下，預計孫氏可在雙十節以前趕到北平，那麼，十月十日的國慶，是一個好日子，在這一天舉行「受降典禮」，一定是「舉國歡騰、普天同慶」，留拾人們的印象，將會更加深刻。

關於「受降典禮」的地點，事前呂氏很費了一番躊躇。在北平城內，大的公共場所很多，如中南海的懷仁堂、中山公園的社稷壇、天安門的廣場、天壇的祈年殿；此外如：慶親王府、外交大樓、海軍大樓，都是很適當的所在。在最初，呂氏很有意思選擇在中南海的懷仁堂。後來，由呂氏召集工作人員，開會決定的結果，決定選在故宮博物院「太和殿」內舉行。這裡，在故宮的中央，與「保和殿」、「中和殿」得名，俗稱「三大殿」。

太和殿內外無限風光

太和殿的前面，有大理石砌成的石基，高約一丈，四週圍有玉石雕欄，潔白無瑕；殿的前面有兩隻高可五尺的銅鼎，分列左右，那都是幾百年相傳下來的古物，最是壯觀。

「太和殿」本身，高約十一丈，寬是十一間，在滿清時代，每當元旦、冬至或是皇帝萬壽的日子，以及國家重大的慶典，才御臨此殿受賀。這是一個非常隆重的地點，不是隨便可以利用的。

從石基正面，拾級而下，直抵「太和殿」門前為止，都是寬廣數十畝的石坪，可以容納幾萬以上的觀眾。選擇這個地點，舉行「受降典禮」，確是非常理想的所在。

地點決定之後，因為距離雙十節的日子太近了，所以漏夜動員人工，開始佈置，恰好十月八日孫連仲將軍由西安鐃道河南新鄉飛抵了北平。

這位華北軍事政治的實際負責人的來臨，對於北方大局，自然有著相當安定的作用。在他動程前，已有電報到平，所以西郊機場的歡迎行列，熱烈非常，就是日軍「投降代表」根本博中將也率領著他的全部將領，列隊在機場恭迎。

由於孫連仲將軍是華北區的受降主官，他蒞平後的第一個任務，就是「受降」，所以時日也不再耽擱，就決定在十月十日上午十時，在「太和殿」舉行這項典禮。

事前，由呂氏除了通知根本博中將，預作準備，並邀請北平各公私團體、學校、中外新聞記者，和盟軍北平當局，準時蒞場觀禮。

那天天氣很好，晴空如洗，輕風拂面，正是涼天氣未寒的季節，從「太和殿」的外面看去，正門已經全部打開，門前的門檻上，以及大理石的石基欄杆上，都用青白紅三種的布（象徵青天、白日、滿地紅）圍繞起來。那三色布被陽光映照著，特別鮮艷奪目。走進正殿去，迎面牆壁上懸著黨國旗和國父遺像，因為屋宇高大，這些旗幟和相片，都是預先訂製的特巨型，比普通的要大上好幾倍，巍然壯觀，不在話下。

「太和殿」內有些兩人合抱不過來的大柱子，上面也都釘著國旗，柱子與柱子之間，交插著「中、美、英、蘇」四大盟國的國旗，這些國旗中央，又掛著多盞八角宮燈，上面垂著「珠絡流蘇」，紗罩裡面，裝置有電燈，電門一扭開，那光線從紗罩裡透射出來，照在五色繽紛的旗幟上，平添無限美感。

在「太和殿」石基前面，正中擺設著一張長桌，覆以白布，桌上放著兩瓶菊花，做為圖案的點綴。此外，就是毛筆墨盒，並沒有陳設其他的東西。在那長桌正面，擺著一張古老的太師椅子，那是「受降主官」孫連仲將軍的席次。在受降主官座位的兩側，另陳設了幾把椅子，那是陪侍官的席位。長桌左邊是來賓席，右下方是日軍投降代表的座位。

受降典禮雙十節舉行

在靜的方面，「太和殿」已佈置的非常莊嚴肅穆；在動的方面，那天會場的情緒更是熱烈筌空前，就以北平市公私團體、學校參加的單位來說，即有數十個之多，從那熙熙攘攘的人群去看，估計觀禮的人，就有好幾萬。每一個單位，都持著多面光鮮的旗幟，迎風招展。至於另外那些自動參加的市民，更多到不可勝計，把由「太和殿」直至天安門那段平坦開闊石板路的兩旁，都擠得水洩不通。此外，還有各種臨時小販，來趕熱鬧，遠遠的蹲在牆角，兜賣食物，又好像鄉下人趕廟會的光景。

典禮是那年雙十節上午十時舉行，事前已經規定好了，根本博中將應於九時四十分便率領全部參預「受降典禮」的幕僚人員到達會場，並命令他們的汽車不得直駛「太和殿」前的廣場，必須開抵御河橋畔停下，然後再由天安門步行到「太和殿」來。

由天安門走到「太和殿」，路程確是很遠，中間要經過端門、午門、太和門，才能到達「太和殿」。最低的估計，也要有一千五百公尺（合中國三里），在帝王時代，年齡老的大臣，上朝下朝，不良於行，有「賞賜紫禁城騎馬」的恩典，便是指的這段路。

此時，在道路兩旁，由軍警在維持著秩序，只讓出那中間一條寬可一丈的石板路，兩邊黑壓壓擠的都是人潮。

根本博中將一行三十餘人，那天都是戎裝馬靴，腰掛軍刀，一下汽車，便神氣沮喪的走了進去。兩旁的觀眾，此時像開了機關槍一樣，「鼓掌聲、歡呼聲」響成一片。

一千五百公尺的路程，走起來差不多要半小時左右，此時的根本博等，不消說在這三十分鐘以內，每一分鐘、一秒鐘，都如芒刺在背，不好受是當然的事。根氏半生疆場，見過很多大的場面，這種滋味，還是他有生以來的第一次。

吹吹打打根本博獻刀

日軍在上次接受「受降命令」的時候，呂氏曾規定他們不准佩帶勳章戰刀，何以這次又准許他們佩帶了呢？這其中也有一段原故。原來：呂氏參加天津美軍受降典禮時，曾經看到日軍一一八師團長內田銀之助，當時也是佩帶軍刀，正式入場，在「受降典禮」中，再由美軍按照預定程序，把戰刀解下獻了上來，以表示「解除武裝」之意。

呂氏有感於此，因而在北平「受典降禮」中，也增加了一項「獻刀」的節目，根本博中將等的獲准佩帶軍刀，其故在此。

日本「投降代表」到達「太和殿」，先由我方聯絡官引導他們在「太和殿」外待命，一直到典禮開始，升國旗、唱國歌、受降官就位之後，在高呼「宣召根本博等人晉見」聲中，根本博他們才魚貫走到台上去。

他們排成三行，由根本博中將為首，向受降官孫連仲將軍鞠躬敬禮，禮畢，隨即宣讀「降書」，及辦理簽署手續。先由根本博中將簽字，後由孫連仲將軍簽字。那次一共簽了兩份，正本呈送南京政府，副本則存在北平博物館，以留作紀念。

簽字儀式完畢，接著就舉行「獻軍刀」節目，首先由根本博中將把軍刀解了下來，雙手托著，高舉過頭，向前三步站好，然後左腿又向前邁進一步，前腿彎曲，後腿伸直，把軍刀獻上。此時，再由我方高級參謀兩人——劉大楷與劉本厚——代表受降官把軍刀接了過來，放在棹案之上。

根本博以下高橋坦等三十餘人，都仿照根本博的姿勢，依次把軍刀獻呈上去。

在「獻軍刀」儀式中，軍樂隊長把小指揮棒一仰一抑的，指揮著那些隊員，吹吹打打，此情此景，好不熱鬧人也。

那天到會的中外記者，實在不少，中央攝影場也派人在場攝製新聞紀錄片，因此，「受降代表」孫連仲將軍和日本的「投降代表」根本博中將，都成了鏡頭人物。

典禮完成之後，日軍投降代表，即行退出。這時，再由孫連仲將軍以及呂文貞將軍等，分別的招待來賓，進入「太和殿」茶敘，以資慶祝。

孫連仲發帖招待記者

在這些來賓中，英美的記者們，人數很多，其中還有幾位女記者，穿插其間，他們因為初到北方，對一切情形，都感到陌生，也都感到很大的興趣。這些記者見到孫連仲將軍，便以他為採訪的對象，紛紛找他去談話，有的記者還提出了一些不易答覆的問題，向他詢問。

孫連仲將軍因為初到北平，還有一些其他事項，急待處理，顧不得一一作答，於是便轉由翻譯人員——外事處處長胡宗經——婉轉向各記者先生們說明，應允他們過一兩天之後，選擇一個日子，專誠招待外國記者，大家再在一起談談。

這定個消息一宣佈，使在場的外國記者，皆大歡喜。孫連仲的話，雖是這樣說了，他也沒想一想，記者招待會，是如何地難以應付的一件大事，差不多的負責當局，都視此為畏途。依照慣例，凡是招待中外記者，在事前必須有所準備，對於自己所要發表的言論，和記者先生們所要詢問的問題，先要有個「腹案」，或是請新聞記者們先提出來一個詢問的概要，以便預先作成答案，和確定一個原則，臨時方不致手忙腳亂。

孫連仲將軍雖然是百戰老將，可是對於應付記者這一套功夫，他卻毫無經驗。他以為「招待外國記者」，和招待朋友一樣，不過是請他們來「茶敘」一番，隨便談談，互相聯絡聯絡感情，也就算了。

因此，他除了命令總務人員準備茶點招待而外，並沒有作任何有關問答方面的準備，這樣便把請帖發出去。

殊不知在那個時期，國內大局的重點，就落在北平方面，國際人士，一致把目標集中這裡，他們一聽說担負華北軍政全責的孫長官招待他們，都認為一定對華北局勢，有所發表，大家都非常的重視。

就是天津那方面的外國記者，也不願放棄這個機會，遠道趕到北平來參如這個盛會。他們所注意的，不是什麼招待不招待的問題，更不是有沒有「茶點」問題，他們所要得到的，只是有關時局方面的消息。

有問無答孫長官闖禍

這樣一來，那天與會的外國記者，居然到了四五十位，像世界聞名的最大通訊社如：美聯社、合眾社等，都有專人到場。至於英美各大報紙雜誌的特派員和攝影記者們幾乎是全部出席。

這些記者，除了拜聆主人一篇簡單致詞以外，都把筆記本上那些事先準備好了的問題，紛紛提出來詢問。大抵都是牽涉華北大局，和國共鬥爭之間的事。這些事情，有的因為孫連仲初到華北，的確對實際情況不太清楚，有的他也不便輕於作答，怕的是在言詞上稍一失檢，會招惹了意外的麻煩。所以對於外國記者提出來的問題，得到的答覆，大體一致，不是「本人不知道」，「本人不十分清楚」，「過兩天再行書面奉告」；就是「本人不便答覆」等類詞句，使得新聞記者大感不滿。

新聞記者是「無冕之王」，他們的筆下，對於任何看不慣的事都不會容情的，於是，在北平當局這次記者招待會中，不滿意的文字，便傳播到世界上每一個角落裡去。對於這位華北負責當局，老實不客氣的說了許多不滿的話，有的通訊社竟指出：「中華民國政府的高級官員，大都顢頇糊塗，軟弱無能，不足為人民表率。」幸而他們還算筆下超生，在文字中只說某高級將領，並未指名道姓。

孫長官對於這些事，完全被蒙在鼓裡，還始終不知道自己已經闖了大禍！後來，消息傳到蔣先生那裡，蔣先生自然很氣惱，據說曾拍桌子發了一頓脾氣，並將原文轉了下來，把華北將領籠統的申斥了一番，認為此舉足以貽笑友邦，遭人輕視，飭令以後務須格外注意等語。

據侍從室的友人事後告訴筆者，蔣先生那次還以為這件事是李宗仁幹的，礙於情面，不好意思過度深究，所以才申斥一頓，含糊了事。否則不會那麼輕易發落的。

從此以後，孫連仲便視招待記者為畏途，遇著有什麼需要發表的談話，他也是委託幕僚長代為辦理，即使發表普通聲明，也多在事前妥加準備，不敢再魯莽從事了。

這是在北平「受降典禮」中的一件不愉快的小事，那時，大多數的人，都被勝利「沖昏了頭腦」，大做「接收」的好夢，誰還把它看做是一件什麼了不起的事！今天舊事重提，恍如一場大夢而已！

（原刊於香港《春秋》半月刊第78期，一九六〇年十月一日）

川島芳子刑場逃生之謎

任思

川島芳子——這個東洋的瑪坦哈麗，以間諜女王姿態，引起過整個時代的注意；按照正史紀錄，她是在一九四五年十一月十日在北京被捕，其後以漢奸論罪，然後於一九四七年十月底被判處死刑，一九四八年三月底執行槍決。

但是最近有人指出：川島芳子並沒有死。說這話的是一個當年在北京被同囚一獄的日人，他的假名是「張平三」，在沒有聆聽川島芳子為何「死而復生」之前，且聽他說說他所知道的川島芳子及其後在獄待決的「頭頭是道」經過。

從迎賓館改押第一監獄

據說，川島芳子雖是日本間諜，但以漢奸論罪的原因，乃由於她是遜清肅親王的第十四女兒，她原名愛新覺羅顯玗，別字東珍，在五歲時被乃父託與日人秘書川島浪速養育，由於自幼作男性裝扮，長成後亦多作男裝。這些過去。知道的人已很多，毋庸浪費筆墨，且說日本投降後，川島芳子以大漢奸罪嫌被國軍當局所拘，最初扣留在北京迎賓館，屬軟禁性質，當時一同被扣在迎賓館裏的，還有二十個漢奸嫌疑的中國人及五個日本戰犯。

及後，川島芳子從迎賓館改押北京第一監獄，才開始了正式監獄生涯。

第一監獄在北京外城南端，緊靠城墻，是一座長方形建築物，附近沒有民居，只有田地和墳墓，裏面的監倉，四面是墻壁，上面開了一個很小的四方窗口，房外有一小電燈，是與鄰房共用的，光線非常暗淡。

川島芳子所住的監倉裏，只有一張木床，和一具放在一隅的馬桶，當然是大小便兼用的。自從進入監獄後，伙食當然很差，通常只有粟米粉做成的饅頭和一些加上鹽水煮熟的爛菜葉，簡直是食不下咽。

但是川島芳子幸得一人每天替她帶入食品，這人就是她的律師，為了避免惹麻煩，這裏不便舉出他的名字，不過這個人是一直替川島芳子服務到尾，以迄詆被送進刑場為止。

多田駿庇護活躍關內外

這個偽名「張平三」的人，透露川島芳子的一生，說她傳奇事蹟最多，據說她最初和一個日軍旗手山家亨中佐熱戀，後來和蒙古英雄巴布甲之子結婚，不過只是極短暫時間便離開了。

川島芳子的「功業」最「輝煌」的時期，是在偽滿成立以後，真正支持川島芳子的人是偽滿軍政部顧問陸軍少將多田駿（按：此人後來官至大將），憑了他的權力庇護，川島芳子才能夠在關內關外活躍一時。

張平三說，川島芳子是一個自我顯示慾極強的人，這裏可舉一二外人前所未聞的例子：其一是蘇炳文事件。蘇炳文當年與馬占山齊名，有一投蘇部襲擊兩列火車，結果引起慘劇。當時的關東軍參謀長是小磯國昭中將（按：後陞大將，曾任日本戰時首相），他在事件發生後偕同上述多田少將搭機飛齊齊哈爾共謀應付，而多田卻帶了川島芳子同行，到了齊齊哈爾，川島芳子要求單獨往晤蘇炳文，說只要一對一和對方面談，必可勸服蘇炳文就範，不過小磯否決此事，認為芳子一介女流，不能收拾大局，這事在川島芳子一生中，一直「引為憾事」。後來常常對人說：「不是關京軍的阻撓，我早就解決了蘇炳文。」

屢電東條要做中日橋樑

其二：一九四〇年七月，侵華日軍陷於泥沼，不能自拔，陸相由主張發動太平洋戰爭的東條英機繼任，那時川島芳子到了東京，住在山王酒店，因為她和東條夫人有一面之緣，於是她就從酒店打電話到東條家裏去。

東條夫人接聽之下，川島芳子說：「媽媽，我有重要事情，要見見大臣（指東條）。」

東條夫人聽說是「重要事情」，知道不是私事，便馬上告訴東條，不料東條喝道：「國家大事你們女人不要多嘴！」東條夫人便向川島芳子推卻，可是川島執拗地繼續打了許多次電話，東條夫人忍不住問她到底有什麼要事非見東條不可？川島說：「我要做中日和平的橋樑，只要大臣答應派兵保護我到最前線，我担保可以做出一些有用的事，因蔣委員長麾下的許多將軍，都是我的好友！」

東條夫人後來把川島的話轉致，東條冷笑道：「別聽她亂說，我們還不致需要派一個女人去前線。」

其實川島芳子何嘗不估計到東條不會見她，她之所以一次復一次的打電話和東條夫入談話，只要想向酒店的人炫示一下她和陸軍大臣的「交情」吧了。

受審時公然嘲弄檢察官

還有一事相當有趣，川島芳子每次舉行生日宴會，席上必擺有一銀盾之類的東西，上書：「祝誕辰，華北派遣軍司令敬賀」字樣，令到與會者對她肅然起敬，查實這銀盾是她自己訂製的。

這種心理，無以名之，只好算是「自負」，日久成為習慣，後來在法庭上，也大大發揮一番。當她以漢奸罪名受審時，便曾公然嘲弄檢察官和法官。

有一天，檢察官提出日作家村松梢風所著《男裝的麗入》書作為證據。（按：此書係描寫川島芳子的間諜事蹟。）

法官問：「被告可知此書所述，實足證明被告過去所作所為麼？」

川島芳子答：「小說這種東西，通常都是荒唐無稽的杜撰，以《西遊記》為例，三藏法師雖真有其人，而孫悟空、猪八戒之流，則不能算是真人吧？」言下態度作輕蔑狀。

法官說：「被告可能被加控侮辱法庭罪的，下次回答詢問時，態度要好一些！」

在詢及偽滿時代的事情時，川島芳子竟然大胆到這麼答覆：「我是民國十年（一九二一）出世的，偽滿成立時，我只有十一歲，是個可憐的小丫頭吧了，懂得什麼鬼？」查實川島芳子生於一九〇六年，偽滿成立時，她已有廿五六歲。不錯川島芳子外表是看來比她的真實歲數年輕十五或二十年，但硬說自己在東北事變時只有十一歲，就未免太欺人了。

川島逃出生天種種疑點

關於川島芳子在被判死刑後會逃出鬼門關的講法是這樣的：一九四八年三月下旬，一個軍統局少校，突於深夜來到監倉，晤見川島芳子。

表面這位少校是奉命前來傳達死刑執行令的，據說，將於明早執行川島芳子的死刑。不過這命令的內容卻相當古怪。

他低聲對川島芳子說：明早劊子手將把你帶出去槍斃，不過他的槍是不藏實彈的，所以只是放空槍，她一聽到槍聲，應該立刻倒在地上，作被擊倒狀。之後，馬上就有人抬棺前來收屍。由於棺木經過特別設計，躺在裏面不會窒息。當棺木抬出獄外時，她便可以被帶到安全地方，逃出生天。

川島芳子被執行死刑的早上，有鄰房囚徒手塚安一其人，親眼看見川島被幾名看守押了出去，幾分鐘後，聽見一響槍聲。

手塚原是日本華北開發會社職員，因說得一口流俐北平話，被誤認為漢奸，在第一監獄拘留多時，由於他在獄內品行良好，獄官又知道他確是日人，早晚會被釋放遣送返日，所以就派他充當雜役，在獄裏負責清掃走廊，因此常常見到川島芳子，再加上他所住之處就在川島的鄰房，隔壁的動靜他最清楚。

現在的問題是：為什麼只有一聲槍響？按照往常習慣，一槍雖可畢命，但槍斃一個犯人，總是要打三槍以上的。

再說，為什麼那位傳達命令的少校會在深夜前來？照常理也是不應該的。

還有就是那位少校到底奉誰之命前來？還是出於他個人的動機？

據「張平三」說，川島芳子在獄時，她的親人、以及往時受過她恩惠的人，都在外面花過很大的努力，目的在營救川島出獄。這些人初時是在人事上用功夫，後來知道事情通了天，再不能期望川島正面獲釋了，於是想到用相當可觀的賄賂，把她救出。

此說如果屬實，那麼這個少校可能就是賄賂的成果。除此之外，便想不出有別的原因了。

很多證據證明芳子伏法

話得說回來，這裏也有不少證據，證明川島芳子確已伏法。據手塚說：行刑後幾天，他聽見當時的監獄長秦某說：「我見過幾百人被槍斃的情景，從沒有一個像川島芳子死前這麼鎮靜、倔強。」照他說來，川島芳子真的是接受了槍決。

不過，他的話也未嘗不可作另一解釋。這就是：川島芳子明知這次是放空槍，打不死的，所以才裝成格外鎮靜和倔強的態度。

另外一種可能性，就是根本上被槍斃的是一個替身。

根據一些專家研究：中國的槍斃刑罰，和歐美各國不同，後者是從犯入對面開槍；中國的劊子手習慣上從犯人後腦開槍，槍口幾乎貼著頭部，所以射入口很小，出口處傷口很大，常常會毀了整個面部。由於這一情況，即使找個替身，並不困難！因為犯人死後顏容莫辨，也就容易瞞過法醫的眼睛了。

但據一個看過川島芳子行刑後所攝的照片的川島芳子生前友好名作家棋本捨三說，他把照片仔細端詳了許久，覺得死者確是川島本人，而不是替身。

川島芳子就刑時，得年四十二歲，但是這個女人麗質天生，驟看確像二十來歲，如果她沒有死，到現在還活著的話，已經是六十多歲的老婆婆，就算沒有人追究她以往的罪咎，也不能再發揮她的間諜天才了吧。

附註：川島芳子獄中所寫致同獄友信人內容大意：

「張平三君：我對君之事甚感躭憂，請多珍重身體，我的事則唯有委諸天命。

「我每日均唱『君之代』（按：日本國歌也），請代候岡崎君，你我相識七年，應彼此了解，我不名一文，尚且可活兩年，君係男性，更不應沮喪，這樣的政府是不會長的，不妨準備有一日逃出生天……身體要緊，問候大家好。」（按：張平三乃獄中某日人之假名。）

血歷史230　PC1062

新銳文創
INDEPENDENT & UNIQUE

抗戰紀聞

原　　著　岳　騫等
主　　編　蔡登山
責任編輯　夏天安
圖文排版　黃莉珊
封面設計　劉肇昇

出版策劃　新銳文創
發 行 人　宋政坤
法律顧問　毛國樑　律師
製作發行　秀威資訊科技股份有限公司
114 台北市內湖區瑞光路76巷65號1樓
電話：+886-2-2796-3638　傳真：+886-2-2796-1377
服務信箱：service@showwe.com.tw
http://www.showwe.com.tw
郵政劃撥　19563868　戶名：秀威資訊科技股份有限公司
展售門市　國家書店【松江門市】
104 台北市中山區松江路209號1樓
電話：+886-2-2518-0207　傳真：+886-2-2518-0778
網路訂購　秀威網路書店：https://store.showwe.tw
國家網路書店：https://www.govbooks.com.tw

出版日期　2022年11月　BOD一版
定　　價　540元

讀者回函卡

Printed in Taiwan

國家圖書館出版品預行編目

抗戰紀聞 / 岳騫等著 ; 蔡登山主編. -- 一版.
-- 臺北市 : 新銳文創, 2022.11
面 ;　公分. -- (血歷史 ; 230)
ISBN 978-626-7128-40-4(平裝)

1.CST: 中日戰爭　2.CST: 民國史

628.4　　111011692